문화 상대주의의 역사

CULTURE and MORALITY

The Relativity of Values in Anthropology

문화 상대주의의 역사

엘빈 해치 지음 | 박동천 옮김

모티브북

일러두기

* 인명, 지명, 그밖에 다른 문화에 고유한 용어들에 관해서는 각주에 해설을 달지 않았다. 이런 종류의 해설은 반드시 필요하다고 판단되는 정도로 최소화해서, "찾아보기와 간단한 정보"에 모아 실었다. 인명의 경우 주로 생몰연대만을 표시했는데, 역자가 미처 찾아내지 못해서 밝히지 못한 몇 사람이 있다.

* 인용문 가운데 [ ] 안에 들어 있는 문구들은, 인용된 문구 안에는 원래 없던 것을 저자가 독자의 이해를 돕기 위해 삽입한 것이다.

* 출전 표시는 (저자, 출판연도: 페이지)로 되어 있다. 가령 (Herskovits 1955, 1973년에 재수록: 14-15)라면 Herskovits의 1955년 저술인데(참고문헌 목록을 보면 논문임을 알 수 있다), 1973년에 나온 (참고문헌 목록을 보면 알 수 있다) 단행본에 재수록되었고, 해당 인용문은 14-15페이지에 걸쳐 있다는 뜻이다. 또, (Stocking 1968a:115-117; 1971)는 Stocking의 1968년 저술 중 참고문헌 목록에 1968a로 표시된 글 115-117 페이지와 아울러 1971년 저술에도 해당 내용이 나온다는 뜻이다.

* 인용문 중에는 짧은 것은 단순히 " " 부호 안에 넣었지만, 긴 것은 좌우여백, 글자 크기, 자간 등을 다르게 해서 외형적으로 눈에 띄게 넣었다. 이렇게 특별하게 취급된 인용문 다음에 이어지는 본문이 들여쓰기 없이 표기된 경우들이 있는데, 이것은 인용문 전부터 이어지던 문단이 인용문 다음에도 계속된다는 뜻이다.

역자 해제

　『문화 상대주의의 역사』는 미국 인류학계에서 문화 상대주의
가 하나의 유행처럼 등장했다가 다소 쇠퇴한 역사를 서술하고 있
다. 19세기에 유행한 진화론적 사고방식에는 진보를 향한 단선적
낙관과 더불어 산업화로 대표되는 서양 문명이 우월하다는 함의가
들어 있었다. 그러나 이미 19세기 말엽부터 다른 문화의 가치를
서양의 시각만으로 재단하는 것이 부당하다는 반성이 일어났다.
더불어 20세기 전반에 발생한 전쟁은 전형적으로 산업화된 군대와
무기 때문에 유례없이 참혹했다는 점에서, 서양 문명 전체에 관해
종전과 같은 낙관론이 견지되기 어렵게 되었다. 그리하여 1960년
대에서 1970년대에 이르기까지 문화 상대주의는 비단 인류학만이
아니라 지식인 사회 전체에서 상당히 주목 받는 주제가 되었다.
　하지만 그 이후로는 이 주제를 다루는 연구가 유행을 계속 타지
는 못했다. 그 이유로 해치 교수는 두 가지를 지적하고 있다. 하나

는 윤리적 차원에서 문화 상대주의가 난관에 부딪혔다는 점이고, 다른 하나는 비서양 사회 내부에서 전통 문화보다 산업화를 선호하는 목소리가 높아졌다는 점을 들고 있다.

　문화 상대주의가 봉착하게 된 윤리적 난관이란 모든 것을 관인할 수는 없다는 오래된 반문을 가리킨다. 예컨대, 제2차 세계대전이 서양 문명 전반에 관한 반성을 촉구하게 된 이유 중에는 히틀러가 자행한 폭력을 정당화하려는 시도 자체가 반인류적이라는 도덕적 결단이 포함된다. 그러면서도 야노마뫼 사회 같은 곳에서 만연하는 폭력을 관인한다는 것은 모순이다. 해치는 이 난관을 우회할 수 있는 길로 "인도주의적 표준"에 어긋나는 행태들에 관해서는 다른 문화에 속하는 일에 대해서도 일정한 수준의 개입이 필요할 수 있다면서, 조심스럽게 "실천적 대안"을 제시하고 있다. 그러한 표준에서 딱히 벗어난다고 볼 수 없는 행태들, 단지 문화적 배경이 다르기 때문에 서양인의 눈에 이상해 보일 뿐인 행태들에 대해서는 관인이 여전히 요구된다는 입장이다.

　비서양 사회의 구성원 다수가 전통보다 산업화를 선호하는 현상으로부터도 해치는 완강한 상대주의의 입장을 양보해야 할 이유 하나를 발굴한다. 의료나 물질적 풍요 등, 인민의 복지를 증진하는 측면에서 산업화의 덕목은 문화 상대주의를 초월하여 진보라는 개념에 관한 하나의 척도를 제공한다고 본다. 다만, 한 사회 내부에서 산업화 세력이 주도권을 잡고 변화를 선도하는 현상 자체는 "진보" 또는 "개발"이라는 관점에서 정당화될 수 있다고 하더라도 그 과정이 폭력이나 억압보다는 설득과 소통에 의해 이뤄지는 것이 "인도주의적 표준"에 어울린다는 입장이다.

어떤 각도에서 보자면, 이 정도의 요약만도 역자가 해서는 안 될 일이다. 저자가 하고 싶은 말은 이미 저자가 자신의 저서에서 하고 있는 것이고, 그것을 더욱 짧게 표현할 수 있다고 생각했다면 저자 자신이 그렇게 했을 터이기 때문이다. 이 책 안에는 실제로 이 요약 안에 포착되지 못한 수많은 가치 있는 논의들이 들어 있다. 짧게 요약될 수 있는 내용이라면 번역할 필요도 없었을 것이다.

그만큼 독자들은 이 해제보다는 이 책의 본문을 읽으면서 저자의 견해에 접하기를 바란다. 지금부터 이 해제에서는 내가 생각하기에, 상대주의라는 발상 자체가 대다수 한국인들에게 불러일으킬지 모를 모종의 거부감을 제거할 필요에 집중하고자 한다. 이 거부감은 기본적으로 생소함에 대한 원초적 두려움에서 비롯하는 것으로 나는 생각하며, 그 점에서 다른 문화에 처음 접했을 때 일어날 수 있는 제노포비아와 형태적으로 매우 흡사하기 때문이다. 다른 문화를 이해하기 위해 넘어야 할 필수적인 문턱 하나가 단지 생소하다는 이유에서 나오는 거부감이듯이, 상대주의에 관한 논의를 깊이 있게 이해하기 위해서도 지적인 제노포비아를 먼저 해소할 필요가 있다.

상대주의에 대해 널리 퍼져 있는 거부감은 적어도 한 가지 논리적 혼동에서 비롯된다. 상대주의가 보편적 기준의 존재를 선험적으로 전제할 수 없다는 입장인지 아니면 인간에게는 아무런 기준도 있을 수 없다는 입장인지에 관한 혼동이다.

"상대주의"라는 이름으로 지칭되는 사람들 가운데는 고대 그리스의 피론처럼 모든 일이 불확실하고 상대적이라는 입장을 취했다고 전해지는 사람도 없지는 않다. 실제로 그가 무슨 주장을 펼쳤는지는 기실 분명하지 않은데, 설사 그런 입장을 취했더라도 한 가지 사항은 분명하다. 피론이라고 해도 인생의 수많은 고비에서 뭔가 선택을 내리지 않을 수 없었을 것이고, 바로 그 점에서 마냥 상대주의적인 원칙을 고수할 수는 없었으리라는 점이다. 즉, 세상에 아무런 기준이 없다면, 상대주의를 지탱해 줄 기준도 없어지고 만다.

그러므로 보다 절제된 형태의 상대주의여야 고려해 볼 만한 가치가 생긴다. 진리의 기준이든, 윤리의 기준이든, 한 사회 안에서 어떤 기준이 통용된다고 할 때, 바로 그 때문에 그것이 다른 사회에도 통용되어야 한다고 여기는 것은 명백히 오류다. 물론 하나의 기준이 두 사회에서 통용될 수 있다. 하지만 언제 어떤 두 사회가 어떤 기준을 어떻게 공유하는지는 경험적인 문제일 뿐으로, 가타부타 사전에 정해질 수는 없다. 보아스, 베네딕트, 허스코비츠 등의 문화 상대주의는 무엇보다도 각 사회 안에서 어떤 기준이 어떻게 작동하고 있는지는 그 사회 내부를 들여다봐야 알 수 있는 문제임을 분명하게 확립하는 데 기여했다.

하지만 다양한 사회 안에서 통용되는 다양한 기준들이 모두 동등하게 옳은 것인가? 이런 질문에 대답하려면 먼저 "동등하게 옳다"는 개념의 의미부터 확정해야 하는데, 그러기 위한 기준이 또한 사회에 따라 다를 수밖에 없는 악순환을 만나게 된다. 더구나 다양한 사회에 다양한 기준이 있다는 경험적 사실에서부터 그것들이 동등하게 옳다는 규범적 결론을 끌어내려는 시도 역시 하나의 범주 오류가 된다.

문화에 따라 기준이 다양하다는 *사실* 안에 그것들이 동등하게 옳다는 *가치*가 함유되지는 않는다. 한편, 그것들 사이에 우열이 반

8

드시 있어야 한다는 *가치* 역시 *사실* 안에 함유되어 있지는 않다. 어떤 기준들 사이에 어떤 우열이 있을지 여부는 자체로 열려 있는 문제다. 애당초 이와 같은 사안과 관련해서 우열이라는 개념 자체가 어떻게 확정될 수 있을지조차 불분명하다. 인간의 생각이나 행위를 인도하거나 평가하거나 묵인하거나 비난하는 기준이 일차적으로 행위자가 속한 공동체의 문화와 연관된다는 논점 안에 서로 다른 문화에 속하는 기준 사이의 우열 여부에 관한 하나의 대답이 들어 있다.

A라는 문화에 a라는 기준이 있고, B라는 문화에 b라는 기준이 있을 때, A와 B가 아무 접촉이 없이 살아간다면 a와 b 사이에 우열의 문제는 발생하지 않는다. 만약 A와 B의 존재 및 a와 b의 존재를 알고 있으면서, a와 b 사이에 우열이 있어야 한다고 생각하는 관찰자가 있다면 그의 마음속에서는 우열의 문제가 발생한 것이지만, 그것은 그만큼 그의 마음속에서 A와 B가 접촉한 결과에 해당한다.

A의 구성원 일부와 B의 구성원 일부 사이에 실제로 접촉이 일어나고, 그리하여 a와 b가 실제로 접촉하게 되더라도, 우열의 문제가 발생하지 않을 수도 있다. A의 구성원이 b의 존재를 알고, B의 구성원이 a의 존재를 알면서, 서로 공존할 수 있다. 만약 A와 B가 접촉하는 지점에서 a와 b 사이에서 양자택일이 요구되지만 않는다면 그와 같은 공존이 가능하다. 그러므로 우열의 문제가 발생하는 경우란 이와 반대되는 상황, 다시 말해, 두 문화가 접촉하는 지점에서 어떤 이유에서든지, a와 b 사이에 양자택일 또는 이도저도 아닌 제3의 공통기준이 요구되는 상황이다.

두 문화가 접촉하는 지점에서 양자택일 또는 제3의 공통기준이 요구되는 상황은 일차적으로 당사자들의 실천적 선택에 의해 결정이 이뤄지거나 말거나 하는 상황이다. 이와 같은 선택의 문제는 "더 나은 기준"을 찾아야 한다는 형식으로 표현될 때가 많다. 당사자들 사이에서 실지로 "더 나은 기준"을 진심으로 찾아내서 실천하고자 하는 강한 열망이 많은 경우에 작용하는 것도 엄연한 사실이다. 그렇지만 어떤 형태로든 모종의 선택이 이뤄졌다면, 그 선택은 "더 나아서" 선택되었다고 주장할 수 있는 만큼이나 그렇게 선택되었기 때문에 "더 나은 것"으로 간주된다고 볼 수 있는 여지가 항상 남는다. 그리고 물론 한 시점에서 "더 나은 선택"으로 간주되었던 결정이 후일 반성과 회한의 원인이 될 위험도 항상 남는다.

이런 점들은 서로 다른 문화들이 접촉하는 지점에서만이 아니라, 하나의 문화 안에 내재하는 다양한 가치나 노선들이 실천적으로 접촉하는 지점에서도 마찬가지로 해당하는 진실이다. 이슬람 사회와 기독교 사회가 접촉하는 과정에서도 이런 문제가 발생할 수 있고, 기독교 내부의 종파 사이에서도 이런 문제는 발생할 수 있다. 그리고 두 경우 모두, 실천적 귀결은 "더 나은 선택"을 위해 노력한 결과라고 서술될 수 있는 만큼 우세한 세력에 의해 채택된 결과가 생존자들 사이에서 "더 나은 선택"이었던 것으로 간주된 것으로 서술될 수 있다.

상대주의, 특히 지금 여기서 논하는 바처럼, 진지한 고려의 대상이 될 가치가 있는 상대주의는, 이와 같은 실천의 영역에 대해 적극적인 조언을 제공하지 않는다. 일반적으로 말해서, 실천적 판단이 합리적 지식의 문제로 환원될 수 없다고 보기 때문이다. 지식과 합리적 계산은 판단에 어느 정도, 때로는 매우 그리고 대단히, 도움이 될 수는 있지만, 올바른 판단을 담보하지는 않는다. 이 주제는 자체로 깊은 성찰을 요하기 때문에 여기서 상세하게 논의할 수는 없지만, 적어도 두 가지 이유는 쉽게 제시할 수 있다. 첫째, 실천에 관한 고려는 항상 미래의 결과와 관계되는 것인데, 미래는 전형적으로 인간이 알지 못하는 변수들에 의해 좌우될 때가 많다. 둘째, 지식에 의해 판단이 인도되려면 먼저 무엇이 옳은 정보인지를 분별해야 하는데, 이 자체가 지식의 문제라기보다는 판단의 문제다.

그러므로 상대주의는 어떤 강령이나 금지를 담고 있는 적극적 이론이라기보다는 모르는 것을 아는 척하지 말라는 지적 겸손의 태도로 이해할 필요가 있다. 내가 속한 문화 안에서 당연시되는 것이, 단지 그렇다는 이유로, 다른 문화에도 적용되어야 한다는 생각 역시 모르는 것을 아는 척하는 가식에 해당한다.

다른 문화에서 관습적으로 행해지는 어떤 실천이 우리가 보기에 차마 두고 볼 수 없는 지경일 때, 우리가 거기에 대해 무엇을 해야 하느냐는 질문은 하나의 진짜 실존적 질문에 해당한다. 이것이 진짜 실존적 질문이라는 말은, 다시 말해서 이 질문에 어떻게 대응하느냐에 따라 각자의 윤리적 성격이 표현된다는 뜻이다. 한 개인이 어떤 질문에 어떻게 대응하느냐에 따라 어떤 윤리적 성격이 표현되는지를 살피기 위해서는 수많은 개별적인 요소들을 고려하지 않으면 안 된다. 다시 말해, 그가 어떤 사람인지, 어떤 지위를 가지고, 평소에 어떤 입장들을 취해 왔는지, 그가 대응하는 질문이 구체적으로 무엇인지, 그 질문에 자신과 다르게 대응하는 사람들을 어떻게 대하는지, 자기가 일단 취한 대응책에 관해 주변 사람들의 반응에는 또한 어떻게 대응하는지, 자신의 현재 입장이 바뀔 가능성은 얼마나 열어놓고 있는지, 기타 등등, 무수한 개별적 고려사항들이 그의 윤리적 성격과 결부된다. 이런 질문들은 실천의 문제로서 지금 내가 논의한 상대주의와는 직접적인 관계가 없다.

가령 이 책 제5장(160쪽)에서 논의되듯, 요르단 강 서안의 아랍인 마을에서, 성폭행의 피해 여성을 그 가족이 가족의 명예를 훼손했다는 이유로 살해하는 일이 벌어질 때, 보통은 뭔가 잘못된 것 같은 느낌을 받을 것이다. 이 느낌은 본질적으로 내가 속한 사회에서는 그런 일이 관습적으로 행해지지 않는다는 우리의 인식에서 비롯한다. 상대주의는 이 점을 지적하는 데서 역할이 대략 끝난다. (아울러 유럽의 고대 로마에서도 이런 일이 있었고, 심지어 나폴레옹 법전에도 "간통한 여성을 가족이 살해한" 경우에는 처벌을 경감하는 명문 규정이 있었다는 사실을 적시하는 데에 상대주의는 주저하지 않는다. 한국의 경우에도 영화 <은마는 오지 않는다>에서 형상화되었듯이, 또는 "화냥년"이라는 단어에 함축되어 있듯이, 피해 여성을 도리어 악의 근원으로 치환하는 발상은 생소하지 않다.) 다른 사회의 관습에 관해 왈가왈부하지 말아야 한다는 하나의 실질적 입장까지로 상대주의를 연장하게 되면, 논리적 모순과 범주의 혼동이 발생한다.

요르단 강 주변의 아랍인들과 접촉한 적도 없고 앞으로 그럴 가능성도 별로 없는 한국인 한 사람이 책이나 신문에서 저런 기사를 봤을 때, 세상에 어떻게 그토록 야만적인 관습이 있는지 개탄할 수 있다. 이러한 개탄을 금지할 도덕적 권리를 만약 상대주의가 주장하게 되면 자가당착이 된다. 명예 살인의 위험에 직면한 여성이 가족으로부터 도망쳐 도움을 청할 때(외부의 도움 자체를 하나의 저주로 여기는 피해자의 경우에는 얘기가 훨씬 복잡해진다), 한국인 여행자가 마침 약간의 도움을 제공할 수 있어서 (자신에게 미칠지도 모르는 위해를 모르고 또는 무릅쓰고) 제공한다면, 상대주의는 이를 부당한 간섭으로 여겨야 하는가? 그렇다고 말하는 것은 상대주의의 교조적 적용일 뿐이다. 이미 아랍인 사회 중에서도 성폭행을 당한 여성이 가족의 명예를 손상하지 않았다거나, 그것이 죽을죄는 아니라고 보는 (주류는 아닐지라도) 관습이 있고, 그런 여성에 대한 조력의 제공을 어느 정도든 용인하는 관습도 있다. 중세 기독교 사회에서 신성모독의 죄를 범했다고 기소된 사람에 대해서도 그가 진실로 그런 죄를 범한 것인지를 따지는 (주류는 아닐지라도) 관습적인 문법이 동시에 있었고, 설사 유죄로 판정을 받았더라도 정상을 참작해서 처벌을 경감하는 관습, 그리고 설령 화형에 처하기로 정해진 죄수에 대해서도 일정한 인간적 조력을 제공하는 관습 또한 있었던 것과 마찬가지다.

인간 사회를 인간 사회로 만드는 것은 단순히 관습이나 규범이 있다는 점만이 아니라, 주어진 관습 또는 규범에 관해서도 이견이 존재하며, 나아가 더욱 중요하게는 주어진 관습 또는 규범을 개별 사례에 적용하는 과정에서 여러 의견이 나온다는 점이다. 한 사회가 어떤 원칙을 규범으로 삼을 것인가, 그리고 그 규범을 어떤 사례에서 어떻게 적용할 것인가는 본질적으로 논란의 여지를 항상 품고 있는 열려 있는 문제다. 이 점은 인간의 모든 실천에 해당하는 특유한 성격으로서, 상대주의 아니라 어떤 철학적인 원리로도 사전에 정답을 알려줄 수 없는 질문의 영역, 오로지 실제 개별적인 사람 또는 사람들이 실천으로써 응답하게 될 질문의 영역이다.

말로써 왈가왈부한다든지, 또는 한두 명의 피해자에게 약간의 도움을 제공하는 수준을 넘어서, 다른 문화에 속하는 고유한 관습을 폐지하기 위해 폭력의 행사까지도 정당화되느냐는 문제는 차원이 다르다. 일반적으로 피해자로 보이는 사람에 대해 편의를 제공하는 행위에 비해 가해자로 보이는 사람을 폭력으로 억누르는 데에는 더 무거운 정당화를 우리는 요구한다. 오늘날 유럽의 여러 나라에서 무슬림계 이주민의 공동체 내부의 관습이 나라 전체의 사법 질서와 부딪칠 때에도, 강제력의 사용은 문화적 차이가 용인될 수 없는 경우에 비해 훨씬 신중한 고려를 거친다. 강제적으로 제지되어야 할 당사자가 그러한 강제력의 행사를 수용하는 문화적 배경에 속하는지 여부가, 문화 상대주의를 위해서가 아니라 강제력의 정당성을 위해서 고려되어야 하기 때문이다.

어쨌든, 이와 같은 고려 사항들은 본원적으로 실천적 판단의 영역에 속한다. 불개입주의에서 무력에 의한 강제 사이에 위치하는 무수한 실천적 선택지들 가운데 무엇이 더 낫고 무엇이 더 못한지를 가려내줄 이론이나 철학은 없다. 누군가 그 중 특정한 선택지를 "이론적으로" 또는 "철학적으로" 더 낫다고 주장한다면, 그것은 "이론"이나 "철학"이라는 단어를 가지고 자신의 실천적 판단을 포장하고자 하는 실천적 전략의 일환일 뿐이다. 실천적 판단은 특정한 사정들의 맥락 안에서 각자가 최선이라고 생각하는 행동 경로를 선택하는 작업이다. 이 선택을 어떤 "이론"이나 "철학"에 의거해서 "보편적"이라고 주장한다는 것만으로 그것이 보편적인 원칙이 될 수는 없다. 하나의 선택이 잘한 선택인지 여부가 결정되기 위해서는 그 선택의 근거가 어떤 원리를 따랐느냐는 차원만이 아니라, 그로써 어떤 결과가 빚어졌느냐는 차원에서도 고찰이 이뤄져야 하기 때문이다. 하나의 선택으로 내려진 조치가 어떤 결과로 이어질지는 그 선택만이 아니라, 그 선택을 어떻게 집행하느냐는 차원과 더불어, 선택 당시에 예상하지 못했던 여러 가지 외부 변수들이 개입되어 좌우된다.

진지한 고려의 가치가 있는 상대주의는 이와 같이 실천의 문제에 관한 적극적 지침을 의도적으로 자제하는 지점에서 멈춘다. 다만 실천적 판단을 내리기에 앞서서 최소한으로 반드시 고려해야 할 사항들을 제시하는 역할을 자임하는 것이다. 상대주의가 윤리적 결정을 불가능하게 만든다든지, 모든 결정에 대해 동등한 가치를 부여한다는 오해는 이와 같은 분별을 간과한 데서 나온다. 물론 상대주의라는 이름 아래 저와 같은 도덕적 허무주의 또는 도덕적 무차별주의를 설교하는 사람들은 역사적으로 끊이지 않았다. 그런 종류의 상대주의는 무너질 수밖에 없는 이유를 스스로 생산하는 셈과 같다. 그처럼 자기파멸적인 형태의 상대주의들이 있다고 해서, 중요한 요점을 제기하는 상대주의가 부정되어야 할 이유는 없다.

전통 문화와 근대화의 문제는 전형적으로 실천적 판단의 주제가 되어야 할 문제다. 한국과 같은 비서양 사회에서 근대화의 문제는 서양의 가치를 얼마나 받아들여야 하느냐는 문화적 선택의 문제와 같다. 이와 같은 실존적 선택에 관해 상대주의는 실질적인 지침을 제공할 수 없다. 다만, 단순히 기원이 서양인 것처럼 보인다고 해서 어떤 가치를 배척만 한다는 것은 그 가치가 단순히 서양에서 기원했기 때문에 받아들여야 한다고 보는 것과 마찬가지로 소외된 의식의 소산이다. 외부와의 접촉이 있기 전에도 한 사회를 주도하는 가치에 대해서는 비판을 통한 개선 가능성의 모색이 항상 그 사회 내부에 뚜렷이 또는 잠재적으로 존재한다. 이것이 인간 사회를 인간 사회로 만드는 주요 특징이다. 외부의 가치와 접촉하기 전이었다면 쉽사리 억압될 수 있었던 변화의 여지가 외부와 접촉한 다음에 좀 더 힘을 얻을 수는 있을 것이다. 어쨌든, 한 사회를 주도하는 규범이 어떻게 변화할 것인지는 외부와 접촉했을 때든 접촉하지 않았을 때든, 그 사회 내부에서 결정되어야 할 실천적 선택에 해당한다.

상대주의는 이런 선택에 대해 보편적 지침을 제공할 수 없다. 어떤 다른 철학적 원리도 이에 대해서는 보편적 지침을 제공할 수 없다는 것이 상대주의다. 앞에서도 말했듯이, 어떤 행동의 도덕적 가치를 판정하려면 어떤 지침을 따랐느냐만이 아니라, 그 결과 어떤 일이 벌어졌는지를 비롯한 여러 가지 다른 고려들을 거쳐야 한다. 게다가 어떤 행동에 대한 도덕적 판정은 그 자체가 다시 도덕적 판정의 대상이 되어야 한다. 이것은 도덕적 판단을 포기하는 태도가 아니라, 도덕적 판단이라는 것이 진실로 도덕적이기 위해서는 얼마나 까다롭고 복잡한 고려 사항들을 먼저 거쳐 가야 하는지에 주의를 환기하는 태도다. 도덕적인 판단을 내리기 위해서 거쳐야 할 고려 사항들을 대략 편의에 의해 생략하고 이뤄지는 결정이란 아무리 "도덕"의 허울로 포장되더라도 기실 위력의 과시에 불과하다는 사실을 잊지 말라는 경고에 해당하는 것이다.

이 책은 지난 백여 년 동안 미국 인류학계에서 문화 상대주의의 대두와 쇠락을 요약한다. 허망한 상대주의와 나름 의미가 있는 상대주의를 분별하는 시선을 갖추고 이 역사를 읽을 필요가 있다고 생각해서 약간이나마 본격적인 논의를 이 해제에 담았다. 이 책을 읽으면서 이 해제의 내용을 비판할 수 있는 시야가 열릴 수도 있을 것이다.

마지막으로, 이 책에 수록된"저자 소개"는 해치 교수가 역자의 요청으로 한국어 독자를 위해 따로 작성해서 보내준 것이다. 역자의 입장에서 해치 교수께 심심한 감사를 표한다. 저자가 일생 동안 추구한 학문적 관심을 대략적으로 이해함으로써, 이 책에서 말하고자 하는 의미가 독자들에게 더욱 잘 전달될 수 있기를 희망한다.

저자 소개

엘빈 해치는 1937년에 캘리포니아에서 태어나, 생애 대부분을 거기서 살고 있다. 1967년에 캘리포니아 대학교 로스앤젤레스 캠퍼스(UCLA)에서 인류학박사 학위를 받았고, 캘리포니아 대학교 산타바바라 캠퍼스(UCSB) 교수진에 합류했다. 1975년에서 1981년까지 UCSB의 인류학과에서 학과장으로 일하는 등 봉직했고, 나중에는 법과 사회 프로그램(Program in Law and Society)으로 자리를 옮기기도 했다. 아울러 학사 관련 및 행정 관련 여러 위원회에도 참여했다. 가장 두드러진 사례로는 UCSB의 건축물 종합점검 위원장과 캘리포니아 대학 출판사 편집위원장을 역임했다. 그는 2004년에 은퇴한 이후 대부분의 시간을 산타바바라(Santa Barbara)나 노스캐롤라이나 주 서부의 애팔래치아 산악 지역에서 보내고 있다.

그는 UCSB 학술연구처, UCSB 학제적 인문학 센터, 사회과학 연구위원회, 미국 전국 보건기구, 미국 전국 인문학 기금, 미국 전국 과학

재단 등을 비롯해 많은 기관들로부터 연구비를 지원받은 바 있다.

그의 저술은 두 가지 주제에 초점을 둔다. 첫째는, 인류학 사상사의 연구고 둘째는, 미국과 뉴질랜드 시골 공동체에 관한 현지연구다. 그는 1960년대 중반에 캘리포니아 중부 해안 지방의 한 농장 지역에서 첫 번째 현지연구를 행했다. 마른 땅에 곡물을 재배하고 가축을 방목함으로써 경제적 기반을 삼는 지역이었다. 연구의 목표에는 1880년대와 1890년대에 영국계 미국인들이 정착한 이후 그 지역의 사회사가 포함되어 있었고, 사회적 위계질서가 어떠했는지 그리고 시간이 지남에 따라 그 위계가 어떻게 변화했는지에 전체적인 초점이 놓였다. 이 연구의 결과는 『어느 작은 마을의 전기』(*Biography of a Small Town*, New York: Columbia University Press, 1979)로 출판되었다.

그의 두 번째 현지연구는 1980년대 초, 뉴질랜드 남섬에 있는 양을 기르는 농장 지대에서 진행되었다. 여기서도 분석의 중심적인 초점은 사회적 위상의 위계질서 그리고 그 질서가 대공황기, 제2차 세계대전, 전후의 시기 동안에 어떤 변천을 겪었는지에 놓였다. 이 연구는 캘리포니아 연구에 비해 문화에 더욱 치중했다. 뉴질랜드의 농민들은 사회적 위상을 가늠할 때 캘리포니아 농민들과는 상이한 문화적 기준들을 사용한다는 점이 분명해졌기 때문이었다. 만일 캘리포니아의 어떤 농민이 뉴질랜드의 공동체로 들어가 살게 된다면 뉴질랜드 사람들과는 다른 사회적 위계질서를 "목격했을" 것이다. "계급 구조"를 이해하기 위해서는 해당 사회 구성원들의 눈을 통해서 그 구조를 바라봐야 할 필요가 있다는 결론을 이 연구에서 내렸다. 그들의 경제생활은 계급과 이동성에 관해 사회과학자들이 가지고 있는 개념들이 아니라 그 사람들 자신의 문화에 속한 개념들에 의해서 방향이 잡힌다. 캘리포니아의 경우와 뉴질랜드의 경우 사이에 주된 차이 하나는 부가 두 공동체에서 상이하게 정의되고 인식된다는 점이다. 또한, 뉴질랜드 사람들이 서로의 사회적 위상을 가늠할 적에 부는 캘리포니아의 경우에 비해서 덜 중요했고, 더 작은 비중이 주어졌다. 이 연구의 결과를 담은 주된 출판물은 『존중받는 삶: 뉴질랜드 시골 마을 사람들 사이의 사회적 위상』(*Respectable Lives: Social Standing in Rural New Zealand,* University of California Press, 1992)이다.

해치의 세 번째 현지연구는 노스캐롤라이나 서부 애팔래치아 산악 지역에서 1998년 시작되었다. 이는 1930년대부터 1960년대까지 한 작은 카운티에 관한 연구로서, 현장관찰이 아니라, 그가 전에 했던 데 비해 훨씬 심층적인 문헌자료에 대한 연구도 포함했다. 이 연구에서 특별히 중요한 정보의 출처 한 가지는 카운티의 과거 신문철이었다. 1930년대에 이 카운티의 경제적 기반은 생계형 농업과 물물교환이었고, 주민들의 삶에서 현금은 부수적인 역할에 그쳤다. 그런데 1950년대에는 사람들이 근대적 형태들을 선택함에 따라 생계형 농업이 사실상 사라졌다. 그리하여 소비생활과 현금에 기반을 둔 경제로 전환되었다. 이 연구에서 주된 초점은 그러한 전환이 왜 일어났는지를 이해하는 데 있었다. 종전의 생계형 체제는 제법 잘 작동되고 있었고, 그 산악 지대에서 종래의 전통적인 세계관은 근대라든가 경쟁적인 화폐경제 등을 마뜩찮은 것으로 치부하고 있었다. 그럼에도 그곳 사람들은 자기들의 삶의 방식 전체를 변혁하기로 선택했다. 무슨 일이 있었던 것일까? 대답은 개인 정체성이 변화한 데에 있었다. 대공황 시기 연방정부에서 자금을 지원한 보조 정책들, 그리고 특히 제2차 세계대전 중의 전쟁 관련 사건들과 활동들 때문에 그들의 정체성에서 미국인이라는 요소가 부각되었고, 근대적인 생활방식은 그들이 미국인임을 드러내는 일차적인 시넥도키였다. 자신들이 미국이라는 민족의 일부라고 하는 새로이 활성화된 의미를 그 사람들이 표현할 수 있는 일차적인 수단은 "근대적"으로 되는 것이었다. 화폐경제와 미국적 소비문화의 일부로 편입되는 일이 모두 근대적으로 되는 것의 일환이었다. 이 연구의 결과를 담은 주된 출판물은 현재 마무리 단계에 접어든 한 권의 단행본으로 나올 예정인데, 잠정적인 제목은 "가치의 경제: 남부 애팔래치아의 근대성과 정체성, 1930—1960"(*Economies of Worth: Modernity and Identity in Southern Appalachia, 1930—1960*)이다.

해치가 추구해 온 연구의 두 번째 노선은 인류학 이론의 역사이다. 이 분야에서 그가 내놓은 첫 번째 업적은 그의 첫 번째 저서 『인간과 문화에 관한 여러 이론』(*Theories of Man and Culture*, New York: Columbia University Press, 1973)이었다. 이 책은 문화와 사회에 관해 19세기 말에서 20세기 전반기까지를 풍미한 주요 이론 열 가지를 살펴본다. 그 이론들은 인간의 행동과 사회 제도를 이해하는 데 다분히 은밀하게 준거로 작용하는 의미들 또는 인식틀을 분간해내는 데 목적이 있다. 이러한 분석의 결과, 같은 사람을 같은 시점에서 두 사람의 인류학자가 관찰한다고 할 때, 두 관찰자의 이론적 준거가 다르다면 그 사람이 무엇을 하고 있는지에 관해 의견이 반드시 일치하지는 않는다고 해치는 주장한다. 두 관찰자가 똑같은 것을 "보고" 있는 것이 아니다. 바꿔서 표현하면, 인간 행동의 동일한 양상을 바라본다는 데에서 두 관찰자가 인식하는 의미들이 서로 다르다. 예를 들어, 프란츠 보아스는 인간의 행태가 습관적으로, 거의 생각 없이, 관습을 고수하는 측면을 목격했다. 따라서 그의 견해에 따르면, 인간은 대체로 정해진 일과들을 생각 없이 따라가는 추종자가 된다. 나아가 그에게는, 관습 또는 문화가 무작위적으로 나타난 역사적 우연들의 산물이었다. 그러므로 인간이 따라가는 정해진 일과들은 합리성과는 무관하다는 것이었다. 삶에서 무언가 더 큰 차원의 의미 같은 것을 드러내지 않는다는 뜻이다. 그리하여 보아스에게는, 인간 실존의 조건이 부조리였다. 이와는 대조적으로, E. E. 에반스-프리처드의 견해에 따르면, 인간에게는 합리적 사유에 근거해서 선택할 수 있는 권능 또는 역량이 있다. 그렇지만 합리성은 언제나 암묵적인 추정들을 깔고 있는 배경 위에서 작동하며, 그러한 배경은 문화에 따라서 다양하다. 그러므로 사람들이 이성으로 추론하는 과정은 문화화를 통해서 암묵적인 추정들을 어떻게 획득하느냐에 따라 달라진다. 나아가 에반스-프리처드가 보기에, 인간은 합리적 피조물일 뿐만 아니라 도덕적 피조물이기도 했다. 인간이 어떤 가치들과 더불어 양육되느냐에 따라 삶 속에서 내리는 선택이 크게 영향을 받기 때문이다. 이는 보아스와는 반대로, 사람들이 무작위적 습관을 생각 없이 따라가는 추종자가 아니라, 자신들의 행동에서 도덕적 원칙들을 의도적으로 숙고하는 존재라는 뜻이다. 이 점에서 에반스-프리처드의 견해는 보아스만이 아니라, 이익을 합리적으로 계산하는 존재이자 자기에게 이익이 되는 목적을 위해 사회 체제를 조작하는 존재로 인간을 인식하는 여타 사회/문화 이론가들과도 다르다.

인류학 이론의 역사에 관해 해치가 내놓은 두 번째 업적은 도덕적 상대성에 관한 저서다. 그는 이 주제에 관한 책 『문화 상대주의의 역사』(*Culture and Morality: The Relativity of Values in Anthropology*,

New York: Columbia University Press)를 1983년에 출간했다. 상대주의라는 주제는 그의 거의 모든 저술에서 중요한 논제로 등장한다. 심지어 마을 공동체에 관한 그의 연구에서도 그렇다. 사람들이 세계를 지각하는 바탕에서 작용하는 준거의 틀에 그가 관심을 기울이기 때문이다. 그가 연구한 여러 공동체 각각에서 살아가는 사람들이 세계를 각기 다르게 "볼"뿐만 아니라, 인류학자들도 각기 세계를 다르게 본다. 따라서 진실과 진실이 아닌 것, 좋은 것과 나쁜 것을 구분할 근거를 세운다는 일이 어떻게 가능하냐는 질문에 우리는 봉착하게 된다. 상대주의에는 큰 갈래로만도 여럿이 있는데, 『문화 상대주의의 역사』 는 그 중에서 도덕적 또는 윤리적 상대성에 초점을 맞춘다. 그리고 지식의 상대성을 비롯한 여타 갈래들로는 파고 들어가지 않는다.

이 책은 부분적으로는 역사를 서술하면서 부분적으로는 철학적인 논의를 전개한다. 역사에 관한 부분에서는 19세기 인류학자들의 절대주의적 관념으로부터 상대주의적 사유가 발전해 온 궤적을 추적한다. 서양의 근대적 산업 사회를 찬미하던 시절에서 1930년대에 특히 보아스 학파 사이에서 상대주의가 꽃피다가, 제2차 세계대전 이후 이 관점에 대한 자신감이 무너진 과정이다. 전쟁과 나치의 잔혹성이 관인이라는 주제를 첨예한 쟁점으로 불러냈다. 나치즘의 세계관은 접어두더라도, 히틀러의 행동을 관인한다는 것이 도대체 어떻게 가능한가?

『문화 상대주의의 역사』 의 철학적인 부분에서는 종족 상대주의의 내부 논리를 고찰한다. 예를 들어, 상대주의 옹호론은 으레 자신과 다른 생활방식에 대한 관인을 촉구한다. 그러나 상대주의 또는 문화들이 서로 다르다는 원리가 어떻게 관인으로 연결되는가? 보아스 학파의 경우, 가치가 문화마다 다르다는 사실은 논리적으로, 보편적 가치를 확립할 가능성에 대한 근본적인 회의로 연결되었다. 이 입장은 많은 철학자들에 의해 강하게 비판을 받았다. 나아가 관인이 필요하다는 보아스 학파의 논리적 근거는 인류학과 사회학의 구조기능주의자들의 논리적 근거와는 근본적으로 다르다.

해치가 추구해온 연구의 두 갈래 노선, 즉 민속학 연구와 역사적-이론적 연구라는 두 노선은 그의 경력의 초기에 두 개의 분리된 길을 따라 진행했다. 캘리포니아 공동체에 관한 그의 최초 연구는 민속학적 소재에 가까웠고, 이론적인 발전에서는 그다지 높은 수준에 도달하지 못했다. 이에 비해 이론의 역사를 다룬 저서는 시작부터 고도로 이론적이었다. 그러나 시간이 지남에 따라 두 갈래 노선은 점점 서로 가까워졌고, 사람들이 실재를 파악하는 바탕이 되는 준거틀을 이해하기 위한 그의 관심은 곧 그 두 갈래 노선을 서로 연결하는 다리를 놓는 일과 같은 것이 되었다. 그 준거틀이란 세계관, 분류 체계, 도덕적 믿음 등으로서, 이런 준거틀 덕분에 사람들은 스스로 속한 ─ 그리고 매우 자주 혼란스럽고 수수께끼 같은 ─ 세계의 의미를 포착할 수 있도록 역량을 갖추게 된다. 이러한 문화적 준거틀을 가지고 사람들은 생각한다. 이러한 준거틀을 이해하는 과정이란 곧 클리포드 거츠가 "두꺼운 서술"이라고1) 불렀던 바에 해당한다. 간단하게 말하면, 해석이다. 이 과정이 해치로 하여금 인류학자들을 연구해서 이론의 역사를 다룬 저서 두 권을 내도록 이끈 동력이었다. 인간의 행태와 제도에서 의미를 발견하도록 다양한 인류학자들을 이끌어간 준거틀에 대한 이해를 그는 추구했던 것이다. 그리고 다른 사람들의 관점을 이

---

1) "Thick Description: Toward an Interpretive Theory of Culture." Clifford Geertz, *The Interpretation of Cultures; Selected Essays*, New.York.: Basic Books, 1973, pp. 3-30.

해하고자 하는 관심은 그의 민속학적 연구에서도 점점 더 중요하게 되었다. 그의 최초 민속학 연구에서는 단지 주변적인 중요성만을 가졌던 관심이 뉴질랜드의 사회적 위계질서를 분석할 때에는 핵심의 자리를 차지했다. 뉴질랜드 연구에서 그는 농민 가족들의 삶이 방향을 잡는 데 기여하는 사회적 위계의 관념들을 파악하기 위해 노력했다. 그리고 현재 노스캐롤라이나, 애팔래치아 산악 지대의 시골 카운티에서 정체성의 관념 그리고 그 관념의 변화 과정을 이해하고자 하는 그의 연구에서, 이 관심은 더욱 더 핵심적이다.

차례

제1장 상대주의의 여러 측면

　인류학은 19세기에 나름의 조직과 자의식을 가진 하나의 학문으로 등장한 뒤로 광범위한 공공적 관심을 끌어 모은 여러 가지 논란에 휩싸여왔다. 이 논란들은 대체로 인민족속들 사이의 차이점을 어떻게 인식해야 하는가, 그리고 특히 서양 문명이 여타 인간 사회들과의 관계에서 차지하는 위상을 어떻게 이해해야 하는가 등의 질문과 관련되는 것이었다.

　지난 세기에[2] 인류학자들을 끌어당긴 주요 논제 중의 하나는 인종이었다. 당시 알려진 최선의 증거는 인종들 사이에 정신적 능력에 차이가 있음을 시사했고, 그래서 피부색이 어두운 사람들이 피부색이 옅은 사람들을 따라잡을 날이 올 수 있을지 여부에 질문이 모였다. 저열한 인종들은 영원히 지적으로나 도덕적으로 열등할 수밖에 없는

---

2) 이 책은 1983년에 나왔다. 따라서 19세기를 가리킨다. (역주)

운명인가, 아니면 조금씩 자신을 고양해서 고급 문명의 수준까지 오를 수 있을까? 대체로 인류학자들은 그렇게 할 수 있으리라고 믿었다. 두 번째 주요 논제는 인간들 사이의 이러한 차이가 신에 의해 주어진 것인가 아니면 자연적 원인의 결과인가였다. 대다수 인류학자들은 지질학에서 동일과정론자들이나 생물학에서 다윈주의자들처럼 자연적 인과관계를 주장했다. 그들의 생각에 미개인들을 열등한 지위로 떨어뜨린 것은 신의 의지가 아니라 인간 진보에 작용하는 일정한 자연법칙 때문이었고, 과학적 연구를 통해 그러한 법칙은 드러나기 마련이었다.

세기가 바뀌면서 여러 가지 이유로 논제들도 바뀌었다. 처음에는 연관된 학문 분야의 일부 다른 과학자들과 인류학자들 사이에 새로운 논란이 벌어졌는데, 외부인들의 눈에는 이런 논쟁이 지루하고 밀교적으로 비쳤다. 그러나 1920년 즈음에, 늦어도 1930년대에 이르면, 인류학자들이 집필하고 강의하는 대상 독자층과 청중층은 전에 비해 확실히 훨씬 넓어졌다. 밀교적인 논제가 전혀 아니었음이 판명된 것이다. 그리고 1930년대 말엽에는 교육을 받은 사람들 사이에서 인류학은 지적으로 역동적이며 진취적인 학문의 하나라는 평판을 획득한 다음이었다. 뿐만 아니라, 논쟁의 중심에 다시 인종이 있었다. 인종에 따라 도덕적 지성적 차이가 나타난다는 19세기의 이론은 신뢰를 잃었다. 이제 인류학자들은 인민족속 사이의 차이를 문화적 조건화라든지 사회적 환경 등을 통해서 설명했다. 그리고 이 결과 인류학은 (수많은 사례들 가운데 몇 가지만 열거하면) 선택적 이민법, 인종 분리 정책, 미국 육군의 지능검사 등에 맞서 싸울 태세를 취할 수 있게 되었다.

20세기로 접어든 이후에 등장한 또 하나의 논제는 인간 사회 전

영역 안에서 서양 문명의 위치가 무엇이냐는 질문과 관련된다. 인종들 사이에 자연적 능력의 차이가 있다는 얘기를 인류학자들은 이제 받아들이지 않을 뿐만 아니라, 더 높은 문화와 더 낮은 문화를, 개명된 인민과 원시적 인민을, 구분하는 기준 자체를 문제시하게끔 만드는 증거들이 나타났다. 서양 문명은 단지 자신의 문화적 가치를 판단의 표준으로 삼기 때문에 자신이 여타 문명보다 더 나은 것처럼 상상할 뿐이라는 논증이 펼쳐졌다. 우리가 진보라고 여기는 것이 우리와 다른 문화적 선호를 가지고 양육된 다른 인민의 눈에는 전혀 진보가 아니다. 그리하여 교육받은 사람들 사이에서 인류학자라고 하면 진보의 관념이나 서양 문명의 우월성에 대해 회의적인 태도를 연상하는 경향이 생겼다. 또한 다른 생활방식들을 완전히 관인해야[3] 한다는 논쟁적일 수밖에 없는 원칙을 인류학자들로부터 연상하는 경향도 생겼다. 심지어 우리에게 가장 이색적이거나 기괴한 것처럼 비치는 문화마저도 우리 자신의 문화만큼이나 타당하고 알맞으며, 동등한 존중을 받아야 한다. 우리가 저들보다 나을 것이 없다. 한 마디로 인류학자들은 역사를 거의 통틀어서 풍미해왔던 바와는 다른 자기정체성을 서양 문명에 제시하고 있었다. 그들은 지성적 혁명이라 일컬어질 만한 변화를 개척하고 있었다.

인류학자들이 진보와 관인에 관해, 그리고 인간 사회들 사이에서 서양 문명의 위치에 관해, 내놓은 제안들은 20세기의 문화 상대주의

---

3) 관인(寬忍): 흔히 사용되는 관용(寬容)이라는 번역어를 굳이 배척할 필요는 없겠지만, toleration(또는 tolerance)의 이념이 권고하고 지향하는 경지는 "너그럽게 수용(受容)하는 경지"보다 조금 못 미쳐서 "너그럽게 참아주는 경지"에 해당하기 때문에, 그리고 이 차이가 굉장히 중요하기 때문에 이 책에서는 관인으로 번역한다. (역주)

이론에 담겨 있는 서로 긴밀하게 연관되는 여러 측면들에 불과하다. 그리고 20세기의 문화 상대주의 이론이 이 책의 주제다. 내 목적은 인류학에서 문화 상대주의 이론이, 또는 더 낫게 표현하면 윤리적 상대주의 이론이 (이 차이는 잠시 후에 논의할 것이다) 어떻게 등장하게 되었는지, 그것이 무엇인지 비판자들로부터 어떤 공격을 받아왔고 세계의 사건들과는 어떻게 부대껴왔는지를 서술하고, 20세기의 막바지에[4] 수용될 수 있는 하나의 수정본을 제시하는 데 있다.

문화적 상대주의에 관한 설명으로는 루스 베네딕트가 하나의 원형을 제공했는데, 그녀의 논증은 두 부분으로 이뤄졌다. 첫째, 문화는 장소에 따라 다르다. 그녀의 말로 표현하면, "문화의 다양성은 끝없이 기록될 수 있다." 둘째, 그러므로 절대란 없다. 행태라든지 또는 기타 무언가를 판단하기 위해 우리가 사용하는 원칙들은 우리가 그 안에서 양육된 문화에 상대적이기 때문이다. 다시 그녀의 말로 표현하면, "행태의 어떤 양상에 관한 것이든지를 막론하고 서로 다른 여러 문화에서 각각 표준이란 긍정적인 극단에서 부정적인 극단에 이르는 폭을 아우른다는 것이 하나의 논리적 귀결이다." 그녀는 죽임이라는 행위를 예로 든다. 사람들이 모든 곳에서 죽임을 규탄하리라고 생각하겠지만, 그렇지 않다. 만약 사람을 죽이는 행위가 국경을 넘나든다면, 그리고 두 나라 사이의 외교 관계가 단절된 상태라면, 죽인 사람의 사회 안에서 죽임이라는 행위는 비난을 받지 않는다. 한 남편과 한 아내 사이에 태어난 처음 두 아이를 죽이도록 정한 관습도 찾을 수 있고, 어머니와 아버지가 늙기 전에 자녀들이 부모를 죽이도록 정한 관습도 찾을 수

---

4) 단순히 저자의 집필 시기를 가리킬 뿐인 표현이다. 당연히 21세기 및 이후의 미래를 바라보는 취지로 이해되고 평가받아야 한다. (역주)

있다. "닭 한 마리를 훔쳤기 때문에 죽임을 당할 수도 있고, 위쪽 젖
니가 먼저 빠졌기 때문에 죽임을 당할 수도 있고, 수요일에 태어났기
때문에 죽임을 당할 수도 있다"(Benedict 1934a: 45-16).

멜빌 허스코비츠도 베네딕트와 비슷한 논증을 펼치면서 문화 상대주
의를 제창했다(예컨대, Herskovits 1955, 1973년에 재수록: 14-15). 허스
코비츠도 베네딕트처럼 문화적 다양성이라는 논점에서 출발한다. 그가
보기에 세계 도처의 인민족속들이 가진 문화적 체계들이 폭넓게 다양하
다는 것은 이견이 나올 수 없도록 인류학 연구에 의해서 밝혀진 하나
의 사실이다. 그러므로 어떤 절대적 표준도 어떤 고정된 가치도 있을
수 없다. "평가는 그 평가가 어떤 문화적 배경에서 나오느냐에 따라
*상대적*이다."

문화 상대주의가 그토록 관건이 되는 까닭은 우리 문명의 정통성에
도전하기 때문이다. 확신에 찬 상대주의자에게는 우리 사회의 (도덕적
이든 실존적이든) 이념들은 관습의 문제일 뿐으로, 시간과 장소를 초
월하는 절대적 원리에 뿌리를 두고 있지 않다. 심지어 상식조차도 상
대주의자에게 검토를 받게 되면 사라지고 만다. 상식이라는 것은 문
화에 따라서 달라지는 관습적 지혜에 불과한 것으로 비쳐지게 된다.
만약 다른 누군가의 상식을 우리의 생활방식에 적용한다면, 우리의
실천은 그들의 실천이 우리에게 그렇듯이 낯설고 이색적인 것으로 보
이리라는 결론이 뒤따른다.

문화 상대주의가 우리의 정통성에 도전하는 실태는 말하는 습관에
대한 우리의 태도에 의해 생생하게 예시된다. 중류계급 미국인들은 자
기들보다 덜 부유하고 교육도 덜 받은 부류의 사람들에 비해 자기들이
말하는 습관이 더욱 정확하고 더 효율적이라고 생각한다. "나 차 웁

써"또는"개 집에 옵써" 같은 용례들은 격이 떨어지는 형태일 뿐 아니라 생각 자체가 엉성하다는 표시로 간주된다. "쿨한데?"라든가 "털렸다"는 따위의 신조어들은 이들 단어의"진정한"의미를 혼탁시킴으로써 언어의 품위를 떨어뜨리는 것으로 간주된다.5) 그러나 모든 사투리는 정확하고 효율적인 소통을 위한 역량에서 전혀 손색이 없다고 주장하는 언어학자는 생각이 다를 것이다. 이런 사투리들을 더 낫거나 더 못하다고 보는 우리의 평가는 순전히 관습적인 서열에 기반을 두고 있는데, 그러한 관습적인 서열은 언어학적 정밀도에 관한 문제라기보다는 사회적 계급과 위신의 문제인 것이다.

상대주의자가 펼치는 논변은 오늘날 이의를 제기할 사람이 거의 없을 문화화 과정에 관한 하나의 추정으로부터 대부분의 힘을 얻는다. 어디서 살든지 인간은 자기가 속한 문화적 또는 사회적 환경으로부터 하나의 관습적인 시각을 흡수한다. 이 시각에는 사유, 믿음, 가치, 그리고 기타 정신적인 패턴들 같은 범주들이 포함되는데, 이러한 범주들이 집합적으로 제공하는 매개 기능을 통해서 우리는 생각하고 지각한다. 그러한 관습적인 시각이 없다면 사유와 지각이 발생할 수 없다. 왜냐하면, 지성이 애당초 조금이라도 작동할 수 있으려면 개념, 이론, 판단 기준 등과 같은 도구의 모음이 필요하기 때문이다. 가구제조공이 망치와 끌과 톱 없이 자기 직업을 발휘할 수 없듯이 관습적인 관념들의 모음 없이는 우리도 우리의 정신을 사용할 수가 없다.

___

5) 여기서 인용되는 표현들은 각각"I don't got no car", "He ain't home","that's cool", "wiped out"이다. 첫째 문장은 일례로"I've got no car"처럼 말해야 문법에 맞고, 둘째 문장은"He isn't home"이라고 말해야 맞는다. 셋째 문구에서"cool"의 원래 의미는 "멋있다"가 아니라"서늘하다","시원하다"이고, 넷째 문구에서"wiped out"의 원래 의미는"돈이 떨어졌다"가 아니라"씻겨서 지워졌다"이다. (역주)

사유와 지각은 두 종류의 판단을 포함한다. 여기서 두 가지 다른 형태의 상대주의가 구분된다. 첫째, 실재의 판단은 실재하는 세계의 일부분의 본질에 관한 판단 — 그것이 무엇이어야 하느냐가 아니라, 그것이 무엇이냐에 관한 판단이다. 예를 들어, 나는 저 전구가 어둡고, 저 사람이 키가 작고, 저 유리잔이 깨졌고, 트로브리안드 섬 주민들은 모계 부족이라는 등의 판단을 할 수 있다. 다른 한편으로 가치의 판단은 무언가가 어떠해야 하는지에 관한 하나의 윤리적 판단이다. 십대들이 벌이는 파티의 샤프롱을 맡았다면, 불빛이 너무 침침하니까 더 밝게 올려야 한다고 결정할 수 있다. 이것은 사실의 문제가 아니라 도덕의 문제다. 이 파티에서 사용되고 있는 전구의 물리적 속성을 연구해서는 내 의견에 영향을 미칠 수 없고, 내 결정의 도덕적 이유에 관해 시비를 따짐으로써만 내 의견에 영향을 미칠 수가 있다. 이 두 형태의 판단을 구분한다고 해서 양자가 전적으로 독립적이라는 뜻은 아니다. 어떤 문제에 관한 도덕적 판단은 반드시 그 사례의 사실들에 걸려있기 때문이다. 예를 들어, 내 시력이 점점 감퇴하고 있어서 (또는 내가 선글라스를 끼고 있어서) 조명이 실제보다 어두운 것처럼 생각하는 경우라면, 불빛이 내가 생각하는 것보다 실제로 밝다는 사실을 증명함으로써 내 마음을 바꾸도록 설득할 수 있을 것이다.

이 두 형태의 판단 사이의 차이가 윤리의 상대성과 지식의 상대성 사이의 구분 아래에서 밑바탕을 형성한다. "문화 상대주의"라는 용어를 무슨 뜻인지 특정하지 않고 누군가 사용할 때 가장 먼저 떠오르는 의미는 아마도 윤리의 상대성일 것이다. 이는 선과 악, 옳음과 그름을 판단하는 데 적용될 수 있는 표준이 그 판단을 내리는 사람의 문화적 배경에 상대적이라는 발상을 가리킨다. 다른 한편으로, 지식의 상대성이란 우리가 세계에 관해 가지고 있는 실존적 관념들이 — 우리가 세계를 분류하고 순서에 따라 배열하는 수단이 되는 범주, 세계가 작동하는 방식에 관해 우리가 가지고 있는 이론, 기타 등등이 — 문화에 의해서 조건화되고, 그러므로 온갖 사건들에 관한 한 사람의 해석은 그 사람의 문화적 배경에 상대적이라는 뜻이다.

이 책의 주제는 윤리적 상대주의이지 지식의 상대성이 아니다. 그러나 양자는 워낙 긴밀하게 연관되어 있기 때문에 논의가 진행됨에 따라 지식의 상대성도 계속 다시 나타날 것이다. 그러므로 출발점에서 그것을 어느 정도 상세하게 서술할 필요가 있다. 지식의 상대성 중에서는 과학의 상대성이라는 관념이 특별히 핵심적인 하나의 경우로서, 하나의 현저한 실례를 제공한다. 과학의 요점은 관념을 경험적인 사실들에 비춰서 검증하는 데 있기 때문에, 만일 지식이라는 것이 어디서든 절대적일 수 있는 것이라면, 바로 과학에서 그럴 것이라고 추정할 수 있다. 그러나 상대주의자들에 따르면, "진실한"과 "진실하지 않은" 사이의 구분이 결코 최종적인 의미로 결정될 수는 없다. 왜냐하면, 어떠한 것이 어떠한지를 결정할 수 있는 절대적이면서 문화로부터 자유로운 표준은 없기 때문이다. 과학이란 우리 자신의 문화적 배경을 반영하는 선험적 추정들의 집합에 바탕을 두고 있다. 예를 들어, 자연 현상들이 보이지 않는 존재의 의지에 의해서가 아니라 중력과 같은 물리적 원리들에 의거해서 움직인다고 보는, 우주에 관한 자연주의적 또는 기계론적인 사고방식에 과학은 바탕을 두고 있다. 그런데 이러한 형이상학적 이론은 검증이 불가능하다. 그리고 다른 문화에서 온 회의주의자를 설득하려면 문화로부터 자유로운 어떤 표준이 필요한데, 우리에게는 그런 것이 없다. 더구나 과학적 이론이라는 것은 "실재하는" 세계의 물리적 현상들을 표상하거나 가리키는 하나의 정신적 구성물이다. 그리고 과학이론의 다양한 부분들은 논리의 원칙에 따라서 분절되는데, 논리의 원칙들은 정신적 원칙들이다. 세계의 물리적 속성들이 우리 정신의 논리에 따라 작동한다는 것은 (또는 물리적 속성들이 논리에 대해서 똑같은 관계를 맺으면서 작동한다는 것은) 추정될 뿐이고 증명될 수는 없다.

과학은 실용적인 효과를 낳기 때문에, 아마 상대주의자라도 과학의 여러 덕목들을 부인하지 않을 것이다. 기계공학이라든지 여타 많은 전문 분야의 지식과 더불어 과학 덕택에 우리가 달에도 가고 적어도 몇 가지 질병을 통제하는 일이 가능해졌다. 어쩌면 결국에는 지진 예측이나 기후에 관한 일정한 통제도 가능해질 것이다. 다른 한편에서, 상대주의자는 다른 이론들도 역시 효과를 낸다고 주장할 것이다. 예를 들어, 주술의 이론들도 사건을 설명하는 데, 그리고 심지어 예측하는 데, 효과적이다. 불행을 겪고 있는 어떤 사람이, 스스로 어떤 마녀를 화나게 했고, 그 마녀가 자기에게 해를 끼치고 있으며, 이에 관해 뭔가를 하기 전까지 이런 곤경이 계속되리라고 추정할 수 있다. 그 결과 최초에 그 공격을 유발한 원한을 풀고 용서해달라고 그 상상 속의 마녀에게 사과하기로 결정할 수 있다. 그리고 그가 그렇게 함으로써 사태가 실제로 개선될 수 있다. 만약 개선되지 않는다면, 물론 단순히 엉뚱한 마녀에게 사과한 탓이거나, 그에게 화를 낸 마녀가 하나 이상이었기 때문일 수 있다(미국의 어떤 의사가 약을 처방했다가 듣지 않는다면, 다른 약을 시도해 보는 것과 마찬가지다).

요컨대, 어떤 관념 체계가 효과를 낸다는 사실은 그것이 타당하다는 증명이 아니다. 사건을 예측하는 데 아마도 과학이 주술보다 진정 더욱 효과적일 수 있다. 그렇지만 예측은 잘못된 추론에 근거할 수도 있고, "올바른"이유가 무엇인지를 궁극적이거나 절대적인 의미에서 결정할 수 있는 표준은 없다. 그리고 주술이 모든 현상을 설명할 수 없는 것과 똑같이, 과학도 모든 현상을 설명하지는 못한다. 주술을 신봉하는 자처럼, 자기가 해결할 수 없는 문제들, 설명을 위해서는 기다려봐야 할 문제들이 있다는 사실을 과학자도 알고 있다.

헛소리를 용납하지 못하는 현실주의자라면 상대주의자의 논변이 하나의 본질적인 논점, 즉 마술적인 믿음과 주술이라는 관념은 과학 이론에 비해 터무니없는 억지라는 점을 놓치고 있다고 응수할지 모른다. 냉정하고 불편부당한 제삼자를 한 명 찾아서 판정을 부탁한다면, 과학이 주술처럼 얼빠진 짓은 아니라는 근거에서 과학을 선택하리라는 말이다. 그렇지만 미생물이라든지, 모세관 현상이라든지, 심지어 중력과 같은 과학적 관념들에 비해 주술에 대한 믿음이 얼마나 더 터무니없는지를 상상하기는 쉽지 않다. 공간이 휘어져 있다는 아인슈타인의 발상은 대다수 미국인들에게 특별히 이상한 (주술의 이론만큼 확실히 터무니없는) 생각이다.6)

지식의 상대성이 예민한 초점으로 떠오르는 또 하나의 영역은 언어다. (과학적 상대성과 마찬가지로 지식의 상대성에 속하는 하나의 특수한 경우 또는 하위 집합인) 언어적 상대성이란 언어의 구조가 화자로 하여금 세계의 일정한 특질에 주목하고 다른 특질들을 무시하게끔 인도하며, 실재를 다른 방식 말고 특정한 방식으로 그려내도록 몰아간다는 명제다. 두 개의 서로 다른 언어를 모국어로 사용하는 두 명의

---

6) 과학과 주술을 대조하는 데 결부되어 있는 논제들 몇 가지에 관해 시야를 넓혀주는 토론으로는 Jarvie(1970)와 Winch(1964)를 보라.

화자는 어떤 정도로든 서로 다르게 세계를"보며"세계에 대해 행동한다. 벤저민 워프에 따르면, 예를 들어, 호피 어를 사용하는 사람들과 유럽 어를 사용하는 사람들은 시간에 관해 근본적으로 상이한 관념을 가지고 있다. 게다가 유럽 어를 사용하는 사람들의 시간관념은 기록 관리, 시계, 달력, 역사 서술, 기타 등등의 활동과 부합하며 그런 행동들로 이어진 데 반해, 호피 어의 경우에는 그렇지가 않다고 그는 주장한다(Whorf 1956).7)

허스코비츠는 철학자들이 말하듯이 만약"실재의 원재료를 우리는 결코 만질 수 없다"는 말이 참이라면,"우리의 지각과 인식을 선별하고, 실재와 만나기 위해 우리가 기울이는 노력에서 우리의 필수적인 안내역이 되는 것은 문화화"라고— 다시 말해서, 문화적 관념들, 사유의 범주들, 준거의 틀, 기타 등등의 획득이라고 — 지적했다(Herskovits 1956, 1973에 재수록: 84-85).

지식의 상대성은 존재의 관념들에 관련되는 데 비해, 가치의 상대성은 도덕적 관념들에 관련된다. 윤리적 상대주의는"하나의 규범체계에 따라 전적으로 도덕적인 삶을 산다는 것은 다른 규범체계에 따르면 죄를 짓는 셈일 수밖에 없다"는 명제로 이어진다(Hartung 1954: 121). 다른 저자는 윤리적 상대주의의 정수는 불확정성이라는 의견, 도덕의 영역 안에서 확정적인 답은 없다는 애기라는 의견을 내놓았다(Edel 1955: 30). 허스코비츠(1958, 1973에 재수록: 56)는 문화 상대주의가 다음과 같은 문제 때문에 발전했다고 썼다.

---

7) 언어적 상대성에 관한 최근의 연구 일부에 관한 요약으로는 Cole and Scribner(1974)를 보라.

문화들을 관통하는 타당한 규범을 발견하는 문제. 문화의 어떤 양상에 관해서든지, 상이한 인민들의 방식들을 평가할 기준이 제안되는 모든 경우에, 이 문제가 당장 고개를 든다. "누구의 표준?"…… 문화들을 관통해서 판단을 내리는 주사위 게임은 편향적인 주사위로 치러지는 게임일 수밖에 없다는 깨달음 때문에 문화 상대주의적 관점의 필요성이 분명해졌다.

문화 상대주의는 일반적으로 절대주의의 반대되는 극단에 서 있다고 인식된다. 절대주의란 판단의 표준으로서 보편적 타당성을 가지는 일련의 도덕적 원칙이 있다는 입장이다. 절대주의 윤리이론의 한 예로는, 선과 악은 신에 의해 주어진 것이고, 모든 사람들은 기독교적 가치에 따라서 심판을 받으리라고 보는 전통적인 기독교의 견해가 있다. 순전히 세속적인 윤리이론들도 아주 다양하게 개발되었다. 예컨대, 공리주의 이론은 가장 많은 수의 사람들에게 최대의 선을 행한다는 원칙으로 윤리적 판단의 기반을 삼는다. 어떤 법이 만약 사회의 작은 일부가 아니라 다수에게 혜택을 준다면, 그 법은 선하다고 판단된다. 어떤 다른 학파는 자아실현이라는 관념을 기반으로 삼는다. 인간의 행동은 그 개인의 인격계발에 공헌하는지 여부에 근거해서 선하거나 악한 것으로 판정을 받을 수 있다는 것이다.

도덕의 체계는 모종의 기술적, 실천적, 또는 도구적 의미가 아니라 궁극적 의미에서 무엇이 옳고 선한지에 관한 믿음과 확신으로 구성된다. 예를 들어, 만약 내가 어떤 가게에 갔는데, 점원이 내가 원하는 것이 어디에 있는지를 알려주는 데 크게 도움을 줬다면, 나는 도구적인 근거에서 그의 행동이 선하다고 판단할 것이다. 그는 내게 도움이 된다. 가게 주인 역시 그의 행동을 도구적인 의미에서 선하다고 판단할 것이다. 왜냐하면, 점원은 고객을 만족시킴으로써 가게가 돈을 버는 데 도움을 주기 때문이다. 점원이 단순한 사업적인 고려를 넘어 나의 개인적인 복지에 진심으로 관심을 보일 수도 있다 — 이를테면, 내가 그것을 안전하지 못한 방식으로 사용하리라고 생각해서 내가 원하는 물건을 팔지 않는다든지 할 수도 있다. 이와 같은 그의 행동은 이제 엄밀히 도덕적인 근거에서 판단될 수 있다. 왜냐하면, 나에 대한 그의 관심은 어떤 목적을 위한 하나의 수단이 아니라 자체로 선하기 때문이다. 마찬가지로, 가구제조공이 만든 물건들이 무거운 하중을 잘 견뎌낼 수 있도록 제조되었다는 이유에서 나는 그의 작업을 아주 선한 것으로 판단할 수 있다. 이 경우 나는 그의 노동을 순전히 기술적인 근거에서 판단하는 것이다. 다른 한편으로, 나는 그의 작업에 관해 도덕적 판단을 내릴 수도 있다. 나는 훌륭한 장인의 솜씨를 자체로 칭찬할 만하다고 여길 수 있고, 그 결과 그 사람과 그의 노동을 매우 높게 평가할 수 있다. 가구제조공은 기술적 표준을 낮춘다면 돈을 더 벌 수 있겠지만 차라리 돈을 덜 벌기를 선택할 수도 있고, 그랬을 때 나는 그의 선택이 선하다고 도덕적 판단을 내릴 수 있다.

인간 사이에서 가변적인 것은 도덕적 원칙의 존재가 아니라 도덕적 원칙의 *내용*이다. 모든 사회에는 어떤 형태의 도덕 체계가 있는 것으로 보인다. 왜냐하면, 어디서든 사람들은 친족과 이웃과 지인들의 행동을 두고 덕스럽다, 평가할 만하다, 칭찬받아 마땅하다, 명예롭다, 또는 가치 없다, 수치스럽다, 야비하다는 식으로 평가하기 때문이다. 이와 같은 평가들은 공개적인 칭찬이나 질책, 그리고 극단적인 경우에는 폭력이나 처형과 같은 제재라고 하는 객관적인 형식을 띤다. 모든 곳에 행태에 관한 도덕적 평가가 있다는 점, 즉 도덕적 평가의 편재성은 인간과 여타 생체를 분리하는 하나의 특징이다. 인간 사이에서 보편적인 것으로 보이는 종류의 도덕적 판단들을, 이를테면, 다람쥐나 도마뱀이 보여주는 경우는 상상하기 어려울 것이다. 추정컨대, 인간 이외의 생물들이 서로를 평가한다면 단지 위협적이라든지 유용하든지 같은 식으로나 평가할 것이다.

"상대성"이라는 용어는 세 번째 의미, 즉 역사적 상대성이라는 의미를 가지는 경우도 많다. 인류학에서 "상대주의자"라는 명칭은 각 문화가 독특하고, 문화들에 대한 비교 연구를 통해서 도출할 수 있는 규칙성이나 일반성 같은 것은 없으며, 그러므로 인류학은 일반화를 추구하는 하나의 과학이 아니라는 견해를 가진 사람에게 때때로 적용된다. 각 문화의 제도들은 그 문화의 역사적 배경에 상대적이라고 여겨진다. 만일 이 견해가 맞는다면, 인류학은 결코 하나의 이론적인 학문이 될 수 없고, 항상 순전히 서술적인 연구에 국한될 수밖에 없으리라고 이 견해를 비판하는 사람들은 주장한다. 이색적인 실천들을 소개하는 풍부한 자료로 인류학자들이 도서관을 채울 수는 있겠지만, 그들의 연구는 서술되는 문화를 넘어서는 과학적 적실성도 전혀 가지지 못하고, 인류 일반에 관한 더 나은 이해에도 전혀 공헌하지 못할 것이다. 이러한 비판자들은 계속해서 역사적 상대주의는 두 현상이 서로 다르다는 이유만으로 비교될 수도 없다고 생각하는 잘못된 추정에 근거한다고 비판을 이어간다. 두 개의 연필이든, 두 대의 제트기든, 두 마리의 개구리든, 또는 두 개의 혈통체계든, 어떤 두 현상도 완전히 똑같을 수는 없다. 그러나 선택과 추상의 과정을 통해서 개별 문화들의 독특성 너머로 그들이 공유하는 특징들에 주목하기가 가능하다. 열쇠는 분석을 위해서 무엇이 중요한지를 개념적으로 추려내고,

세부적인 차이에 압도당하지 않는 데 있다. 개구리 몇 마리를 해부해 보면 개구리 전체에 대해 일반화를 할 수 있듯이, 혈통 체계 몇 가지를 주의 깊게 비교해본다면 그런 부류의 제도들에 관한 일반화에 도달할 수 있을 것이다(Kaplan and Manners 1972: 5-8).

역사적 상대주의에서 문제되는 것은 단순히 사회들을 비교해서 연구하다 보면 일정한 규칙성이 나타나느냐 아니면 안 나타나느냐에 관한 경험적인 질문이기 때문에, 언뜻 보기에는 역사적 상대주의가 다른 두 부류의 상대주의와 사뭇 다른 것처럼 비칠 수 있다. 트로브리안드 섬 주민들의 혈통 체계와 이로쿼이 인디언의 혈통 체계를 비교함으로써 우리가 혈통에 관한 하나의 일반 이론에 공헌할 수 있는가? 아니면 이들 두 체계는 기실 두 개의 눈송이처럼 (또는 주마등의 두 장면처럼) 다를 뿐인 것인가? 다른 한편으로, 역사적 상대주의의 문제는 지식의 상대성 가운데 하나의 하위 집합처럼 간주될 수도 있다. 모든 문화가 나름대로 독특하다는 역사적 상대성의 배후에는 인류학의 과학적 일반화를 위해서는 타당한 비교의 범주가 — 주어진 하나의 전통을 초월하며 문화들 일반에 적용될 수 있는 사유의 범주가 — 필요하다는 논점이 도사리고 있다. 그러나 우리가 가지고 있는 (혈통 체계와 같은) 범주들은 우리의 문화에 뿌리를 두고 있고, 그래서 다른 곳에 적용하기에는 아주 부적절할지도 모른다. 다른 말로 표현하자면, 비교 연구를 수행하기 위해서 우리가 사용해야 할 개념적인 도구들 자체가 상대주의자들이 보기에는 문화에 구속되어 있으며, 다른 인민 족속들을 연구하기에 타당할 수 없다.

역사적 상대주의는 인간의 행태 그리고 사회적 사태들에 관한 우리의 이해가 일반적으로 우리의 문화적 시각에 상대적이라는 의미다.

심지어 우리 자신에 대한 우리의 해석조차 상대적이다 — 우리 자신의 제도 그리고 우리 자신의 역사에 관한 우리의 견해는 시간이 지나감에 따라, 그리고 우리의 사유 패턴이 변화함에 따라 달라질 것이다. 인간사에서는 초연한 입장의 객관적인 관찰이 가능하지 않다. 이는 해외를 여행하는 관광객이나 사업가만 그런 것이 아니라, 인류학자, 역사가, 언론인에게도 마찬가지로 그러하다. 그러므로 인간을 이해하는 일에 관한 한, 우리 문명이 지식의 우월한 형태를 가지고 있다고 주장할 수 없다는 얘기가 된다.

윤리적 상대주의, 지식의 상대성, 그리고 역사적 상대주의는 문화 상대주의의 세 가지 주요 형태다. 그리고 이 주제 주변의 문헌들에서는 이 세 가지 가운데 어느 하나를 가리키기 위해서 문화 상대주의라는 일반 용어가 사용될 때가 많고, 이 세 가지 중 어느 것을 가리키는지 항상 분명하지도 않기 때문에 혼란스럽다. 더구나 상대주의라는 용어는 이밖에도 여러 방향으로 번져나가기까지 한다. 예를 들면, 친족 체계와 인격 구조를 연구하는 분야에서는 각 문화 내부에서 역사의 요동에 따라 친족의 유형과 인격의 유형이 달라진다고 주장하는 인류학자를 상대주의자라고 지칭하는 문헌들을 때로 볼 수 있다. 이와 같은 기타 용례들은 문화 상대주의의 세 가지 주요 형태 가운데 하나의 하위 집합으로 간주할 수 있다는 점에서, 대체로 과학적 상대성이나 언어적 상대성과 흡사하다.

상대주의라는 단어의 또 다른 용례로 방법론적 상대성도 있는데, 이것은 다른 것들과 사뭇 다르다. 여기서 문제되는 것은 가치나 지식이나 문화 등의 본질에 관한 이론적인 논제가 아니라, 연구 절차에 관련되는 논제다. 방법론적 상대주의는 다른 문화를 방문할 때에는 자기 자신의 문화적 관점을 탈피해야 연구되는 주제에 관한 오해를 피할 수 있다고 주장하는 명제다 — 자기 자신의 문화적 시각은 정확성을 방해할 수 있기 때문에 연구가 끝날 때까지 꺼놔야 한다. 가치의 상대성이나 지식의 상대성을 거부하면서도 방법론적 상대주의를 편안하게 고수할 수 있다는 점을 챙겨둘 필요가 있다. 예를 들어, 자기가 연구하는 대상의 세계 인식 방식이 완전히 모자란다고 보는 연구자라도 그러한 확신 때문에 관찰이 영향을 받도록 방치하지 않음으로써 방법론적 상대주의를 여전히 고수할 수 있다. 방법론적 상대주의가 인류학에만 특유한 것은 물론 아니다. 생리학이나 의학 같은 분야에서도 방법론적 상대주의는 마찬가지로 적용될 수 있다. 암 전문가는 자기가 연구하는 암이라는 질병에는 틀림없이 반대하겠지만, 자기가 실험실에서 행하는 관찰이나 분석을 통해 이끌어내는 결론이 이 때문에 영향을 받게 하지는 않는다.

이 책이 따라가는 길은 역사적 관점과 철학적 관점의 사이를 헤치고 나아가는 것이다. 제2장은 문화 상대주의가 출현한 19세기의 맥락을 역사적으로 조명하는 데서 시작한다. 일반적으로 인간을 인식하던 방식, 그리고 특히 서양 사회를 인식하던 방식 등, 19세기 후반의 사유를 구성하던 주요 요소 몇 가지를 먼저 재현할 것이다. 그리고 유럽과 미국에서 세기말로 다가가면서 사회, 경제, 정치적 환경에서 일어난 몇 가지 기본적인 변화로 말미암아 그러한 관념들이 어떻게 수정되었는지를 드러내 보일 것이다. 그 다음 제3장에서는 이처럼 세기가 바뀌면서 일어난 사태의 일부로서 미국에서 문화 상대주의가 어떻게 출현했는지를 서술할 것이다 — 어느 정도 그것은 19세기적 확실성에 대항해서 일어난 반란이었다. 상대성 이론이 미국의 인류학자들 사이에서 어떻게 인식되었는지, 그리고 어떻게 주창되었는지, 또 19세기의 관념들이 거부된 이후에는 인간과 인간의 행태가 어떻게 인식되었는지 등을 서술할 것이다. 그 다음 제4장에서는 철학적 양식으로 시선을 돌려, 하나의 도덕 이론으로서 가치의 상대성이 어떤 논리적 구조를 가지고 있는지 고찰할 것이다. 대체로 철학자들은 거기에 장점이랄 게 별로 없다고 생각하는 것 같은데, 그 이유를 밝힐 것이다. 다음으로 제5장에서는 여전히 철학적 양식 안에 머무르면서, 윤리적 상대주의의 주요 딜레마를 제기할 것이다. 폭력이나 고문이 다른 사회에서 발생할 때, 그런 행태를 승인하자는 의도는 명백히 아니었음에도, 윤리적 상대주의는 그것을 승인하는 방향으로 우리를 끌고 가는 딜레마가 있다. 나는 이러한 딜레마를 벗어날 길을 하나 제안할 것이다. 그런 다음 제6장에서는 역사적 양식으로 되돌아가, 제2차 세계대전의 발발 무렵 이래로 윤리적 상대주의가 거쳐 온 궤적을 추적할 것이다. 하나의 윤리 이론으로서 워낙 많은 비판을 받고 수정된 결과, 윤리적 상대주의인지를 알아볼 수 없을 정도로 변모한 것으로 보이기 때문이다. 학문 바깥에서 국내외적으로 발생한 사건들의 거시적 맥락을 서술함으로써, 이와 같은 변모가 일어난 경로를 보이고자 한다. 마지막으로 제7장에서는, 1980년대에 이르기까지 지지보다는 배척을 더 많이 받아온 윤리적 상대주의가 메우지 못하고 남겨둔 부분적인 여백을 채울 수 있는, 내 생각에 합당한 관점 하나를 제시할 것이다. 이 마지막 장에서 나는 인간의 가치, 관인, 그리고 진보라는 엄중한 논제와 관련해서 우리가 지금 어디에 서 있는지를 물을 것이다.

제2장 역사적 맥락

문화 상대주의는 허공에서 뜬금없이 나타난 것도 아니고, 우발적으로 발생한 일도 아니다. 그것은 20세기가 시작될 무렵에 이미 진행 중이던 어떤 사항들에 뿌리가 있기 때문에, 배후에서 작용했던 그 과정을 탐사함으로써 더 잘 이해할 수 있다. 이러한 역사적 배경을 재현하기 위해서 나는 대략 19세기 후반의 영국에 주로 초점을 맞출 것이다. 그 당시 영국의 지적인 생활 안에서 매우 명료하게 전개되던 논제들에 대한 하나의 응답이 문화 상대주의였기 때문이다.

잘 알려져 있듯이, 영국은 19세기에 세계의 제반사에 두드러지는 위상을 차지했다. 크레인 브린턴에 따르면, 19세기는 "영국의 세력과 위신의 창대한 세기다. 영국인이 기조를 정하면 심지어 그들을 미워하던 '하등 종족들'에게도 기조가 되었다. 지난 세기에 중류계급의 보통 영국인은 가장 성공한 사람, 가장 희망에 차 있는 사람, 여러 면에서 호모 사피엔스를 가장 대표하는 사람이다"(Brinton 1950: 427). 영국은 해양을 장악했는데, 19세기는 바다 너머 식민지와의 상업이 중추적이던 시대였다. 이 시대 대부분 동안 서양 세계가 그 정도의 안정과 평화를 경험할 수 있었던 것은 대체로 영국의 탁월성이 도전받지 않았기 때문이었다. 또한 19세기 영국은 전 세계적 산업화 과정의 중심에 있었다. 산업화가 거기처럼 진전된 곳도, 그 효과가 거기처럼 현저한 곳도 달리 없었다.

그리고 영국은 지성적 과학적 발전의 중심지 가운데 하나였다 — 독일을 제치고 *유일한* 중심지였다고는 말할 수 없겠지만(Hughes 1958: 42–51), 어쨌든 중요한 중심지였다. 예컨대, 지질학은 19세기 전반 동안 하나의 주도적인 학문의 분야가 되었고, 19세기 중엽에 이르면 찰스 라이얼을 비롯한 지질학자들이 지구와 그 역사의 본질에 관해서 유럽인들의 사고방식을 이미 철저하게 변혁한 다음이었다. 그들은 지구의 역사에 관해 성서의 기록을 거부하고, 대홍수를 위시해서 성서에 보고된 경천동지의 사건들 대신에 침식이라든가 미소한 지구의 운동들과 같이 여러 가지 완벽하게 자연적인 (그리고 아주 점진적인) 과정들을 제시했다. 그 후에는 생물학이 각광을 받았는데, 이는 영국에서 가장 잘 알려진 과학자 중 한 사람인 찰스 다윈에 의해서 초래된 심오한 변화의 결과였다. 그 변화는 단지 생물학만이 아니라, 세계에 관해 그리고 인간과 자연의 관계에 관해 서양인들의 견해를 바꿔놓은 변화였다. 다윈의 명제는 생명을 가진 생체들이 신이 지구를 창조하던 때와 같은 바로 그 시점에 신에 의해서 단방에 창조된 것이 아니라, 자연적인 힘의 작동 또는 자연선택의 작동에 의해서 점진적으로 진화했다는 함의를 담고 있었다. 생물학은 빅토리아 시대 영국의 지성 생활에서 떠오르는 학문 분야였던 인류학과 함께 주목을 나눠 받았다. 인류학은 지질학과 생물학이 그랬던 것과 비슷한 방식으로 유럽인들의 세계관을 개조하는 데 일조했다. 인류학이 논의되는 곳에서는 분위기가 열기로 가득 찼다. 인간의 제반사는 신의 의지에 의해서가 아니라 문화적 진화라고 하는 완전히 자연적인 과정에 의해 설명된다고 하는 인류학의 메시지 — 아주 노골적인 메시지 — 때문이었다.

빅토리아 시대 영국인들의 사유에 스며든 몇 가지 주제들이 문화 상대주의의 발전을 이해하는 데 중요하다. 이들은 추정들, 또는 "주어진 것들"로서, 너무나 당연해서 변론도 분석도 필요가 없다고 여겨지던 것들이다. 첫째는 우주에 의미가 있다는 관념이다. 실재의 배후에서 모종의 고안, 또는 계획을 찾을 수 있고, 따라서 사건은 우연적이지도 맹목적이지도 않고, 어떤 전체적인 원리를 표시하며 그만큼 대단히 명확한 의미를 보여주는 것으로 추정되었다. 이것은 어느 정도 기독교 사상의 오랜 원칙을, 세계가 그리고 우주 전체가 신이 설계한 장엄한 연극의 무대라는 원칙을, 연장한 셈이었다. 지구 위의 모든 피조물들은, 가장 저급한 곤충에서부터 인간에 이르기까지 하나의 전체적인 계획의 일환으로서 신에 의해 창조되었다. 심지어 혹독한 한파나 가뭄 같은, 또는 파괴적인 전염병 같은 "자연적" 사건조차, 이 계획의 일환이다. 이런 것들은 인간의 악행에 대한 응답으로서 세계에 가해지기 때문이다.

빅토리아 시대 동안에 신은 우주의 장엄한 연극에서 제거되었고, 모든 종류의 현상들이 이제 자연주의적으로 인식되었다. 다르게 말해야 한다면, 적어도 종교 편의 상대 세력들과 격렬한 논쟁을 벌였던 다윈과 헉슬리 같은 주도적 지성인들에게는 그랬다. 만일 신이 무슨 역할을 했다면 중력과 같은 자연적 과정을 작동하게끔 만든 것에 그친다. 그 다음에 신은 사건에서 손을 떼고, 사건의 순서를 우리 스스로 발견하도록 맡겼다. 그렇지만 여전히 이 모든 일에 무언가 의미가 있다는 추정은 계속되었다. 자연의 합주 뒤에는 하나의 계획이 있다. 세계는 일련의 맹목적인 사고(事故) 이상의 무엇이다.

다윈의 자연선택 이론이 좋은 예다. 한 생물종의 구성원 중에서 더 높은 수준으로 적응한 개체는 생존 가능한 후손을 여타 개체보다 더 많이 생산하리라는 것이 다윈의 명제였다. 그들의 물리적 유전적 형질은 그러므로 후속 세대에서 더욱 현저하게 재현되고, 그 종은 적응력이 향상되는 방향으로 점진적으로 진화할 것이다. 이 이론에는 아주 명백한 계획이 하나 들어 있다. 신체의 크기와 색깔 같은 생물학적 형질은 서커스 막간극에 등장하는 머리 두 개 달린 남자나 뚱보 여인처럼 무작위적이고 초점 없는 별난 볼거리가 아니다. 그것은 생존에 결부되는 가치를 지닌다. 도마뱀, 기린, 해달 등은 단순한 별종이 아니다. 지구의 피조물들을 창조한 공로가 설령 신에게 돌아가지 않는다고 할지라도, 존재하는 모든 것에는 여전히 근본적인 의미가 있다.

자연현상에 의미가 있다는 추정을 어쩌면 더욱 잘 보여주는 예는 허버트 스펜서의 저술일 것이다. 스펜서는 철학, 자연과학, 심리학, 사회학, 그리고 인류학을 하나의 틀 안에 엮어 넣었다. 그는 하나의 통일된 원리에 따라서 모든 지식을 종합한다는 취지에서 이것을 "종합 철학"이라고 불렀다. 통일된 원리란 진화의 원리였다(Carneiro 1968을 보라). 스펜서에 따르면, 진화란 단순한 것이 복잡해지는 변화 과정, 동질성이 이질성으로 변화하는 과정이었다. 그는 이렇게 썼다.

지구의 발전이든지, 지구 표면에서 생명의 발전이든지, 사회, 정부, 제조업, 상업, 언어, 문학, 과학, 예술 등 그 무엇의 발전이든지, 연속적인 분화를 통해서 단순한 것이 복잡한 것으로 진화하는 동일한 과정이 모든 곳에서 일어난다. 우주에서 추적할 수 있는 최초의 변화에서부터 문명의 최근 결과에 이르기까지, 진보라는 것은 본질적으로 동질적이었던 것이 이질적인 것으로 바뀌는 변혁임을 볼 수 있다(Spencer 1857: 10).

태양계가 하나의 예다(Spencer 1857: 10-11). 태양과 혹성들을 구성하는 물질은 원래 우주 전체에 걸쳐 대략 균등하게 (또는 동질적으로) 산포되어 있었는데, 단지 중력이 잡아당긴 결과로 점진적으로 집중되었다고 스펜서는 쓰고 있다. 그리하여 태양과 혹성들과 달들로 이뤄진 하나의 체계가 생길 때까지 원자들이 아주 서서히 모였다. 그러한 천체들이 크기, 태양으로부터의 거리, 속도, 그리고 온도에서 모두 다르기 때문에, 현재의 태양계는 처음에 존재할 때보다 훨씬 많은 이질성을 보여준다. "태양계가 생성되기 전의 상태였으리라고 생각되는 안개 같은 물질은 거의 완전히 동질적이었던 것에 비교하면, 태양계가 얼마나 높은 정도의 이질성을 보여주는지 알 수 있다"고 스펜서는 썼다(Spencer 1857: 11).

스펜서는 지구의 역사에서도 진화에 의한 다양화 과정을 목격했다(Spencer 1857: 11-14). 원래는 하나의 용액 상태의 물질로, 구성과 온도에서 상대적으로 동질적이었던 것이, 서서히 식으면서 표면에 얇고 온화한 온도의 지각(地殼)이 생겼다는 것이다. 양쪽의 극에 수증기가 응결한 것도 분화의 한 원인이었고, 퇴적에 의한 지층의 누적적 형성도 분화의 한 원인이었다. 지층들은 그것들대로 지각의 운동에 의해서 뒤집히고 비틀어졌다. 산맥들이 나타나고 자라났으며, 기타 많은 일들도 마찬가지다. 최초의 생물 형태는 아주 단순했기 때문에, 식물과 동물도 비슷한 과정을 거쳐 왔다(Spencer 1857: 14–17). 이러한 과정에서 "가장 최근에 나타난 가장 이질적인 피조물"은 바로 인간이다. 나아가 인류는 인종들의 증식을 통해 그리고 인종들 사이의 계속적인 분화를 통해, 시간이 지남에 따라 더욱 이질적으로 되어 왔다(Spencer 1857: 17–19). 문명도 다양화를 통한 진화의 과정을 보여준다(Spencer 1857: 19ff). 가장 낮은 부족에서는 "비슷한 권력과 비슷한 기능을 가진 개인들이 동질적으로 모여 산다. …… 남자는 모두 전사이자 사냥꾼이자 어부이자 도구제작자이자 건축가이고, 여자는 너나할것 없이 잡일들을 담당한다."그러나 이내 추장제라든가 권위가 발전하면서 분화가 나타난다. 어떤 사람들과 어떤 집단들은 경제적 추구에 전문화되기도 하며, 그로부터 우리가 지금 분업이라고 부르는 것이 생겼다.

스펜서는 모든 지식을 통일하는 하나의 원리, 천상의 물체들로부터 근대의 자본주의까지 모든 현상들의 배후에서 작용하는 하나의 원리를 자기가 간추려냈다고 믿었다. 만사의 배후에서 작용하는 위대한 계획이 바로 여기에 있었다. 그렇다면 분화라고 하는 거대한 과정은 왜 일어나는 것일까? 스펜서의 생각에, 거기에 무언가 더 깊은 의미가 있는 것일까, 아니면 복잡성과 이질성의 증가라는 것이 단지 우연한 소여에 불과하고, 더 이상의 분석은 불가능한 것일까? 내가 보기에 후자는 아니다. 예를 들어, 지구의 형태가 발전한 과정을 보자. 처음에 지구는 분화되지 않았을 뿐만 아니라 전혀 살 수가 없는 곳이었다. 반면에 지금은 강물이 흐르는 비옥한 계곡과 풍부한 천연자원 광상(鑛床)과 알프스의 초원지대와 해변의 고즈넉한 은거지가 있다. 스펜서에게 현재의 상태가 더 나았던 것이 분명하다. 다른 이유가 없더라도 지구상에서 가장 똑똑하고 선진적인 피조물인 호모 사피엔스가 출현해서 번식하기에 우호적이라는 이유만으로도 그랬을 것이다. 아울러 스펜서에게는 문명의 진화 역시 단순한 중립적 사실에 불과한 것이 아니었다. 그가 보기에 고등 사회는 더욱 지성적이고 더욱 생산적이다. 그런 사회의 구성원들은 물질적 안락과 전반적인 행복을 더욱 많이 누린다. 그렇다면 진화적 다양화 과정이 가지는 일반적인 (그리고 영광스러운) 특징이 바로 여기에 있다. 이 과정은 점점 더 우월한 형태들을 자아낸다. 우월하다는 것은 호모 사피엔스가 침팬지나 고릴라보다 낫고, 문명이 미개보다 낫고, 근대의 런던이 (또는 설사 맨체스터라도) 원래 지구의 표면보다는 낫다는 의미다.

빅토리아 시대 영국인들의 사유에 스며든 둘째 주제는 첫째 주제와 밀접하게 연관된다. 인간이 스스로 중요하다고 생각한 아주 강한 믿음, 다른 말로 하면, 만사의 전체적인 구도에서 인간이 아주 특별한 피조물이라는 믿음이 그것이다. 첫째 주제와 마찬가지로, 이것도 뿌리는 기독교 사상을 거슬러 올라가서 찾을 수 있는데, 다만 이것은 19세기 영국의 환경에서 정점을 찍었다. 역사가 아서 러브조이는 이 주제가 그보다 약간 먼저, 특히 18세기에 나타났다고 서술했다(Lovejoy 1936: 186-188). 만물이 인간에게 혜택을 주기 위해서 창조되었다는 믿음이라는 의미에서, 그는 이것을 인간중심적 목적론이라고 부른다. 예시를 위해서 러브조이는 17세기 말의 프로테스탄트 신학 저술에서 한 대목을 인용한다.

우주에서 가장 아름다운 부분들의 빼어남이 어떻게 구성되는지를 고찰하면, 오직 우리에 대한 관계에서만, 오직 우리 영혼이 그것들에게 가치를 붙여주는 만큼만, 그것들이 가치를 가진다는 것을 알 수 있다. 바위와 금속의 주된 존엄을 구성하는 것은 인간의 평가다. 식물과 나무와 과일에 가치를 부여하는 것은 인간의 소용과 쾌락이다.

러브조이는 프랑스의 신학자 페늘롱의 사례를 인용한다. 페늘롱은 식물과 동물이 모두 특정적으로 인간의 소용을 위해 만들어졌다고 썼다. 예를 들어, 야생 짐승들을 보라. 부분적으로 그것들은 사냥하는 사람의 물리적 솜씨와 용기를 배양하기 위해 복무한다. 나아가 그것들은 인간의 전투 성향을 위한 배출구로도 복무하며, 그리하여 평화를 유지하는 하나의 수단으로도 복무한다. 우리가 서로를 죽이지 않아도 되게끔 자연은 호전적 피조물을 우리에게 제공해서 죽일 수 있도록 해준 것이다.

지구의 역사에 관해 전통적인 기독교의 견해를 라이얼보다 먼저 의문시했던 18세기 스코틀랜드의 지질학자 제임스 허튼은 지질학의 과정들은 인간의 이익에 연관시켜서 바라봐야 한다고 믿었다. 예를 들어, 침식은 신이 창조한 바로 그 대륙이 닳아 내려가게끔 복무하는데, 여기에는 그럴 만한 이유가 있다고 허튼은 주장했다. 침식은 바위가 붕괴하도록 복무하고, 이것은 토양의 형성에 필요하며, 이는 다시 식물의 성장에 필요하다. 식물은 동물에게 식량을 공급한다. 그리고 식물과 동물은 함께 인류에게 혜택을 준다(Greene 1961:86-87).

동물학자이자 19세기 미국의 주도적인 과학자 중 한 명이었던 루이 애거시도 좋은 사례다. 그는 동물의 왕국이 창조주의 의도적인 계획에 따라 발전했는데, 신은 가장 기초적인 단계에서부터 가장 고등한 단계에 이르기까지 연속되도록 동물의 형태를 창조했다고 주장했다. 가장 고등한 단계란 물론 인간이다. 단계들은 모두 나름의 목적이 있는데, 인간이 창조되기 위해 지나가야 할 자취에 불과하다는 목적이다. 따라서 생명의 가장 원시적인 형태가 지구 위에서 시작되었을 때부터, 인간의 출현이 최종적인 목적이었어야 한다. 애거시는 이렇게 쓴다.

> 인간이라는 고상한 형태에 가까워지면서, 뇌는 바깥에서는 아무것도 보이지 않도록 앞부분이 나머지 모두를 완전히 덮어서 보호하게끔, 그리고 등뼈의 꼭대기에서 수직으로 자세를 잡고 서게끔 조직되었다. 이 지점을 넘어가는 더 이상의 진보는 없다. 그리하여 인간은 인간의 구조의 바탕이 된 계획에서 최고로 발전한 지점에 도달했음을 보여준다(Agassiz 1866: 108-109).

인간을 여타 피조물과 다르게 만드는 것은 자연에 대한 우리의 통제력이고, 이는 다시 우리의 지성에서 비롯한다고 봤던 널리 팽배한 의견에서도 인간의 영광을 드높이던 빅토리아 시대의 경향이 특히 뚜렷하다. 여타 생명체들과 달리 우리에게는 두뇌가 있어서 자연을 정복할 수 있을 (예컨대, 추운 날씨에는 옷을 걸칠 수 있고, 그럼으로써 자연적으로 우리에게 적합하지 않은 환경에서도 아주 편안하게 생존할 수 있다) 뿐만 아니라, 우리 자신의 소용에 맞도록 자연을 바꿀 수도 있다. 이를테면, 우리는 땅에서 철광석을 캐내 금속 연장을 만들 수 있고, 면화를 길러 의복을 짤 수 있다.

당시는 기계의 시대였고, 기계 장치들과 기계의 위력은 인간이 중요하다는 믿음에 힘을 실어줬다. 빅토리아 시대 영국을 상징하는 행사는 1851년에 런던 하이드 파크의 동화에나 나올 만한 수정궁에서 열린 세계박람회였다. 박람회는 당시의 기술적 성취를 주제로 잡았고, 공중에게 엄청난 파급효과를 냈다. 기계야말로 진실로 자연에 대한 통제력을 안겨줬기 때문에, 기계식 생산의 발전은 인간의 위력이라는 감각을 촉발하는 데 일조했다고까지 제안할 수도 있다(Russell 1945: 728). 오늘날 우리는 이 통제력에 한계가 있음을 알지만, 빅토리아 시대 사람들에게는 그것이 그처럼 분명하지는 않았다.

빅토리아 시대의 사유에 스며든 셋째 주제는 앞의 두 주제와 밀접하게 연관된다. 이것은 서양의 근대적인 산업 사회를 추앙하는 아주 강한 경향 — 세계의 인민족속들 가운데 서양인이 유난히 특별하다고 생각하는 경향이었다. 서양인의 우월성에 관한 이러한 관념은 1860년대에 이르러 만개한 하나의 인류학 이론에서 가다듬어졌다. 앞에서 언급했듯이, 사회들 사이의 서열이라는 발상을 주요 특징으로 삼았던 19세기의 문화진화론이 그것이다. 세계 도처의 다양한 인민족속들은 단지 서로 (그리고 서양인과) 다를 뿐만 아니라, 서양인끼리의 차이에도 또한 하나의 서열 질서가 있다고 여겨졌다. 인류의 다양성은 아주 하등의 미개 상태에서부터 고등한 문명에까지 이르는데, 일반적으로 세 가지 구분되는 단계가 추려진다. 미개 상태는 사냥의 단계로 정의되고, 야만 상태는 동물과 수확을 길들인 때부터 시작하며, 문명 상태는 글쓰기의 도래와 함께 출현했다.

이와 같은 사회적 서열이라는 발상은 서유럽에서 아주 오래된 사고방식 하나를 재구성한 것이었다. 존재의 거대한 사슬이라는 사고방식이 그것으로, 이에 따르면 우주는 ("겨우 비존재를 면하는") 실로 가장 낮은 종류에서부터"가능한 최고 수준의 피조물"에 이르기까지 연속되는 일련의 형태들로 구성된다(Lovejoy 1936:59). 중세적인 형태에서 존재의 거대한 사슬은 신과 직결되었다. 신이 풍성함으로 충만한 세계를 창조했다고 믿어졌기 때문이다. 이는 신이 창조되지 않은 상태로 남겨둔 것은 아무것도 없다는, 사슬에는 빈틈이 전혀 없다는, 뜻이었다. 있음직한 다양성을 망라한 모든 것이 창조되었기 때문에 창조는 완벽하게 달성되었다. 19세기의 문화진화론이 취한 발상도 대체로 같았는데, 다만 세속화되었을 뿐이다. 다양한 인간 사회는 가장 낮은 미개 상태에서부터 고등 문명까지 가능한 유형의 전체 범위를 망라해서 나타난다. 그리고 그 순서는 진화적 발전이라는 과학적 법칙에 의해서 규율된다.

이는 19세기 문화진화론의 다른 하나의 특질인 진보의 관념으로 이어진다. 다시, 이 관념 역시 기원이 19세기는 아니고, 서양사의 여러 시기에 이 관념이 등장한 바 있었고, 특히 18세기의 계몽사상에서 나타났다. 계몽사상은, 인간의 역사는 연속적인 진보의 역사고, 이것은 위대한 노력에 의해서 달성되어왔으며, 그리고 이 진보는 적극적 사회공학에 의해 아직도 계속되고 있고 앞으로도 계속되리라고 믿었다. 당대의 가장 위대한 지성 가운데 (볼테르, 몽테스키외, 루소, 그리고 애덤 스미스를 위시한) 몇 명은 교육과 정치와 경제에서 새로운 구도를, 그리고 때로는 발본적인 구도를, 정형화함으로써 문명을 향상시키고자 나섰다.

프랑스 혁명과 그 뒤로 이어진 혼란으로 말미암아 경악한 유럽이 의기소침해지면서 진보의 이념은 매력의 대부분을 상실했다. 대략 19세기의 처음 50년 동안에는 인류 역사의 향상 패턴에 관해 쓴 저술이

거의 나오지 않았고, 아담과 이브가 에덴동산에서 쫓겨난 후 인류의 역사는 쇠퇴 일로라고 보는 기독교의 오래된 퇴보사관이 이 시기를 주름잡았다. 인간 집단 사이의 차이는 각 인민족속들이 처한 수준을 보여준다는 것이 성서적인 견해였다. 가장 미개한 인민은 가장 많이 퇴보한 것이고, 가장 개명된 인민은 가장 적게 퇴보한 것이다. 그러나 19세기 중엽이 되면 이런 생각은 공격을 받게 되고, 결국 인류학이라는 새로운 학문 분야에 의해서 정형화되고 있던 문화진화론에 자리를 내주고 물러나게 된다. 새로운 학문의 일차적 과녁은 세계 도처에서 나타나는 상이한 형태의 문화를 설명하는 것은 퇴보가 아니라 진보임을 정립하는 데 있었다.

문화적 진화라고 하는 19세기 인류학 이론이 지녔던 마지막 특질은 인종의 지능이라는 발상이었다. 이 얘기를 상세히 다루려면 다시 한 번 18세기 계몽사상으로 넘어가야 한다. 계몽사상가들은, 예컨대, 아프리카 또는 신세계의 미개인들에 비해 서양 사회가 선진적이라고 봤다는 점에서 후일의 빅토리아 시대 지식인들과 별로 다르지 않았다. 예를 들어, 북아메리카의 인디언은 교육 받은 페르시아인에 비해 안락과 안전을 덜 누리고, 일반적으로 덜 행복하고 덜 보람 있는 삶을 산다고 생각했다. 또한 계몽사상기의 필로조프들은 (빅토리아 시대 지식인들처럼) 유럽인들에게 더 높은 위상을 선물한 것은 사유의 힘(필로조프들은 "이성"이라는 단어를 즐겨 사용했다) 덕분이라고 믿었다. 더구나 그들은, 모든 곳에서 인간은 모두 미개 상태보다 문명 생활이 더욱 훌륭하다는 점을 인식하고, 그에 따라 자신의 형편을 개선할 수 있는 역량을 똑같이 가지고 있다는 점에서, 이성은 "모든 사람 내면에서 똑같고 모두가 동등하게 보유한다"고 추정했다(Lovejoy

1936:288). 그렇지만, 만약 그것이 사실이라면, 왜 어떤 지역에서는 미개 상태가 지속되는가? 아마도 18세기 저술가들 사이에 표준적인 답은 없었겠지만, 환경이 제일차적인 원인이라는 것이 하나의 흔한 견해였다. 미개한 어린이 한 명을 그가 태어난 조국의 야생의 삶에서 떼어내 파리의 더 자극적인 환경에서 양육한다면, 그 아이는 그가 자란 곳의 또래 아이들처럼 아주 세련되고 분별력을 가질 것이며, 그 아이들만큼 훌륭한 판단력 또한 보일 것이다.

19세기 중엽에 이르면 이러한 공식에 인종이 삽입되었다(Stocking 1971). 미개인들이 문명화된 인민들처럼 자기를 향상하지 못한 까닭은 그럴 만한 지능을 갖추지 못한 탓이다. 미개인의 아이를 런던으로 (이제는 세계 제반사의 중심이 파리에서 이동했기 때문에) 데려와 교육 받은 사람들 사이에서 양육하더라도, 한 마디로 말해서 따라 갈 수 없을 것이다.

이런 미개인이란 누구인가? 오스트레일리아의 애보리지니, 뉴기니인, 마오리, 아프리카 흑인, 아메리카 인디언, 기타 등등 가무잡잡한 피부를 가진 인민족속들이었다. 더욱 문명화되고 더 지능이 높은 사람들은 피부색이 옅었다. 미국 같은 나라에 사는 피부색이 짙은 사람들은 같은 읍의 건너편 동네에 사는 피부색이 옅은 이웃들에 비해 열등하다는 명백한 함의가 여기에 들어 있었다.

인민족속들 사이의 정신적 차이에 관한 빅토리아 시대의 생각에서 환경이 완전히 제거되지는 않았다. 에드워드 타일러(Tylor 1881:113)의 견해가 빅토리아 시대 사조의 중요한 줄기를 대표한다. 타일러에 따르면, 피부색이 짙은 미개인들은 실로 열등한 인종이 맞지만, 다만 이 자체가 환경의 원인 때문이다. 그는 다음과 같은 가능성을 상정했다. 최초에 인간이 시작할 때의 형태로는, "기후가 온난하고 식생이 울창한 지역에서는 인간의 삶이 순조로워서 문명의 기예가 거의 필요하지 않았을 것이다." 이런 지역은 눈에 띄게 살기 좋은 지방들이었고, 그만큼 생존을 위해 지성을 자극하지 않았다. "문명의 기예"가 필요하지 않았다. 타일러는 이어서 말하길, 그러다가 더욱 차갑고 더욱 힘든 기후로 인구가 퍼져나가기 시작했다. "극단적인 열기를 견딜 능력도 경작 도구 없이 살아갈 능력도 가장 취약하지만, 지식의 힘과 규율의 힘을 선사 받아서 세계를 통제할 수 있게 된 온대지방의 백인종이 가장 나중에 형성되었다고 상상하는 것이 아마도 합당할 것"이라고 그는 결론을 맺는다. 초기 계몽사상에서는 갓 태어난 흑인 유아라도 올바른 양육을 받으면 문명의 역량을 온전히 갖출 수 있다고 봤던 데 비해, 타일러는 인종적인 지능의 차이가 극복되려면 여러 세대를 지나야 하리라고 봤다. 이 과정이 라마르크의 유전 원리에 따라 달성되리라고 생각했던 것이다. 타일러를 비판한 사람들 중에는 인종적 다양성에 관해서 훨씬 지독한 견해를 가진 사람들도 있었다. 도덕적 역량과 지성적 역량에서 이러한 차이는 사라질 수 없다고 본 사람들이었다. 문명화가 덜 된 인민족속들은 영원히 향상될 수 없을 테니까, 피부색이 옅은 상전들에게 법적으로 그리고 정치적으로 예속되어 살아가는 것으로 만족해야 할 것이다(Stocking 1968a:115-117; 1971).

인간의 다양성에 관한 허버트 스펜서의 견해는 타일러와 닮았고, 인종의 지능에 관한 19세기 후반의 생각을 예시한다. 특별히 속마음이 드러나는 한 대목에서 스펜서(Spencer 1897 vol. I: 79-82)는 지성 생활을 (모든 일 중에서도) 먹는 일에 비교한다. 고등 생물은 자기에게 영양이 되는 것을 섭취하느라 음식의 선택에서 몹시 까다롭다고 그는

주장한다. 반면에 하등 생물은 충분한 양을 소화하다 보면 자기에게
좋은 것이 결국은 충분히 위장으로 들어오리라는 원리에 따라 대량의
물질을 무차별적으로 소비한다. 인간은 가장 선별적인 생체고, 고도로
문명화된 인민은 문명이 낮은 인민보다 더욱 선별적이다. 고도로 문명
화된 사람은 자기 접시 위의 음식 가운데 열등한 부분을 가려내 먹지
않고 남길 정도로 선별적이다. 마찬가지로 고등 동물은 사실을 관찰하
고 "소화하는"데서도 더 높은 수준의 선택성을 보인다. 의미 있는 사
실과 무의미한 사실을 구별하는 능력과 사실들로부터 타당한 결론에
도달하는 능력에서 그들은 하등 생물보다 뛰어나다. 스펜서는 이렇게
썼다.

> 심리적으로 고등한 생물은 신체적으로 고등한 생물처럼 동화할 재료를 선
> 택하는 능력이 더 낫다. 우등한 동물은 음식을 선택할 때 겉모습, 재질,
> 냄새만으로 안내를 받고, 어울릴 수 있는 물질을 많이 함유한 것만 삼키듯
> 이, 그와 마찬가지로 우등한 정신은, 비유적인 표현으로 지성의 냄새에 의
> 해 도움을 받으면서, 어울릴 수 없는 수많은 사실은 그냥 지나치지만 의미
> 로 가득 찬 사실은 재빨리 탐지하고, 그런 사실을 재료로 삼아 가다듬어서
> 근본적인 진리를 일궈낸다(Spencer 1897 vol.I: 80).

스펜서는 이를 예시하기 위해서 자기가 살던 사회 안에서 아주 지
성적인 사람과 덜 지성적이며 따라서 덜 부유할 것으로 짐작되는
사람을 비교한다. 뒤떨어진 정신은 진짜 중요한 사실들을 흡수할
능력이 부족하기 때문에, 그것들에 이끌리는 기호(嗜好)도 없다. 예
컨대 물리학자의 실험을 향한 취미 같은 것이 없다. 그것은 그들에
게 너무나 농도가 높아서 소화가 안 된다. 다른 한편으로,

그들은 식탁 방담의 사소한 세목들, 유행을 타는 유명한 사람들, 경찰서와 이혼법정의 쓰레기들을 게걸스럽게 거머삼키며, 그들이 읽는 책은 시시한 소설들을 비롯해서 평범한 인물들의 회고록, 남의 험담으로 수다나 떠는 서간집 등이다. 가끔 역사책도 읽는데, 전투에 관한 몇 장면 그리고 눈에 띄는 사람들의 행동 몇 가지에 매료되어 자신을 잊을 정도다. 그런 수준의 정신에는 이런 종류의 지적인 양분만이 쓸모가 있다. 그들에게 더 높은 종류를 먹인다는 것은 암소에게 고기를 먹이는 것만큼 비현실적이다 (Spencer 1897 vol.I: 81).

인간 지능의 사다리를 따라 더 아래로 내려가면 원시적인 인민들에 도달한다.

미개인의 특징은 무의미한 세부 사항들에 더욱 더 많은 주의를 기울이고, 사실들을 선별해서 결론을 도출할 수 있는 능력이 더욱 더 부족하다는 데 있다. 수많은 단순 관찰들이 끊임없이 그에 의해 이뤄지지만, 의미를 가지는 것이라고는 산더미 같은 무의미한 관찰들 틈에서 자취를 감추고, 생각이라는 이름으로 일컬어질 만한 작용을 위해 어떤 재료도 뒤에 남기지 않은 채 그의 정신을 스치고 지나간다(p. 81).

미개인들도 관찰은 충분히 잘 한다. 다만 자기들이 본 것으로부터 연역해내는 것이 별로 없다. 스펜서는 원시인 한 명을 관찰하면서 그의 지적인 능력을 서술한 바 있는 골턴을 인용한다. 이 원시인은 "A에서 B로 가는 길을 완벽하게 알았고, B에서 C로 가는 길도 완벽하게 알았지만, A에서 C로 가는 지름길은 전혀 생각하지 못했다. 그의 정신에는 그 지방의 지도 따위는 없고, 무한한 국지적 세부사항들만이 있다(Spencer 1897 vol.I: 82)."

19세기의 문화진화론에는 문화라는 개념이 아주 밀접하게 결부되어 있었다 — 그리고 이것은 빅토리아 시대의 사조에 팽배했던 산업 사회의 우월성에 대한 믿음을 보여주는 또 하나의 지표이기도 하다. 문화라는 용어는 "사회의 한 구성원으로서 인간이 획득한 지식, 믿음, 기예, 도덕, 법, 관습, 그리고 여타 모든 역량과 버릇을 망라하는 복합적인 전체"라고 1871년 타일러에 의해 최초로 정의되었다(Tylor 1871:1). 이 정의는 금세 유명해졌고, 지금까지도 많이 인용된다 — 그리고 자주 오해되기 때문에 잘못 인용되고 있다. 오늘날의 저자들은 이 용어로 그가 의도했던 의미를 오늘날 인류학자들 사이에서 통용되는 그 용어의 의미와 동일시하는 경우가 잦다. 그러나 역사가 조지 스토킹이 아주 설득력 있게 논증한 바 있듯이, 그 사이에는 간과해서는 안 될 차이들이 있다(Stocking 1968a:69–109). 오늘날의 문화 개념은 거기에 담긴 상대주의적 함의와 더불어 나중에 논의할 것이다. 지금 당장은 인간 사회를 망라하는 전체 범역(範域) 안에서 서양 문명을 빅토리아 시대의 사상가들이 바라본 방식을 전달하기 위해, 타일러와 그의 동료들에게 그것이 가졌던 의미에 초점을 맞춘다.

19세기의 "문화"라는 단어의 용례는 피조성이라는 요소를 강조한다. 기술, 과학, 법, 정부, 그리고 언어 등의 제도들은 인간 삶의 질을 향상하려는 소정의 목적을 위해 창조된, 의식적이고 합리적인 사유의 산물로 여겨졌다. 문화 역시 "인공적"이라고 생각되었다. 자연으로부터, 그리고 전적으로 자연 안에서만 살아갈 수밖에 없는 여타 모든 생명체로부터, 우리를 문화가 분리한다고 생각되었기 때문이다. 여타 피조물들과 달리, 우리는 "무가공 상태에서" 살아가지 않는다. 우리만이 난방용 난로와 채광용 창틀을 갖춘 집 안에 살고, 우리만이 옷을 지어 입고, 우리만이 권리와 이익을 보호해 주는 법률과 도덕적 규칙을 지키며, 우리만이 복잡한 언어를 말하면서 가장 복잡한 사유까지도 서로 소통할 수 있다. 문명은 (또는 문화는, 이 두 단어는 같은 뜻으로 사용되었다) 에디슨의 전구가 인공 광선을 생성한다고 운위되었던 것과 같은 의미에서, "인공적"인 것으로 인식되었다. 에디슨의 전구가 어둠에 대한 통제력을 우리에게 부여함으로써 자연으로부터 인간을 한 걸음쯤 멀어지게 만든 것처럼, 문화는 우리를 자연의 주인으로 만듦으로써 인간을 자연에서 탈피시켰다. 여기서 인공적이라는 데는 가짜라든가 취약하다는 함의는 들어있지 않고, 오히려 세련되었다든가 기술적으로 탁월하다는 함의가 들어 있다. 그리고 이와 같은 함의의 정도는 다양할 수 있다. 사냥한 동물을 야외의 모닥불로 구워 먹는 음식은 농장에서 키워 오븐에서 요리한 음식보다 덜 인공적이다. 야외의 모닥불 빛은 전구에서 나오는 빛보다 덜 인공적이다.

"자연적"조건에서의 삶과 "인공적"조건에서의 삶 사이의 이와 같은 대조는 미국의 인류학자 루이스 헨리 모건의 경우에 대표적으로 나타난다. 최초의 미개한 시기에 사람들은 동물처럼 "자연적 생계"를 통해서, 다시 말해 열매와 뿌리를 채취함으로써 살았다고 그는 썼다(Morgan 1877:19-21). 물고기를 먹는 것이(Morgan 1877:21-22) 다음 단계였는데, 물고기 또한 음식이 되기 위해 요리라고 하는 특별한 준비를 요했다는 점에서 "최초의 인공 식량"이었다. 물고기는 자연 상태로 소비되지 않고 지적인 노력을 통해 변용되어야 했다. 나아가 모건에 따르면, 물고기는 뿌리나 열매, 그리고 심지어 사냥감과도 다르게, 어디서나 무제한으로 잡을 수 있기 때문에 물고기를 식량으로 사용함에 따라 인간은 해방되었다. 어로(漁撈)라는 경제 활동 덕분에"인류는 기후와 지리에서 독립했고, 바닷가와 호숫가와 강가를 따라 다니면서 인간은 여전히 미개 상태이기는 했지만 지구 표면의 더 넓은 지역으로 퍼져나갈 수 있었다"(Morgan 1877:21). 곡물을 비롯한 작물을 재배함으로써 그리고 동물을 가축으로 길들임으로써 자연으로부터 더 많이 독립할 수 있게 되었다(Morgan 1877: 24-26).

세련되고 정교하고 학식 있는 사람을 가리켜"교양인"8)이라고 부르는 용례 안에 문화에 관한 (그리고 문화에 아주 가까운 무언가에 관한) 19세기적 인식이 아직도 남아 있다. 이와 같은 오늘날의 용례는 문화의 인문주의적 의미를 가리킨다. 어떤 사람이 다소 교양이 있다는 말은 그 사람이 여러 기예에 관해 아는 것이 많고, 외국어를 (서유럽 언어라면 더욱 좋다) 말할 수 있고, 세련된 예절과 기호를 보여준다는 뜻이다. 이런 자질들은 배양되어야 하는 것이지 생래적으로 찾아오지는 않는다는 (더욱 귀족적인 환경에서 자랄수록 그 배양이 손쉽게 달성된다고 주장할 사람도 있기는 하겠지만) 점에서, 이 역시 인공적임에 주목해보라.

문화의 19세기 인류학적 의미는 세련이라는 개념을 예술이나 문학 등"고급문화"에만 국한하지 않고, 기술, 가족 형태, 종교적 믿음, 그리고 문명을 구성하는 여타 모든 특질을 포함하는 삶의 모든 양상에까지 이르도록 확장했다. 19세기의 인류학자들은 여러 사회들에 관해 더 문화화되었다든가 덜 문화화되었다는 식으로 말했다. 예를 들어, 어떤 미개인들이 성과 결혼 풍습에서 절도가 없고 난잡하다고 생각되

---

8) 원문 표현은"cultured person"이다. culture는 한국어에서 문화, 배양, 교양 등으로 번역된다. (역주)

면, 그들은 자기들보다 덜 문화화되었다는 식으로 말했다. 이런 용례에 따르면, 원시 인민들은 더 높게 개명된 인민들에 비해 사회적 실천에서 덜 세련되고, 자연적 기원 쪽에 더욱 가까우며, 문화라는 인공적 환경에 의해 고양된 정도가 더 낮은 것이 된다. 문화화 수준이 가장 낮은 것으로 생각되는 인민이 지능도 가장 낮고 피부색도 가장 짙은 것으로 생각되었다는 점은 말할 필요도 없다.

자신의 (그리고 서양 세계의) 우월성에 대한 빅토리아 시대 영국인들의 믿음은 상대성에 대한 반명제 그 자체로서, 문화 상대주의라는 주제와 명백하게 상관이 있다. 나아가, 19세기의 문화적 진화론, 그리고 거기에 결부된 문화의 개념은 세기가 바뀐 다음에 인류학에서 발전한 상대주의의 반명제였다. 19세기의 인류학자들은 상대주의와는 거리가 멀었다. 산업화된 나라들이 세계에서 가장 지성적이고, 그러므로 가장 많이 진보한 나라들이며, 여타 인민들에 비해 그들의 제도들이 분명히 우월하다는 것은 논란의 여지가 없는 사실이라고 받아들였기 때문이다.

서양의 민족들 사이에서 19세기 말은, 특히 1890년대는, 변화의 시기였다. 또한 당시는 사회적 소요와 경제적 곤란과 국제적 불안의 시기이기도 했다. 이와 같은 문제들이 다시 서양 세계의 사조에 상당한 영향을 미쳤고, 내가 방금까지 서술한 지적인 풍토에 변화를 일으키는 데 일조했다.

사회적 경제적 불안은 산업화의 확산과 연계되어 있었다. 산업 발전이 일어나면서, 공장 노동의 이점만이 아니라 저임금, 긴 노동시간, 위험한 노동조건, 열악한 음식과 주거 등 참상도 함께 찾아왔다. 영국이 노동시간, 특히 아동의 노동시간을 규제하는 등 노동조건을 개선하기 위해 여러 가지 법률을 통과시킨 것은 사실이다. 그렇지만 이런 문제들은 세기가 끝날 때까지도 해결되지 않았고, 게다가 유럽의 여타 나라들은 노동개혁에서 영국만큼 앞서가지도 못했다. 또한 1890년대의 경기침체 역시 노동자들에게는 아주 힘들었다.

국제적으로도 몇 가지 변화들이 진정될 기미를 전혀 보이지 않았다. 영국이 산업의 중심국이라는 위상을 잃어가고 있었던 변화도 그 중 하나였다. 서양 세계의 모든 나라들이 급속도로 산업화되고 있었지만, 특히 미국과 독일이 주도권을 빼앗아갈 듯 위협하고 있었다. 독일과 이탈리아가 창설된9) 일도 그러한 변화의 한 부분이었다. 이 두 나라는 공히 19세기의 후반에 이르기까지 작은 제후국들로 쪼개진 상태로 있었던 것인데, 정치적 경제적 통합의 과정이 전개되어 여타 열강들과 경쟁하는 대규모의 민족국가가 되었다. 독일은 동시에 산업화에서도 큰 성공을 거두어 세기말 즈음에는 세계 도처에서 정치적으로나 경제적으로나 매우 공세적인 관계를 맺고 있었다. 이와 같은 공세가 제1차 세계대전의 원인 가운데 하나가 된다.

1890년대는 유럽만이 아니라 미국도 소란하고 당혹스러운 시기였다. 미국 농부들은 형편이 어려웠고 — 전부터 줄곧 그랬다 — 이제는 봉기하기에 이르렀다. 농부들의 적대감은 금융업자들, 특히 철도회사와 은행의 탐욕과 그들과 결탁한 정치인들에게 초점이 맞춰졌다. 도시에서도 심각한 문제들이 있었다. 노동자들은 (이조차 일자리가 있는 경우의 얘기지만) 오랜 시간 동안 일해야 했고 봉급은 적었으며, 주거조건과 작업조건은 견딜 수 없는 지경이었다. 1890년대의 경기침

---

9) 이탈리아는 1861년에, 독일은 1866년에 창설되었다. (역주)

체도 혹독했다 — 시카고 같은 도시에서 수많은 실업자 무리가 거리를 돌아다녔다. 그들 중에는 무료급식소에서 얻은 음식으로 연명하는 사람이 많았다. 이러한 곤경이 파업을 비롯한 노동운동을 자극했고, 지방정부와 연방정부는 무장한 군사력으로 이에 대응했다.

작은 읍들을 중심으로 하는 하나의 농업 민족에서 도시화된 산업 민족으로 미국이 탈바꿈하는 변화가 일어나고 있었다. 산업 발전이 일어남에 따라 소유와 부가 극소수의 수중에 집중되었고, 그러한 극소수는 믿을 수 없을 만큼 부유해졌다. 가장 꼭대기에는 존 록펠러라든지 앤드류 카네기 같은 산업계의 두목들, 그리고 J. 피어폰트 모건 같은 금융업자가 있었다. 반면에 뉴욕시의 공장노동자와 캔자스의 농부는 처참한 삶이 아니면 고된 생활을 할 수밖에 없었다.

1890년대까지만 해도 미국에서 사업은 전적으로 사적인 사안이라고 생각되었다. 어떤 사업가의 영업 방식이 싫다면, 공중으로서 할 수 있는 일이라고는 그의 상품이나 용역을 멀리하고, 그러고 나서 멀찌감치 물러나 그의 사업이 망하기를 지켜보는 것뿐이라고 여겨졌다. 길모퉁이의 식품가게에 이런 전략이 통하는데, 왜 스탠더드 오일에는 안 통하겠는가? 그렇지만 식품가게와는 달리 거대한 주식회사는 여론에 맞설지라도 자기 방식을 관철할 수 있는 여력이 있다. 예를 들어, 철도회사들이나 제조업체들은 서로 담합하여 카르텔을 이룩함으로써 경쟁자의 시장진입을 막고 가격 수준을 유지할 수 있다. 소유자들의 이윤은 치솟지만 노동자의 수입은 낮은 상태로 머물렀다. 정부가 규제의 역할을 더 많이 자임하게 되면서 20세기 초에는 이런 광경이 변하기 시작했다. 그렇지만 1890년대에는 아직 그런 변화는 실마리 수준에서 비칠까 말까 하는 정도였다.

역사가 시드니 폴러드는 19세기 말엽 서양 세계의 상태를 다음과 같이 요약한다. "사회적 문제가 아직 해결되지도 않았고 해결될 기미도 보이지 않는 것이 분명해졌다. …… 앞서 가는 부르주아 민족들은 세계를 쪼개서 자기들끼리 나눠 가진 다음에, 폐소공포증을 느끼면서 서로의 내면에 눈독을 들이기 시작했다. 그리고 …… 역사에서 하나의 특별한 국면이 자신의 길을 따라 나아가고 있는 듯 보였다(Pollard 1968:151)." 이와 같은 사태 진전의 결과 일반적인 환멸과 분노와 좌절감이 일어났다. 더욱 일반적으로 말하면 전반적인 비관론이 일어났다.

그 전까지 논의되었던 주제들과 관념들은 모두 매우 낙관적인 논조를 띠고 있었음에 주목해 보라. 우주에서 어떤 목적 또는 의미를 찾을 수 있다. 생명의 역사는 점점 더 나은 형태들의 역사고, 인간은 모든 것 중에서 실로 최선의 형태다. 인류의 문명은 향상되고 있는 중이다. 지금까지 인간이 이룩한 진보의 꼭대기에 서양의 문명이 위치한다. 새로이 대두한 세기말의 비관론은 이런 관념들을 바꾸는 데, 또는 최소한 이런 관념들을 의문시하는 데 일조했다. 예를 들면, 만사가 갑자기 그토록 암울해 보이는데, 어떻게 근대 세계가 향상되고 있다고 볼 수 있단 말인가? 프로이트와 뒤르켐처럼, 유럽 대륙을 주도하는 일부 사상가들의 작품에서 인간 사회와 인간 행태에 관해 발본적으로 새로운 견해가 나타나고 있었다. 인간의 제반사는 지성적인 사유와는 아무런 상관이 없는 무의식적 충동이라든지 감정처럼 다양한 "불합리한"(또는 적어도 이성과 상관이 없는) 힘들에 의해 규율되기 때문에, 인간이 사회를 의식적으로 그리고 합리적으로 통제하는 것이 아니라는 견해였다.

빅토리아 시대의 낙관적인 관념들을 논의할 때 나는 영국에 초점을 맞췄었다. 이제 시선을 미국으로 돌려서, 미국 인류학에서 문화 상대주의가 발전한 이야기를 시작하고자 한다. 바로 19세기에서 20세기로 넘어가던 무렵 새로운 비관론의 와중에서 일어난 전개 과정이었다. 1900년대 초반 미국에서는 몇 가지 밝은 빛이 보였다. 경제가 일반적으로 호황 국면이었고, (여러 가지 중에 둘만 특정하자면) 자동차와 무선통신을 비롯해서 밝은 미래를 기약하는 다양한 새로운 발명품들이 나타났다. 그러나 비관과 의심의 분위기는 그럼에도 불구하고 몹시 강했다(특히 Graham 1971:1-51을 보라). 예를 들어, 계급들 사이에서 그리고 종족 집단들 사이에서 서로 깊은 알력을 느끼고, 도덕적 결백에 대한 신뢰와 정치 질서의 지혜 및 정의에 대한 신뢰도 심하게 침식당하면서, 미국이라는 나라를 하나로 엮던 재봉선의 실밥이 터지고야 말리라고 많은 사람들이 우려했다. 국가의 경제적 미래 역시 위태로워 보였다. 이런 우려들은 진보 운동을 자극하는 데 일조하여 나라를 안정된 길로 되돌리려는 시도로서, 20세기 초에 강력한 개혁의 봇물이 크게 터져 나왔다. 이 시대의 비관론이 미국의 모든 저술가의 모든 작품을 단번에 완전히 지배하지는 않았다 — 특히 소설은 제1차 세계대전 무렵까지 불안감을 반영하지 않았던 것으로 보인다. 그러나 제1차 세계대전 즈음에는 불안감이 의문의 여지없이 팽배했다. 헨리 메이는 이렇게 쓴다."우주의 본질적 도덕을 사건들의 일상적 진행에서 목격할 수 있다고 주장하기가 1914년 이후로 점점 더 어려워졌다. 특히 평화와 사랑의 왕국이 이 지구상에 점진적으로 가까워지고 있다는 사회적 기독교의 예언자적 전망은 훨씬 더 명백하게 도전을 받았다(May 1959:361)."

다른 한편에서, 새로운 비관론의 효과는 이미 19세기 말부터 일부

70

미국 저술가들의 작품에서 분명했고, 그들 중에는 미국의 주도적 지성인들도 있었다. 윌리엄 제임스도 그 중 하나다. 그는 하버드 대학교의 교수로서, 19세기 말과 20세기 초에 엄청난 영향을 미친 철학자였다. 그의 철학은 몇 가지 부분들로 구성되는데, 여기서 가장 중요한 부분은 진리에 관한 그의 견해다. 궁극적인 의미에서 무엇이 진리인지를 언젠가 우리가 알 수 있다는 견해를 그는 거부했다. 어떤 관념이 만족스럽게 작동한다면, 또는 시의에 맞는다면 — 그것이 진리라고 믿음으로써 우리가 어떤 문제를 더 잘 처리할 수 있게 된다면, 그것이"진리"다. 관념들은 생각하는 사람에게 그것이 유용한지에 의거해서 평가된다. 이것은 진리에 관한 실용적인 검증이고, 그래서 제임스의 지식이론은 실용주의라는 이름으로 불린다. 이 이론과 관련해서 놀라운 점은 거기에 담긴 회의론이다. 빅토리아 시대 사람들은 과학의 발견과 근대 문명의 지혜를 자신했겠지만, 제임스는 아니었다. 역사가 헨리 스틸 커머저는 이렇게 쓴다."제임스는 진리라는 것이 한번 발견하면 영원히 가는 어떤 것이 아니라 영원히 만들어지는 과정 중에 있는 것이고, 진리는 단일하거나 절대적이 아니라 다원적이고 우연적이라고 열정적으로 믿었다(Commager 1950:93)."

이와 같은 회의론은 제임스 혼자만의 것이 아니었다. 과학적 지식의 본질이 일반적으로 재평가되고 있었다. 특히 과학적 법칙이라는 발상이 변하고 있었다. 19세기의 발상은 과학적 법칙이 실재하는 세계 안에 있고, 과학자들이 도구를 가지고 열심히 살펴봄으로써 그리고 자기가 본 것에 관해서 주의 깊게 생각함으로써 그 법칙을 발견한다는 것이었다. 20세기에는 과학적 법칙이라는 것은 인간이 세계에 대응하면서 제조해내는 규약이라는 견해가 고개를 들고 있었다. 법칙은"저기 바깥에"있는 것이 아니라 우리 마음 안에 있다. 법칙은 발견되는 것이 아니라 창조되는 것이다.

더욱 일반적인 수준에서, 자연 안에서 하나의 도덕적 목적 또는 의미를 찾을 수 있다는 관념이 이제 의문시되었다. 인간의 예를 보라. 생물학적 진화의 꼭대기가 아니라, 지구상의 최고 피조물이 아니라, 진화적 적응의 최종 척도가 아니라, 이제 우리는 하나의 우연으로 간주되었다. 우리가 지구상에 나타난 것은 전혀 필연이 아니고(칼날 같은 이빨을 가진 호랑이나 공룡만큼이나 우리도 쉽게 사라질 수 있고), 피조물 가운데 그다지 괄목할 만하지도 않다는 견해가 자라나고 있었다. 커머저는 이렇게 쓴다.

> 새로운 과학에 의해 모습을 드러낸 우주는 한계가 없고, 몰인격적이며, 몰도덕적이며, 불가해하다. 지구상에서 인간의 위상이 덧없고, 우연하며, 무의미할 뿐만 아니라, 마찬가지로 목적도 의미도 없는 우주 안에서 지구 자체가 하나의 파리똥 자국에 불과하다. 한때 그토록 아무 의심도 제기할 수 없을 것처럼 보였던 물질이 견고함을 상실하고, 새로운 물리학에서는 진동 에너지와 구별할 수 없는 전기적 반응의 복합물이 되었다 …… 정신과 물질의 경계선처럼 생명과 죽음의 경계선도 흐려졌다. 그리고 생명 자체는 산화(酸化)라고 하는 화학적 과정을 가리키기 위한 편리하지만 별로 정확하지 않은 용어라고 설명되었다(Commager 1950:103).

"자살적인 허영심에 불꽃을 향해 날개를 젓는 좀나방 같은 인간"이라는 은유를 커머저는 인용한다(Commager 1950:104).

이토록 암울한 주제가 미국 사회를 다룬 저작에서도 등장하는 빈도가 높아지고 있었다. 예를 들어, 미국 역사가들은 건국의 아버지들을 찬양조가 아닌 냉정한 어조로 서술하기 시작했다. 이 가운데 가장 영향력이 큰 사람 중 한 명이었던 찰스 비어드는 역사에 접근하는 방법은 위대한 정치인과 장군들의 삶과 행적을 통해서가 아니라, 이익집단들을 통해서여야 한다고 주장했다. 착취와 같은 경제적인 사실들이 어떤 시대에나 근간을 이룬다. 비어드는 겉으로 보이는 광경의 밑으로 파고 들어가 경제적 근간들을 포착하기 위해 노력함으로써, 종전의 역사서술들은 마치 독립기념일의 축사와 비슷한 것처럼 비치게 만들었다. 일례로 그의 파격적이고 가장 잘 알려진 저작은 미국 헌법에 관한 하나의 재해석이었다(Beard 1913). 여러 세대에 걸쳐서 역사가들은 정치이론과 드높은 이상을 가장 정교하게 표명한 문서 중의 하나라고 미국 헌법을 묘사해 왔다. 종래의 해석에 따르면, 프랑스 혁명은 하나의 실패였지만 미국 혁명은 그렇지 않았다. 미국인들은 고매한 정신과 지혜로 입헌민주주의를 설계하여, 진실로 정의로운 정치 질서로 이어지도록 했다. 비어드는 다르게 봤다. 그는 침투력 있는 분석을 통해서, 경제적 이익집단들의 결과로 미국 헌법을 그렸다. 미국 헌법은 여타 계급에 비해 하나의 특정 계급, 일정한 유형의 재산소유자들에게 유리하도록 처음부터 설계되었다.

사회과학의 여러 분야에서도 비슷한 일들이 전개되고 있었는데, 경제학자 소스타인 베블런의 사례가 대표적이다. 노르웨이 출신 농부의 아들로 태어난 베블런은 위스콘신의 개척지에서 양육되었다. 아주 똑똑한 젊은이로서, 여러 면에서 주변 사람들과 잘 어울리지 못했음에도 불구하고 선생들에게 깊은 인상을 남겼고, 결국 예일 대학교에서 박사

학위를 받았다. 그는 생전에 시카고 대학교, 스탠포드, 미주리 대학교, 그리고 뉴스쿨을 비롯한 여러 유수의 기관에서 가르쳤고, 여러 권의 책과 여러 편의 논문을 써서 많은 독자들에게 읽혔다. 그의 경제이론의 주요 논지는, 근대 경제에 관한 19세기의 고도로 낙관적인 견해가 모두 틀렸다는 것이었고, 이러한 이론 안에 그의 개인적 소외가 반영되었다.

19세기 경제학자들은 지성을 가진 평균적인 시민들이 합리적인 자기이익의 원리에 따라, 자신의 물리적 복리를 최대화하기 위한 방식으로 행동한다고 믿었다. 가령 별로 따뜻하지 않은 비싼 스웨터와 따뜻하고 값싼 스웨터 사이에서 선택해야 하는 상황이라면, 그들은 더욱 저렴하고 더 나은 스웨터를 살 것이다. 아울러, 개인이 이와 같은 방식으로 자기 이익을 실현할 때 사회에도 이익이 된다고 믿어졌다. 예를 들어, 값싸고 질 좋은 스웨터를 구입함으로써, 구매자는 그것을 생산한 사람에게 보상을 주고 다른 스웨터를 만든 사람은 벌을 준다. 스웨터 시장의 경쟁자는 이런 광경을 목도하고 더욱 저렴한 가격에 더 질 좋은 스웨터를 제조하려고 노력한다 — 그럼으로써 그는 더 많은 사람들이 더 많은 스웨터를 살 수 있도록 가격을 낮추는 데 기여하고, 노동자들에게 일자리를 만들어주며, 그 노동자들은 이제 구매력이 증가해서 고급 물품들의 더 많은 생산을 자극한다. 업체에 좋은 일은 나라에도 좋다.

베블런은 체제가 이런 식으로는 전혀 작동하지 않는다고 주장했다 (Veblen 1899). 개인에게 동기를 부여하고 전체 체제를 움직이는 것은 남보다 돋보이려는 — 선망의 대상이 되려는 야만적인 욕망이다. 원시사회에서는 체력과 용기와 용맹한 전투력을 보이는 사람이 인정을 받는다. 그러나 근대 사회에서는 부의 축적과 눈에 띄는 소비 또는 낭비가 돋보인다. 경제체제를 움직이는 동력은 기실, 부유하고, 일할 필요가 없고, 쓸뿐난 생활을 통해서 중요해지고 싶다는 조잡하기 짝이 없는 욕망이다. 가난한 사람은 정상에 있는 사람과 같아지기 위해 애를 쓰기 때문에, 노동자들도 부자들에 비해 별로 나을 게 없다. 그들 또한 그렇게 해서 위신이 높아지리라 느낀다면 부자들과 마찬가지로 비싸고 질 떨어지는 스웨터를 살 확률이 높다.

미국에서 대두하고 있었던 회의론과 비관론은 문화 상대주의의 모습으로도 나타났다. 상대주의는 서양 사회의 사회적, 도덕적, 지성적 우위를 부인한다. 서양의 가치와 믿음과 제도가 더 낫다는 증명은 불가능하고, 서양 사회와 여타 사회 사이에서 위상을 비교하는 원리는 평등의 원리뿐이라고 상대주의는 주장한다.

더 읽을 만한 문헌

이 장에서 논의한 역사적 배경에 관한 일반적인 읽을거리를 안내한다. Sydney
Pollard의 *The Idea of Progress*(1968)는 서양사에서 인간의 향상이라는 관념이 비
관론과 낙관론 사이에서 어떻게 왔다 갔다 했는지를 잘 보여준다. 빅토리아 시대의
사상을 다룬 가치 있는 문헌으로는 Crane Brinton의 *Ideas and Men*(1950: chs. 12
and 13)과 원래 BBC에서 방송되었던 일련의 논설들을 *Ideas and Beliefs of the
Victorians*(British Broadcasting Corporation, 1949)라는 제목으로 묶어낸 책이 있
다. 다윈과 진화론이 19세기 사상에 가한 충격을 다룬 책 중에는 Loren Eiseley의
Darwin's Century: Evolution and the Men Who Discovered It(1961)과 John C.
Greene의 *The Death of Adam: Evolution and Its Impact on Western
Thought*(1961)이 빅토리아 시대 생활의 지적인 동태를 파고들어 가는 아주 좋은
통찰을 제공한다. 아울러 본문에서 인용된 책들을 보라.

　19세기 영국의 인류학을 다룬 문헌은 굉장히 많다. 일반적인 개관으로는 Harris,
The Rise of Anthropological Theory(1968:53−249); Honigmann, *The
Development of Anthropological Ideas*(1976:111−160); Voget, *A History of
Ethnology*(1975:45−287); de Waal Malefijt, *Images of Man*(1974:116−159)을
보라. 더욱 전문화된 작품을 몇 개만 소개하면, Burrow, *Evolution and
Society*(1966); Gruber,"Brixham Cave and the Antiquity of Man"(1965);
Hatch, *Theories of Man and Culture*(1973a:13−37); Murphree,"The
Evolutionary Anthropologists"(1961); 그리고 특히 Stocking의 *Race, Culture, and
Evolution*(1968a:69−132),"Tylor, Edward Burnett"(1968b),"What's in a
Name? The Origins of the Royal Anthropological Institute"(1971),"From
Chronology to Ethnology"(1973)가 있다. 인간의 다양성에 관한 19세기 전반기 동안

76

영국의 사조에 관해서는 Stocking,"From Chronology to Ethnology: James Cowles Prichard and British Anthropology 1800-1850"(1973)을 보라.

19세기 말과 20세기 초, 서양 문화의 전개에 관해서는 다음의 책들이 유용하다. Sydney Pollard, *The Idea of Progress*(1968:ch. 4); Crane Brinton, *Ideas and Men*(1950:ch. 14); H. Stuart Hughes, *Consciousness and Society*(1958). 같은 시기 미국에서 일어난 전개에 관해서는 Henry Steele Commager, *The American Mind*(1950); Otis Graham, *The Great Campaigns*(1971); Richard Hofstadter, *The Age of Reform*(1955); Henry F. May, *The End of American Innocence*(1959); Morton White, *Social Thought in America*(1957)을 보라.

제3장 새로운 자기정체성

　미국 인류학에서 문화 상대주의는 19세기에서 20세기로 넘어오던 무렵에 이 학문 분야 내부의 아주 작은 소수파가 종래의 친위대에게 상당히 도발적으로 도전하는 셈과 같이 일어났다. 그러나 1920년대가 되면 그 소수파가 성장하여 미국에서 이 분야의 중핵을 구성하기에 이른다. 그에 따라, 상대주의의 명제 역시 루스 베네딕트와 멜빌 허스코비츠의 작품 속에서 활짝 꽃을 피우게 된다. 이는 작은 일이 아니었다. 클라이드 클루콘이 1939년에 문화 상대주의를 두고"아마도 인류학 연구가 일반적인 지식에 이바지한 가장 의미 있는 공헌"(Kluckhohn 1939:342)이라고 묘사한 것은 당시 미국 인류학자들 사이에서 공통된 견해의 표명이었다. 이번 장에서 나는 미국 인류학에서 문화 상대주의가 어떻게 일어났는지를 보인 다음에, 문화 상대주의의 주창자들이 그것을 어떻게 인식했는지 어느 정도 상세하게 파고들어 갈 것이다. 주로 제2차 세계대전 전까지의 시기에 초점을 맞춰서 해설하고자 한다. 왜냐하면 그 전쟁이 끝난 다음 상대성에 관한 인류학자들의 생각에 여러 가지 근본적인 변화가 발생했기 때문이다. 이 변화들은 나중의 한 장에서 다뤄질 것이다. 지금은 문화 상대주의의 "고전적" 국면이라 일컬을 수 있는 것에 중점을 둔다.

미국 인류학에서 20세기 초에 근대적인 문화 상대주의가 최초로 출현할 적에 인류학이라는 학문 분야는 미국에서 이미 수십 년 동안 — 또는 정의하기에 따라서 그보다도 더 오래 전부터 — 존재해왔었다. 인류학의 시작을 획정하는 한 가지 관례적인 방법은 원시 인민들을 연구하는 데 전념하는 공식 조직이 최초로 출현한 때를 시작점으로 잡는데, 이 기준에 따르면 뉴욕에서 미국 민속학회가 설립된 1842년부터 인류학은 미국에서 행해져 왔다. 설립자 앨버트 갤러틴은 부유한 금융가이자 정치인이었다. 몇 년 동안 연방하원의원을 지냈고 제퍼슨 대통령의 재무장관이었다. 갤러틴은 제퍼슨처럼 인디언에 관심이 많아서 아메리카 원주민에 관한 학문적인 연구를 위한 공론장으로 미국 민속학회를 출범시켰다(Bieder 1972:216-304). 관심의 초점을 원시 인민들에게 맞추기 위해서 거의 같은 시기 런던과 파리에서도 비슷한 조직이 출범했다는 사실을 감안하면, 뉴욕에서 이뤄진 진전은 미국의 경계를 넘어 더 넓은 지평에서 뻗어나간 패턴의 일부였던 셈이다.

아메리카 인디언에 대한 우리의 지식은 19세기, 특히 19세기 후반부에 급속도로 증가하고 있었다. 살아 있는 인디언 부족과 직접 접촉하면서, 그들의 삶을 서술하는 데 무척 많은 시간과 정력을 바친 여러 인물들의 저술 덕분이었다. 몇 명만 열거하자면, 헨리 로 스쿨크래프트(1793-1864)는 미국 정부의 인디언 담당관으로서 오지브와 말을 유창하게 구사했다. 루이스 헨리 모건(1818-1881)은 뉴욕 주의 변호사로서 인접한 지역의 이로쿼이 인디언들에게 관심을 가지게 되었다. 그리고 존 웨슬리 파웰(1834-1902)은 스미소니언 박물관의 미국 민속학과장으로, 당시 미국 땅의 오지들을 여러 차례 탐험했다.

20세기가 시작되던 즈음에 인류학은 몇 개의 지역적 중심들을 기둥으로 조직되어 있었다(Stocking 1968a:277-280). 이 가운데 필라델피아, 워싱턴, 보스턴, 그리고 뉴욕이 가장 중요했다. 이런 지역들 각각에서 인류학적 활동은 박물관 또는 대학교와 연계되어 수행되었고, 근래의 발견을 논의할 목적으로 정기적인 회합을 가지던 지역의 인류학회들과도 운이 좋은 경우에는 연계되어 있었다. 지역의 활동은 적어도 한 명의 지역 유지, 대학교나 박물관에 직위를 가진 인물에 의해 지배되었다. 평회원들은 아마추어로 구성되었다. 변호사, 의사, 사업가, 퇴역 장교 같은 사람들이 하나의 취미생활로 삶의 일부를 인류학에 바쳤다.

주도적인 중심지는 워싱턴이었고, 스미소니언 박물관에 미국 민속학과를 창설한 존 웨슬리 파웰이 이곳을 지배했다. 스미소니언 박물관 미국 민속학과는 아메리카 인디언에 관한 민속학적 연구를 진행했을 뿐만 아니라, 출판사업도 역동적으로 펼쳤다. 여기서 직원으로 일한 전업 민속학자들은 때로는 스스로 연구를 하기도 했지만, 나라 전체에서 인류학적 취향을 가진 다른 사람들로부터 인디언의 생활에 관한 기록을 요청받기도 했다. 워싱턴에는 또한 거의 모두가 아마추어 인류학자들로 구성되었던 워싱턴 인류학회가 있었는데, 이는 당시 미국에서 두드러지는 민속학회였다.

새로운 세기의 개막은 미국 인류학에 하나의 분수령과 같았고, 적어도 두 가지 중요한 발전이 이뤄지고 있었다(Stocking 1968a:270-307을 보라). 첫째, 19세기의 진화주의가 심각한 도전을 받았다. 19세기 후반부에는 영국에서처럼 미국에서도 진화주의가 인류학계를 주도했다. 기실 문화진화론을 주도한 이론가 중 한 명인 루이스 헨리 모건이 바로 미국인이었다. 그러나 1900년에 이르러 아주 강력한 반론이 하나 고개를 든 다음이었고, 그 반론의 주지 가운데 하나가 바로 문화 상대주의였다. 둘째, 이 학문의 전문화가 진행되고 있었다. 19세기에는 미국 인류학을 주도한 인물들 가운데 본격적인 훈련을 받은 사람은 사실상 한 명도 없었다. 미국의 대학에서 그 주제가 거의 설강되지 않았기 때문이다. 예를 들어, 모건은 변호사, 스쿨크래프트는 인디언 담당관, 파웰은 지질학자로 훈련을 받은 사람들이었다. 이 사람들은 각자의 경력을 확립한 후에 독학으로 인류학적 지식을 습득했다. 뿐만 아니라, 인류학은 이 주제를 하나의 취미로 여긴 사람들로부터 많은 후원을 받았다. 워싱턴 인류학회가 바로 그런 사정을 잘 보여준다. 그랬던 것인데 20세기 시작 무렵에 이 영역을 본격적으로 전문적인 학문 분야로 개혁하고, 회원이 되기 위한 필수조건으로 대학원 수준의 훈련을 요구하는 운동이 이미 일어나고 있었다. 스미소니언 박물관의 미국 민속학부를 비롯해서 미국의 주도적인 인류학자들 중에는 아마추어들로부터 후원을 받고, 따라서 그들을 잘라내기를 원치 않은 사람들이 있었기 때문에 이 운동은 처음에는 순탄하지 않았다. 그럼에도 불구하고, 특히 하버드와 컬럼비아 같은 곳에서 인류학 박사들이 배출되기 시작하면서 전문화로 가는 운동은 탄력을 받았다.

이 두 가지 발전, 진화주의에 대한 공격과 학문 분야의 전문화는 서로 연결되어 있었다. 진화주의에 대한 공격의 주지는 진화의 이론이 조잡한 방법에 근거하고 있다는 데 있었다. 더욱 엄밀하고 과학적인 훈련을 제도화함으로써 인류학을 향상시켜야 할 필요가 있다는 주장이었다. 특히, 예컨대, 서양인의 우월성에 관한 케케묵은 의견들처럼 편향되고 비과학적인 의견들을 털어내야 할 필요가 있었다. 이 두 가지 발전과 특히 연관된 인물이 하나 있었다. 프란츠 보아스가 그 사람으로, 그는 1896년에 컬럼비아 대학교에서 가르치기 시작해서 1937년에 은퇴할 때까지 거기 머물렀다. 보아스는 독일에서 태어나 교육을 받았고, 킬 대학교에서 취득한 물리학박사 학위를 가지고 있었다. 그의 관심은 그를 점점 인류학으로 이끌었고, 유대인이라는 배경과 중도좌파적인 정치성향으로 말미암아 19세기 말의 독일에서 기대할 것이 없음을 깨닫고 미국에서 입신을 도모하게 되었다(Stocking 1968a:149-150). 컬럼비아 대학교에 임명될 즈음에 그는 이미 물리학에서 인류학으로 선회한 후였고, 따라서 인류학자로서 임명을 받았다. 미국 인류학에서 문화 상대주의가 발전한 것이 대체로 보아스에게 귀책된다는 점에서 그는 여기서 특별히 중요하다.

보아스는 세기가 바뀌기 전부터 대학원생을 받기 시작했다. 이는 결정적으로 중요했다. 과거 학파에 속하는 인류학자들이 (예컨대, 스미소니언의 미국 민속학과에서) 은퇴하는 한편, 대학과 박물관에 새로운 일자리들이 창설되던 시절이라서 보아스의 학생들이 일반적으로 고용되었기 때문이다. 보아스 및 그 추종자들과 과거 학파 사이에 20세기 초 수년 동안 무척 뜨거운 논쟁이 벌어졌지만, 1920년대가 되면 보아스 학파의 득세가 명백해졌다. 논증의 위력이 더 컸던 (그리고 학문 내부의 공식 구조에서 정치적 수완이 능란했던) 덕택이었다고 볼 사람도 있겠지만, 반대파가 자연적으로 노쇠한 탓이라고 볼 사람도 있을 것이다.

그 논쟁 그리고 보아스 학파의 최종 승리는 공히 하나의 단일 학문 분야에서 일어난 내부 투쟁보다 더 넓은 시야에서 바라봐야 한다. 19세기 말과 20세기 초에 비관론이 고개를 들고 있었고, 그러한 비관론과 연결되어 근대 문명에 관한 견해들, 그리고 우주 일반의 본질에 관한 견해들이 변화하고 있었다는 사실까지 감안하면서 바라봐야 한다. 서양 문명의 우월성에 대한 믿음과 좋은 예절과 우량한 기호(嗜好) 따위에 대한 믿음 등을 망라해서 헨리 메이는 "미국 전통 신앙의 주요 교리"(May 1959:9)라고 불렀는데, 이에 대항하는 반작용이 일어나고 있었다. "옳음과 그름이 가장 중요한 구분이고, 모든 선량한 시민은 옳고 그름을 분간할 줄 알며, 옳음과 그름 사이에서 선택이 필요할 때 사람들은 행동한다"(May 1959:28)는 말에 관해 의심이 점점 커지고 있었다.

진화주의에 대한 보아스 학파의 공격은 이와 같은 일반적인 지적 운동의 일부였다. 그 공격은 진보라는 관념만이 아니라, 서양의 도덕적 문화적 우월성에 관한 전통적 믿음 그리고 서양의 가치를 판단의 절대적 표준으로 삼았던 관행을 동시에 과녁으로 삼았기 때문이다. 인류학은 "우리가 소중하게 아끼던 착각 몇 가지를 무례하게 박살내 버렸다"고 보아스는 20세기 초에 주장했다(Boas 1908:14). 정신적 능력이 인종 사이에 차이가 난다는 생각에 대해 그는 이미 전에도 시비를 걸었었다(Boas 1894). 아프리카 및 다른 지역에 사는 흑인들이 피부색이 옅은 사람들에 비해 지적으로 열등하다고는 추정할 수 없다. 보아스는 20세기 초에 이미 근대 문명 자체의 우월성에 도전장을 내밀고 있었다. "우리 자신의 지배적인 이념들과 일치하지 않을 수도

있는 진보의 다양한 경로가 있을 가능성"을 그는 언급했다(Boas
1908:26) — 다시 말해, 진보를 측정하는 데 서양의 문명이 강조하는
기준 말고 다른 기준이 있을 수 있다는 말이다."우리에게 가깝고 소
중한 것에 가장 높은 가치를 매기도록 이끌어가는"(Boas 1904:515)
감정적이고 주관적인 편향성 때문에 우리의 시야가 흐려진다고 그는
주장했다. 그는 이렇게 썼다.

> 우리가 우리 자신의 문명에 귀속시키는 가치라는 것은 우리가 이 문명에
> 속한다는 사실, 우리가 태어났을 때부터 이 문명이 우리의 모든 행동을 통
> 제해 왔다는 사실에 기인한다는 점을 우리가 인지하기는 약간 어려운 일
> 이다. 그러나 우리 문명보다 가치가 덜하지 않은 다른 문명, 다른 전통에
> 기초를 두고 감정과 이성 사이에 우리와 다른 평형을 유지하는 다른 문명
> 이, 비록 그런 문명의 영향 아래서 성장해보지 않은 우리가 그 가치를 상
> 감하기는 불가능할지 모르지만, 있을 수 있다는 것은 확실히 가능하다. 인
> 류학 연구 덕분에 알려진 인간 활동의 가치에 대한 일반 이론은 지금 우리
> 가 맹세하고 있는 수준보다 더 높은 수준의 관인을 가르친다(1901:11).

보아스는 지적인 혁명가 목록에서 윌리엄 제임스, 찰스 비어드, 그리
고 소스타인 베블런과 같은 반열에 속한다(Wagar 1972:10을 보라).
　서양 문명의 도덕적 지성적 우월성에 대해, 그리고 교양인다운 기
호와 세련의 권위에 대해 전통적 믿음을 고수한 과거의 경비병들은
이와 같은 혁명가들에게 완고하게 맞섰다. 이들은 19세기적 확실성의
수호자들이었다. 메이는 이들 과거의 경비병들이 대학, 출판사, 그리
고 《하퍼스》라든지 《네이션》 같은"비중 있는 잡지"등을 비롯한
모든 전략적 중심을 제1차 세계대전 때까지 계속 장악하고 있었다고

주장한다. 이들 과거의 경비병 — 미국 사회의 교육받고 세련된 사람들에 비해 아메리카 인디언이 명백하게 열등하다고 봤던 애국적 진화주의자들 — 중에서 인류학을 담당한 분견대가 상대주의적이었던 보아스와 그 추종자들이 20세기 초에 상대해야 했던 적수였다는 얘기다. 메이는 또한 미국 문화의 전통적 수호자들이 무너진 (그리고 개종한) 것은 제1차 세계대전에 수반된 일이었다고 주장한다. 메이는 이를 두고 미국의 천진난만함이 종언을 고하고 냉소적이고 회의적인 풍조가 풍미하게 된 전환점이었다고 표현한다. 이는 또한 대체로 보아스 학파가 승리한 시기였다. 따라서 보아스 학파의 승리는 논증의 힘만도 아니고 상대방이 노쇠해서만도 아니라, 지적인 풍토에서 발생한 변화가 반영된 덕택이기도 했음을 시사한다. 보아스 학파는 하나의 전위파 운동으로 시작된 것인데, 제1차 세계대전 때에 이르면 인류학이라는 학문 분야 전체가 그 뒤를 따르고 있었다.

보아스 학파와 진화주의자들 사이에서 20세기 초에 벌어진 논쟁은 으레 경험적 질문의 형태를 띠었다. 세계의 상이한 부분들에서 (민담이라든가 사냥 기술처럼) 아주 흡사하거나 동일한 문화적 특질이 나타나는 것을 어떻게 설명할 것인가? 이것은 독자적 발명 때문인가 아니면 문화의 전파 때문인가? 진화주의자들은 독자적 발명설을 옹호했다. 그들의 견해에서는 한 사회가 일정한 발전 단계에 도달하면 거기에 적합한 특질이 발명되기 마련이었다. 더욱 정밀하게 말하자면, 정신은 체계적인 법칙에 따라 작동하는데, 지성이 조금이라도 높은 수준으로 발전하게 되면, 그에 따라서 그 새로운 위상에 어울리는 믿음 또는 실천을 지성은 생산하게 (또는 발명하게) 되리라는 것이다. 예를 들어, 낮은 단계의 사회에 팽배한 정의의 원리는 받은 만큼 돌려준다는 원리, 다시 말해 눈에는 눈, 이에는 이라는 원리다. 이 원리는 실로 질서를 유지하는 데 도움을 준다. 그러나 질서를 유지하는 데에는 더욱 효율적인 방식이 없지 않고, 지성이 발전함에 따라 점점 더 나은 형태들이 고안된다. 가장 높은 형태는 근대적인 체계로서, 피해를 본 당사자 자신의 손으로 법을 집행하도록 허용하지 않고, 법정이라고 하는 불편부당한 체계로 하여금 사안을 처리하도록 맡기는 방식이다. 어떤 사회든지 발전함에 따라 점점 더 이와 비슷한 정의의 체계를 발명하고, 그러는 와중에 각 사회는 공통된 단계들을 동일한 순서로 밟아나간다(Tylor 1881:ch. 16; 아울러 Stocking 1968a:105-106을 보라).

보아스 학파는 독자적 발명설에 대해 간단한 반론을 제기했다. 증거를 보면 문화적 특질들이 한 사회에서 다른 사회로 전해지는 것처럼 계속해서 나타난다는 것이다. 어떤 기술적 고안 또는 어떤 민담은 차용의 과정을 통해 이웃한 부족들에게 전해진다. 그리고 그 이웃들은 해당 문화적 특질을 더욱 먼 사회들에 전하는 역할을 수행한다. 그러므로 어느 한 인민족속이 모계 씨족이라든지 자연 신화라든지 또는 문자 언어 따위의 특질을 가지고 있는지 여부에서 관건이 되는 요인은 그 부족의 지능 상태가 아니라 그 부족의 지도 상 위치가 된다. 지능의 차이와 상관없이 북아메리카에 사는 부족은 아프리카나 아시아에 사는 부족과 다른 특질을 가질 것이고, 북아메리카 남서부에 사는 부족은 북아메리카 북동부에 사는 부족과 다른 특질을 가질 것이다. 정신의 법칙은 문화적 사항의 발현을 설명하지 못한다(Boas 1901).

자연 신화에 관한 진화주의적 이론을 거부한 것은 전파냐 아니면 독자적 발명이냐에 관한 논쟁에 보아스가 참여한 최초의 사례 가운데 하나였다. 진화주의 이론에서는 문명의 단계가 낮은 인민일수록 풍경의 특질이라든지 이례적인 날씨의 패턴과 같은 자연 현상을 신화적 존재와 초자연적인 힘에 의거해서 설명하는 것이 인간 사유의 법칙이라고 봤다. 폭풍은 신의 분노가 나타나는 것이고 폭포수는 신의 장난감이라는 식이다. 원시적인 정신이 위험하거나 장엄하거나 괴기스러운 자연에 직면한 데서 신화나 민담이 비롯하고, 그만큼 그것들은 더욱 단순한 인민족속들의 정신적 발전 수준을 반영한다. 문명이 진보함에 따라 이러한 신화적 설명들은 서서히 과학적 설명으로 탈바꿈한다. 북아메리카 인디언에 대한 보아스의 연구들은 이와 같은 진화주의적 설명이 틀렸음을 시사했다. 왜냐하면, 어떤 인민족속이 알고 있는 신화는 사실상 모두 외부에서 수입되었다는 것이 1890년대에 이르렀을 때 그의 눈에 분명해졌기 때문이다. 신화라는 것이 누군가의 정신 안에서 시작해야 하는 것은 확실하다. 그러나 기원들은 까마득한 옛날에 실전(失傳)되었고, 다시는 결코 찾아낼 수 없으리라고 보아스는 추론했다. 신화가 때로 발명된다는 점보다 (그리고 정신에 의한 생성 과정보다) 더 중요한 것은 다른 인민족속들과 접촉함으로써 알게 되는 표준적인 줄거리가 비교적 수동적으로 받아들여진다는 점이다. 보아스는 인간의 정신이라는 것이 기실 몹시 비창조적이라고 주장했다. 왜냐하면 허공에서 새로운 재료를 생산하는 식보다는 외부에서 수입된 이미 만들어진 품목과 어울릴 때 정신은 더욱 용이하게 작동하기 때문이다. 외부에서 취득한 줄거리에 때로는 지역적 세목들과 강조들이 첨가되기는 하지만, 이런 첨가는 대개 그다지 근본적이지는 못하다. 일군의 인디언 부족들이 공유한 민담들에 관해 말하면서 보아스는 이렇게 썼다.

자연 현상들 그리고 특이한 동물들을 다루는 [이 민담들은] 부족적 사유의 결과가 아니다. 그것들은 기껏해야 외부의 사유를 변용한 결과이고, 훨씬 더 많은 경우에는 거의 아무런 변화도 없이 외부의 사유를 그대로 수입한 결과다(Boas 1966:420-421, 1898년에 쓴 글).

그보다 2년 전에는 이렇게 썼었다.

지리적으로 연결되어 있는 지역에서 수많은 설화들이 똑같다는 사실로 말미암아 나는 북아메리카에서 두 개의 설화 사이에 상당한 유사성이 발견되는 곳에서는 언제나 독자적인 기원보다는 전파 때문에 그렇게 되었을 개연성이 높다고 추정하는 관점으로 이끌리게 되었다(Boas 1966:428, 1896년에 쓴 글).

서양 사회가 자신의 성취에 대해 느끼는 긍지는 자리를 잘못 잡은 것이라는 함의가 보아스의 주장에 들어 있다. 왜냐하면, 만약 아메리카 인디언이나 아프리카 부족들이 보이는 문화적 특질이 지능에 의거해서 설명될 수 없는 것이라면, 우리의 특질도 마찬가지이기 때문이다. 저술이라든지 개인별로 맞춰 만드는 의복이라든지 화약 따위의 성취들은 다양한 방향에서 전파에 의해 서양인들에게 넘어왔지, 유럽인의 우월한 정신의 산물이 아니다(Linton 1936: ch. 19를 보라).

19세기의 진화주의를 거부하면서 보아스 학파는 서로 관련된 두 문제에 관해 반대했다. 첫째는 진화주의자들이 찾았다고 자처했던 역사의 패턴이었다. 시간을 관통하는 진보의 패턴으로서, 이에 따르면 오늘날 더욱 단순한 사회들은 우리가 과거에 거쳐 왔던 단계들을 재현한다. 둘째는 문화의 평가였다. 이에 따르면 더 낮게 자리매김 받는 문화들은 삶의 질과 지성적 성취와 도덕적 계발에서 우리보다 뒤처졌다.

보아스 학파는 역사 속에서 아주 다른 패턴을 찾아냈다. 그리고 그 과정에서 그들은 다른 인민족속들을 평가하는 문제에 관해 아주 다른 (그리고 상대주의적인) 관점을 표명했다. 그들은 어떤 패턴을 보았을까? 그들의 마음속에 가장 먼저 떠오르는 대답은 전파였을 것이다 (Lowie 1917:66−97을 보라). 어느 한 문화의 역사는 다른 문화와 접촉한 역사이자, 특질들을 서서히 그러나 계속해서 차용한 역사다. 각 사회가 보유하고 있는 특질 중에 적어도 몇 가지는 스스로 창안해냈다고 주장할 수 있겠지만, 특질의 창고 안에 들어 있는 대다수는 남들에게서 습득한 것이다. 보아스 학파가 전파를 강조했던 만큼, 그들은 역사에 하나의 방향이 있다는 생각을 거부했다. 왜냐하면, 그들이 생각하기에 전파라는 것은 무작위적인 과정이었기 때문이다. 특질의 차용은 그 사회에 이웃한 사회가 누구인가, 이웃 사회와의 연결이 얼마나 오래 지속되는가, 그리고 그 관계의 성격은 어떠한가 등과 같은 우연한 사정들에 의존한다.

그렇지만 보아스 학파가 전파만으로 모든 얘기가 끝난다고 생각한 것은 아니다. 전파는 보아스가 외부의 힘이라고 부른 것을 대표한다 (예컨대, 1966: 264, 286). 그는 또한 내부의 힘에 관해서도 말했는데, 이것은 전적으로 다른 사안이다. 내부의 힘을 보아스는 때로 한 인민의 천재성이라고 부르기도 했는데, 그 뜻은 그 인민 나름의 문화적 양식, 강조 또는 지배적인 태도를 가리켰다(예컨대, 1966:256). 예를 들어, 콰키우틀 인디언은 사회적 명예를 추구하는 데 커다란 무게를 두었고, 이는 친족 집단 사이에서 예민한 경쟁심으로 표현되었던 데 비해서 근대 사회는 경제적 경쟁과 기술적 성취를 강조한다. 보아스에 따르면, 외부로부터 수용된 특질들은 해당 사회의 문화적 강조에 어울리도록 변용되고 재해석되는 경향이 있다 — 문화에는 통합의 경향이라는 특성이 있다. 그리하여 한 문화의 역사가 취하는 방향은 문화 내부의 천재성에 의해 정해진다.

이런 의미에서 보아스 학파는 역사의 방향에 관해 매우 확정적인 개념, 문화의 선택성이라는 흔히 사용되는 문구에 의해 포착되는 개념을 가지고 있었다. 보아스 학파는 또한 문화가 여러 갈래의 상이한 방향으로 뻗어나간다든지, 문화가 여러 가지 상이한 강조점을 (또는 통합의 패턴을) 보인다는 얘기들을 펼쳤다. 예를 들어, 그레이스 델라구나는 이렇게 썼다.

> 문화들은 여러 상이한 방향을 향해 나아가고, 여러 갈래의 길을 통해서 여러 상이한 곳으로 여행한다. 나아가, 각 문화는 자기 나름의 특정한 목적을 선택하고, 자기 나름의 독특한 가치 기준을 정한다(de Laguna 1942:143).

이와 같은 생각에서 중요한 대목은 차이에 대한 강조다. 진화주의자들은 자기들이 역사에서 하나의 단일한 방향을 — 진보의 방향을 — 봤다고 생각한 데 비해, 보아스 학파는 다양한 방향들을 봤다. 각 문화는 각기 나름의 독특한 진보의 패턴을 가지며 각자 나름의 목표를 추구한다.

문화의 선택성이라는 원리는 미국의 인류학자가 쓴 최초의 교과서 가운데 하나에서도 예시되었다. 그 교과서는 알렉산더 골든바이저가 저술한 것으로 1922년에 나왔다. 골든바이저는 보아스의 제자로 1910년 컬럼비아 대학교에서 박사 학위를 받았다. 다른 문화들이 어떤지

학생들에게 짤막한 예로 보여주려는 시도의 일환으로 골든바이저는 그 책에서 에스키모를 비롯한 몇 개의 사회를 묘사했다(Goldenweiser 1922:31-128). 혹독한 환경에서 생존할 수 있도록 천재적인 가공과 기술의 체계를 개발했다는 점에서 에스키모는 경제와 기술의 영역에서 완벽에 가까운 적응을 달성했지만, 사회조직과 같은 문화적 활동의 여타 영역들은 사실상 무시한 결과, 그들의 사회조직은 "극단적으로 단순하고 정형화되지 못한" 상태라고 그는 지적했다. 일례로, 그들에게는 공식적인 정치지도자도 없고 씨족 체계도 없다. 그들의 공예는 특히 골각 공예와 오목판 기법처럼 일부 분야는 뛰어난 수준에 도달했지만, 다른 분야에서는 아무런 발전이 없었다. 아메리카 북서해안의 원주 인민들 사이에서는 정교하게 조각된 상자라든지 "장승"과 같은 목재 산업이 두드러진다. 이로쿼이 사회에서는 사회정치적 조직이 강조되어, 모계 혈통에 기초한 아주 복잡한 정치체제를 강구해냈다. 오스트레일리아에서는 "경제-산업적 국면"은 거의 발전하지 않았지만(골든바이저는 "단순하고 조잡하다"고 했다), 반면에 "사회-의례적 측면", 다시 말해, 복잡다기한 친족 체계와 종교적 의례들은 "고도로 정교하게 발전했다". 골든바이저는 이렇게 썼다.

> 집단들의 역사적 운명은 명백히 각기 나름이었고, 똑같은 진보의 경로를 따르지 않으면서 다양한 방향으로 이끌려 여기 또는 저기서 각기에 어울리는 수준에 도달했다 …… 이 문명들이 서로 분리되는 양상을 비교해보면, 각 문명이 …… 따라 흘러 온 발전의 경로는 본질적으로 서로 별개인 것으로 보인다(Goldenweiser 1922:127).

이 사회들은 각기 서로 다른 문화의 양상을 강조해왔고, 각자 그러한 방향으로 발전해왔다.

루스 베네딕트도 보아스의 제자였다. 1934년에 출간된 그녀의 『문화의 패턴』은 문화의 선택성에 관한 논고로서 아마 가장 잘 알려진 사례일 것이다. 다른 인민족속들은 우리에게 중차대한 것으로 보이는 삶의 영역 중 일부를 사실상 무시하면서, 반면에 어떤 특질은 우리에게는 기상천외로 보일 정도까지 정교하게 발전시키기도 한다고 그녀는 썼다(Benedict 1934:23). 다음과 같은 것을 상상해 보라고 한다.

인간의 생애 주기 또는 환경 또는 인간의 다양한 활동 등등, 어떤 것에 기인하든지, 가능한 모든 관심사들이 하나의 커다란 원호(圓瓜) 위에 배열되어 있다고 상상해보라. 이 호에서 상당한 분량을 어떤 한 문화가 모두 활용한다는 것은 마치 무성음에서 유성음에 이르기까지, 구강음에서 비강음에 이르기까지, 모든 흡착음과 모든 성문파열음과 모든 순음과 모든 치음과 모든 치찰음과 모든 후음을 어떤 한 언어가 다 사용한다는 것만큼이나 상상도 할 수 없는 일일 것이다. 어떤 문화의 문화적 정체성은 이 원호에서 어떤 부분들을 선택하는 데 달려 있다. 어디에서든 인간 사회는 모두 각기의 문화적 제도에서 그러한 선택을 행해왔다. 각 문화는 다른 문화의 관점에서 보면 근본적인 것들을 무시하고 아무 상관도 없는 사항들을 개발한다. 어떤 문화는 금전의 가치를 거의 인정하지 않는다. 다른 문화는 행태의 모든 영역에서 금전적 가치를 근본으로 삼는다. 어떤 사회에서는 생존을 확보하기 위해 반드시 필요해 보이는 삶의 양상에서조차 기술을 믿기 어려울 정도로 하찮게 여긴다. 마찬가지로 단순한 다른 사회에서는, 기술적 발전이 복잡하게 이뤄져 있고, 찬탄을 자아낼 만큼 상황에 안성맞춤으로 어울린다. 어떤 사회는 사춘기에 관해, 어떤 사회는 죽음에 관해, 어떤 사회는 내세에 관해, 엄청난 문화적 상부구조를 지어놓았다(Benedict 1934:24).

멜빌 허스코비츠의 문화적 초점이라는 발상 역시 문화의 선택성이라는 보아스의 개념이 응용된 또 하나의 사례다. 허스코비츠에게 문화적 초점이란 한 인민족속 안에서 주의를 끄는 중심이 되고, 그 사람들에 의해 정교하게 발전한 문화의 영역을 의미했다. 허스코비츠는 문화적 초점을 이렇게 묘사했다.

모든 문화에서 어떤 측면에서는 제도들이 더욱 복잡하고 더욱 다양한 반면에 다른 측면에서는 그렇지 않은 경향이 있다. 삶의 어떤 양상들은 발전하는 반면 나머지 양상들은 이면 안에 머무르는 이 경향은 인간 사회를 연구하는 학문 분야들에서 간략한 보고서를 쓸 때 그처럼 초점에 해당하는 측면들만을 가지고 그 문화 전체의 특징으로 삼을 정도로 현저히 눈에 띈다(Herskovits 1947:542).

한 사회에서 다른 특질들은 강조하지 않으면서 어떤 하나의 특질은 왜 강조하는 것일까? 이는 역사적 우연에 해당하는 사안이다. 하나의 문화는 일정한 방향으로 조금 기울어져 있을 수도 있고, 여기에 다른 인민과의 접촉이 더해져서 그 방향의 발전이 더욱 강조되었을지 모른다. 일단 이런 과정이 시작되면 계속되는 경향을 보이고, 하나의 큰 줄기로 성장해 나가는 그 흐름에 맞춰서 문화의 창고에서 점점 더 많은 재료들이 주조되고 재해석된다. 랠프 린턴은 각 문화가 드러내는 바와 같은 정향을 왜 선택하게 되느냐는 질문은 대답이 불가능한 질문이라고 지적했다."이와 같은 경우 각각에서 관심이 한 곳에 고착되는 모습이 나타난다. 그렇지만 이러한 고착의 원인은 고도로 복잡하고 대체로 우연적이었을 수밖에 없다."원인이 무엇이든 간에, 문화적 관심들은 일단 고착되고 나면,"그 문화의 사양(仕樣)에 대해 압도적인 중요성을 지니고, 고착된 관심에 따라 바람직한 것으로 보이는 목적에 봉사하도록 그 문화 내부의 다른 요소들을 주조한다"(Linton 1936:463).

보아스 학파는 19세기의 진화주의적 도식을 단순한 추측에 불과하다고, 자료의 한계를 한참 멀리 너머 날아간 상상의 비약이라고 봤다. 이에 비해 그들에게 문화의 선택성은 경험적 증거 자체로부터 자라나온 증명이 가능한 사실이었다. 보아스 학파 사람들은 자신들이 가장 엄밀한 방법을 훈련 받은 진지한 현장연구자라는 자아상을 가지고 있었다. 그들은 콰키우틀 족, 코만치 족, 푸에블로 족 안으로 들어가 더불어 생활했고, 문화적 천재성의 차이점들을 과학적인 사실 관찰의 일환으로서 보고할 수가 있었다. 나중 세대의 인류학자들은 과연 그들이 그랬는지를 따져 묻게 될 터였고, 보아스 학파의 현장 연구의 과학적 표준에 관해 심각한 의문을 제기하게 될 터였다. 그렇지만 이런 반응은 1930년대로 꽤나 진입한 다음에나 비로소 나왔고, 제2차 세계대전이 지난 다음에야 비로소 완숙한 경지에 도달한다.

보아스 학파에서 문화의 선택성과 관련되는 발견들은 문화적 차이를 바라보는 준거의 틀을 구성했다는 점에서 의미가 있었다. 한 사회를 다른 사회와 구별할 때 관건은 사회 구성원들의 피부색이 더 엷다든지, 그들이 사는 환경이 다르다든지, 그들의 인종이 달라서 성향도 다르다는 것이 아니다. 그들의 문화가 서로 다른 방향으로 나아간다는 것이 관건이다.

보아스 학파가 찾아낸 역사의 패턴은 문화 상대주의의 한 형태를 표현했다. 문화들이 각기 다른 방향으로 나아간다는 말은 각 문화가 추구하는 가치가 서로 다르다는 말이다. 이는 다름 아닌 문화적 가치가 추구해야 할 목표나 목적 그리고 역사의 방향을 제공하기 때문이다. 예를 들어, 이로쿼이 문화는 정치 조직에 관해 에스키모 사이에는 없는 가치를 담고 있다. 나아가, 가치들은 역사적으로 조건화된다. 가치들은 필연의 영역에 속하지 않고, 논리적, 물질적, 도덕적 필요에 부응한 결과가 아니라 가변적이고 많은 경우에 우연의 소산이었던 과거의 사정들을 반영한다. 이는 진화주의자들이 제안했던 바와 같은 문화에 관한 위계적 평가는 어떤 것도 타당할 수 없다는 의미를 가진다. 문화적 경계선을 초월하는 어떤 기준도, 또는 어떤 가치도 없기 때문에 사회들을 서로 비교해서 순위를 매길 수는 없다. 말하자면, 에스키모가 정치적 발전을 강조하지 않는다는 이유만으로 이로쿼이보다 열등하다고 평가한다는 것은 근본적인 오류가 될 것이다. 마찬가지로, 그들이 아니라 우리가 귀하게 여기는 기술적 성취를 기반으로 삼아 오스트레일리아의 원주민들을 근대 문명보다 아래로 순위를 매기는 것도 정당하지 못하다.

진화주의자들이 자기네 자신의 문화적 가치를 보편적 표준으로 사용했다는 점에서 객관성이 모자랐다고 여겨졌던 데 반해서, 보아스 학파는 가치판단을 엄격하게 배제했기 때문에 과학적 초연함의 명시적 사례라고 인식되었다. 과학에서는 일반적으로 탐구 대상에 대해 "선호의 가중치"가 주어질 수 없다고 베네딕트는 지적했다(Benedict 1934a:3-4). 과학자의 개인적인 가치 때문에 어떤 현상들이 실제보다 더 중요한 것처럼 보이는 일이 허용되면 안 되기 때문이다. 예를 들어, 선인장이나 흰개미나 성운을 연구한다고 할 때, 각 형태들에는 동등한 중요성이 주어진다. 그런데 인류를 연구할 때에는 "하나의 지역적 형태, 다시 말해 서양 문명"에 사회과학자들이 줄곧 우월한 위상을 부여해왔다. 인류학이 자기네 삶의 방식을 다른 사람들의 방식보다 높다고 보는 평가를 계속하는 한, 또는"우리와 원시인들, 우리와 야만인들, 우리 자신과 이교도들 사이의 이와 같은 구분이 사람들의 마음을 좌우하는 한", 제대로 된 인류학의 발전은 있을 수 없는 일이었다.

문화의 선택성과 문화 상대주의 사이의 관계는 원시적이라는 단어와 미개라는 단어의 의미에 관한 멜빌 허스코비츠의 논의에서 아주 분명하게 드러났다(Herskovits 1955, 1973에 재수록:26-27). 오스트레일리아 원주민들은 지구상에서 가장 원시적인 인민에 속하는 것으로 간주되는 것이 관례였지만, 그들의 혈족체계는"워낙 복잡해서 많은 연구자들이 여러 해 동안 분석을 시도했지만 실패했다"고 허스코비츠는 지적했다. 여기에 비하면 서양의 혈족체계는 부끄러울 지경이다. 왜냐하면, "우리는 심지어 친조부모와 외조부모, 형과 동생조차 구분하지 않으면서, 문자 그대로 수십 명의 친척들을'커즌'10)이라는 같은 단어로 부른다."만약 오스트레일리아 사람들에게 의미 있을 기준을 가지고 — 혈족의 가치에 의거해서 —"원시적"이라는 단어를 정의한다면, 근대 서양 사회는 하등이고 오스트레일리아 사회는 고등으로 순위가 매겨질 것이다.

그렇지만 서양 사회는 전 세계에 걸쳐 정치와 경제를 지배해 왔다. 그런 만큼 서양의 우월성을 판단하는 데 이것이 객관적인 기준이 아

---

10) 영어의 cousin은 4촌부터 시작해서 상하 좌우로 뻗어나가는 친척관계 모두를 망라한다. 세밀하게 부를 때는"second cousin once removed"(재당숙 또는 재당질) 같은 표현이 사용되기도 하지만, 이 경우에도 항렬의 고하, 부계인지 모계인지 등을 구분하지는 않는다. (역주)

니겠는가? 오스트레일리아 원주민들이 법이라든지, 노동조건이라든지, 유럽의 백인들을 위한 병원 따위를 확립하는 경우를 어디서도 찾아볼 수가 없다. 이에 대해서 허스코비츠는 유럽인들, 그리고 나중에는 미국인들이 여타 문화들에 대해 우위를 달성한 것은 하나의 기술적 장치, 특히 무기 때문이었음을 주목했다(Herskovits 1961, 1973년에 재수록:156-158). 기술적 성취라는 영역에서 우리는 쉽게 우월성을 주장할 수 있다. 그러나 그렇다고 해서 우리가 사회 조직이나 정치 구조, 예술 또는 종교와 같은 다른 영역에서도 우월하다는 뜻은 아니다. 더구나 우리의 기술적 우월성이라는 것마저 유보조건이 붙어야 한다. 왜냐하면, 문화 중에 그러한 영역에서는 "순전히 기술적인 고려만을 남기고 나머지 모든 고려를 배제하지 않는 한, 무엇이 더 낫고 무엇이 더 나쁘냐는 질문을 해결할 수 없기" 때문이다. 총이 창보다 더 효과적이라는 것은, 한 마디로 말해서, 간단하고 명백하다. 그러나 그 기술이 어떤 용도로 사용되는지를 결정하는 데에는 기술적 가치보다 훨씬 많은 사항들이 개재된다. 정치적 경제적 확장이 거기 들어가는 노력만큼 가치가 있는지 없는지를 누가 판정할 것인가?

이 대목에서 허스코비츠는 기술의 영역에서는 문화들을 관통하는 하나의 일반적 판단 기준을 찾을 수 있다고 인정했다. 이처럼 제2차 세계대전 전의 보아스 학파 인류학자들은 가치의 상대성에 관해 적어도 한 군데서는 양보했다. 보아스 학파 인류학의 다른 인물, 로버트 로위는 이 점을 더욱 자세히 예시한다. 로위는 "연장들은 명확하게 정해진 실천적 목적을 위한 고안물들"이고, 그런 만큼 과업을 얼마나 잘 해내느냐에 따라 판단될 수 있다고 지적했다(Lowie 1920:438). "그러므로 금속도끼가 돌도끼보다 우월하다는 것은 순전히 객관적인 판단이다."동물을 가축으로 기르는 것이 사냥보다 하나의 생존 방식으로서 진보된 형태라는 것도 마찬가지로 객관적인 판단이다. 이런 지점에서 우리는 "*진보적* 변화"(로위의 강조)라는 문구를 사용할 수 있을 것이다. 나아가 그는 물질적 문화에 관한 역사 기록이 시간이 지남에 따른 진보의 패턴을 보여준다고 주장한다. 인류의 역사를 통틀어서 "최소한 물질적 문화와 순수한 지식은 꾸준히 증가해 왔다(Lowie 1929:294-295)."이러한 진보의 저류에 흐르는 원리는 경제적으로 이익이 되는 발전이 하나 이뤄지고 나면, 망각되거나 폐기될 개연성이 낮다는 것이다.

반면에 로위는 이런 종류의 진보가 빅토리아 시대 인류학자들이 믿었듯이 의식적으로 그리고 합리적으로 추구된 결과는 아니라고 확신했다. 따라서 물질적 향상 욕구는 문화의 선택성을 좌우하거나 제약하는 힘이 아니다. 물질적 향상 욕구는 구성원 모두가 공유하는 가치도 아니며, 그들의 문화를 이끌어가는 가치도 아니다. 거의 참을 수 없을 정도로 추운 환경에서 살면서도 몸을 보호할 만한 의복을 전혀 고안하지 않은 티에라델푸에고 사람들의 경우를 그는 주목한다."남자든 여자든 발가벗고 다닐 때가 많고, 기껏해야 물개나 수달의 뻣뻣한 가죽으로 허리춤까지 내려오는 망토를 만들어 걸치는 정도다"(Lowie 1929:19-20). 마찬가지로, 그란차코의 인디언들도 쏟아지는 폭우를 거의 막아주지 못하는 초막에서 살았다. 캐나다의 아타바스카 족은 사나운 날씨를 막아줄 보호막으로 "초라한 천막 또는 그늘막" 밖에 없었던 데 반해, 그들과 친척으로 더 남쪽의 훨씬 쾌적한 기후에서 사는 부족들은 "따뜻한 지하의 주거를 향유했다."물질적 적응은 오로지 역사의 요동에 의해서 그렇게 선택될 때에만 하나의 문화적 목표가 된다.

문화의 선택성과 문화 상대주의 사이의 연관은 하나의 중요한 논리적 귀결로 이어진다. 하나가 확립된 경험적 사실이라면 다른 하나도 그렇게 된다는 것이다. 보아스 학파는 문화의 선택성이 타당하다는 데 의문을 가지지 않았기 때문에 문화 상대주의 역시 하나의 확립된 사실이라고 봤다. 문화 상대주의는"가장 다양한 관습들을 보유한 여러 사회의 바탕에 흐르는 가치체계들을 연구함으로써 얻어진, 지금까지는 학자들의 손이 닿지 않았던 신선한 문화교차적 자료들을 이용하여, 하나의 오래된 철학적 문제를 과녁으로 겨냥한 과학적이고 귀납적인 공격을 표상한다"고 허스코비츠는 썼다(Herskovits 1955, 1973에 재수록:4). 문화 상대주의는"인류학자들에 의해 수집된 대량의 민속학적 기록(Herskovits 1951, 1973에 재수록:39)"의 결과로 등장하게 되었으며,"여러 해 동안의 현지 연구를 통해서 확립되었다(Herskovits 1956, 1973에 재수록:90)"는 의견을 그는 표명했다.

문화 상대주의가 사실에 근거하고 있다는 허스코비츠의 생각에 관해 두 가지 점을 논급할 수 있다. 첫째, 그는 이 문제가 전제들로부터 연역적으로 추론하거나 전제들을 논리적으로 분석함으로써 해결될 수 있는 것이 아님을 시사함으로써, 상대주의를 철학의 영역에서 분리해 과학의 영역 안으로 가져다 놓았다. 상대주의의 문제는 오히려 엄혹한 자료에 의해 해결될 수 있는 하나의 경험적인 사안이라는 것이다. 이 주제는 나중에 다시 거론될 것이다. 둘째, 허스코비츠는 미국의 인류학에서 문화 상대주의가 어떻게 그리고 왜 등장하게 되었는지에 관해 하나의 역사적 설명을 제공했고, 그 설명에서 프란츠 보아스가 중요한 역할을 담당한다. 보아스는 물리학에서 인류학으로 관심을 바꿀 때, 자신의 작업에서 현지 연구에 무거운 비중을 뒀고 제자들에게도 그렇게 하라고 역설했다. 그가 보기에 물리학자의 작업은 연구실에서 이뤄지지만, 인류학자의 작업은 민속학적 자료의 수집에 해당하는 일로서 현지에서 이뤄져야 하는 것이었다. 19세기의 진화주의자들은 이에 동의하지 않았을 것이다. 그들에게 가장 주된 연구 활동은 다른 사람들이 수집해 놓은 자료들을 걸러내어 진화의 패턴을 찾아내는 일이었고, 그런 활동은 연구실에서 진행되었다. 현지 작업과 연구를 동일시한 보아스의 입장은 인류학이라는 학문을 한 층 높여 전문화하고자 했던 그의 노력과 연계되어 있었다. 왜냐하면, 인류학이 진정으로 하나의 엄밀한 과학이 될 수 있으려면, 인류학자들은 사변(思辨)을 멈추고 현지로 가야한다는 것이 그의 마음속에서는 당연한 일이었기 때문이다. 허스코비츠에 따르면, 인류학자들이 편안한 연구실을 떠나 다양한 문화들과 몸소 부닥치게 되면, 문화 상대주의는 하나의 불가피한 결말이었다.

허스코비츠의 설명은 19세기에 이뤄졌던 현지 작업의 의의를 충분히 인정하지 않는다. 스쿨크래프트와 모건의 작업은 왜 인류학이라는 분야에서 문화 상대주의의 의식을 필연코 불러오지 않았을까? 보아스 학파의 현지 연구에 힘입어 문화 상대주의가 강력한 추진력을 얻었을 수도 있지만, 이제는 현지 작업이 과거와는 발본적으로 다른 지성적 풍토, 회의주의라는 풍토 아래서 수행되었다는 점이 더욱 중요하다. 문화 상대주의의 뿌리를 이해하기 위해서는 현지 연구에 대한 보아스의 요구보다도 지적인 맥락에 주목해야 한다. 여기서 내 주장이 허스코비츠의 주장보다도 더 상대주의적이라는 사실이 역설적이다. 허스코비츠는 상대주의가 자료에 의해 우리에게 강제된다고 주장한 반면에, 내 주장은 그것이 역사적으로 조건화되었다는 것이다. 상대주의는 특정한 시간과 장소에서 팽배했던 지성적 풍토에 뿌리를 둔다.

상대주의에 관한 나의 역사적 설명은 결정적으로 중대한 하나의 논제를 제기한다. 이 논제는 이 책에서 앞으로 여러 군데에서 다시 나타날 일인 바, 여기서 잠시 옆으로 빠져서 언급해 둘 필요가 있다. 문화 상대주의 같은 인류학적 관념이 만약 역사적으로 조건화된다면, 거기에 진보나 발전의 패턴이 나타나지 않을 것이라고 생각하기가 십상이다. 상대주의 같은 관념은 단순히 해당 시대의 우연한 산물일 뿐으로서, 그것이 대체한 견해에 비해 더 나을 것도 없고 애당초 비교 자체가 불가능할 것이다. 경고: 만약 그렇다면, 이 책의 목적이 바닥부터 무너질 것이다. 일군의 관념들 사이에 아무런 방향도 없는데, 변화의 순서나 논리적 구조 따위를 왜 논의한다는 말인가? 보아스 학파의 문화 상대주의가 실로 획기적인 발전이었음을 나는 다음 장에서 제창할 것이다. 여기서는 세부 사항을 피하고, 일반적인 논지를 확립하고 싶다. 보아스의 상대주의는 어떤 경로를 통해서 등장했는지에 상관없이, 빅토리아 시대의 관점과 연결되어 있던 일정한 도덕적 난제들을 풀어낼 수 있는 분별 있는 해법을 마련해줬다. 그러한 난제들을 염두에 두면 보아스의 시각은 하나의 향상이라고 인식할 수 있다. 나중에 보겠지만, 보아스의 상대주의도 오류를 안고 있었고, 결국은 도전을 받아 변화하지 않을 수 없었다. 그러나 현재의 문맥에서 그런 사정들은 논점을 벗어난다. 일군의 관념들에 관한 하나의 역사적 설명을 받아들이는 것이 곧 그 관념들에 대한 평가의 가능성을 부인하는 것이 아니라는 점이 여기서 중요하다. 빅토리아 시대의 사고방식에 담겨 있던 난제들은 근본적인 결함에 해당했고, 역사 속의 계기를 초월하는 표준에 따라 판정할 수 있다. 시간을 거슬러 되돌아보면, 보아스 학파가 일으킨 변화에 누구든 공감을 느끼지 않기가 어렵다. 선택을 해야 한다면, 반대편 관점보다는 보아스의 상대주의를 취하지 않기가 어려울 것이다.

물론 보아스 학파에 대한 그와 같은 공감이라는 것이 그 사람이 속한 시대의 지적 풍토를 반영하는 것 아니냐, 또는 보아스 학파를 평가할 때 우리가 사용하는 표준이라는 것이 역사적으로 조건화된 것 아니냐는 반론이 가능하다. 그렇지만 보아스의 (또는 어느 누구의) 사유체계를 살펴볼 때 우리가 역사적으로 조건화된 문화적 시각을 취할 수밖에 없다는 사실 때문에 우리 자신의 비판적 역량이 부정되지는 않는다 — 우리는 우리의 문화적 시각을 지성적으로 그리고 비판적으로 사용할 수 있다. 우리 자신의 시대와 문화가 가지는 한계를 넘어서는 타당성을 합당하게 주장할 수 있는 하나의 판단 기준에 우리가 도달할 수 있는 가능성도 그 때문에 부정되지 않는다.

지금까지 나는 미국의 인류학에서 출현한 문화 상대주의는 보아스의 사상 중에 두 가지 서로 약간 다른 부분들과 연관되었음을 적시했다. 첫째, 보아스와 그 추종자들이 인식했던 전파론은 서양의 문화적 창고에서 아주 많은 분량이 다른 사회들로부터 전해진 것이므로 서양 사람들이 자신의 성취에 대해 모든 공로를 전적으로 차지할 수는 없다는 함의를 가진다. 둘째, 문화의 선택성이라는 원리에는 진보와 성취에 관한 우리의 관념이 우리 자신의 문화적 선호를 반영하기 때문에 절대적 판단 기준이 될 수 없다는 함의가 수반된다. 이에 덧붙여, 보아스의 사상의 세 번째 특징 역시 이렇게 새로운 모습으로 나타난 문화 상대주의 안에 포함되는데, 이것은 앞의 두 가지 특징보다 훨씬 미묘한 문제이자 장기적으로는 어쩌면 셋 중에 가장 중요한 문제지만, 보아스 학파 사람들은 스스로 충분히 의식하지 못했던 것이기도 하다. "문화"라는 용어가 의미상으로 매우 심중한 변화를 겪었다는 점이 그것이다. 그 변화가 어떻게 일어났는지, 또는 그 변화의 한가운데서 활동했던 사람들이 왜 그러한 변화를 그다지 이해하지 못했는지에 관한 설명은 시도하지 않을 것이다(Stocking 1968a:133-307 그리고 Hatch 1973a:13-73을 보라). 그러나 그 변화라는 것이 무엇인지, 그리고 그것이 어떻게 새로운 문화 상대주의와 관계되는지는 서술할 필요가 있다.

변화의 핵심은 이것이다. 빅토리아 시대 인류학자들이 그 용어를 사용할 때 문화의 결정적인 요소는 지능이었던 반면, 보아스 학파에는 학습이 결정적인 요소였다. 19세기의 문화진화론자들에게는, 사람들이 살아가는 인공적인 문화라는 맥락은 합리적인 정신이 다소간 의식적으로 창조한 결과다. 가령 춥고 습한 기후로부터 보호를 확보할 필요에 직면하면, 정신은 해법을 고안한다는 식이다. 이와 같은 판본의 문화라고 해서 학습을 부인하는 것은 물론 아니다. 좋은 교육을 받기 위해 그리고 문명을 한껏 향유하기 위해 어린이들이 학교에 가야 한다고 추정했을 따름이다. 다른 사람들이 이미 알고 있는 것을 매 세대가 번번이 새로 발견해야 할 필요는 없다. 그렇지만 분석의 궁극에 이르면, 학습 자체가 지능의 문제라고 생각되었다. 어린이는 (0의 개념처럼) 혼자서는 발명해낼 리 없는 사항들을 학교에서 배우지만, 일단 그런 사항들이 눈앞에 펼쳐지면 그것의 유용성과 가치를 알아챌 만한 지각능력이 있기 때문에 그것들을 받아들인다.

20세기 보아스 학파의 문화관에서는 학습이 사뭇 다르게 이해된다. 이러한 차이의 저변에는 최소한 두 가지의 혁신이 깔렸다. 첫 번째로는, 학습이라는 것이 이제는 이성의 문제인 만큼이나 감정의 문제이기도 하다고 여겼다. 보아스에 따르면, 우리의 믿음과 실천이 얼마나 합리적이고 얼마나 양식 있는 것이든지에 상관없이, 일단 학습하고 나면 우리는 그것에 감정적인 애착을 가지게 되므로 모든 학습에는 획득된 패턴에 대한 강력한 헌신이 중요한 요소로서 수반된다. 일탈 행위는 사회구성원들에게 용납되지 못한다는 점에서 문화적 믿음과 실천은 감정과 결부되어 있다고 말함으로써 보아스는 이 점을 정립했다(예컨대, Boas 1938:204-225). 하버드 대학교의 인류학자이고 보아스의 가장 유명한 추종자 중 한 명인 클라이드 클루콘은 이렇게 썼다.

일단 …… 어떤 상황을 처리하는 방식이 제도화되고 나면, 변화 또는 일탈에 대해 강한 저항이 있는 것이 보통이다. "우리의 신성한 믿음"이 운위된다는 것은 물론 그런 믿음은 비판의 여지가 없고, 그것을 고치거나 폐기하자고 제안하는 사람은 처벌 받아야 한다는 뜻이다. 어떤 사람도 자신의 문화에 감정적으로 무관할 수는 없다. 문화적 전제들 가운데 일부는 새로이 등장하는 사실적 상황과 모든 면에서 어긋날 수 있다. 사회의 지도층은 이를 인지하고, 과거의 방식을 이론상으로 거부할 수 있다. 그러나 유년시절 초기에 이뤄진 내밀한 조건화 때문에 그들의 감정적 충성심은 이성에 맞서 지속된다(Kluckhohn 1949:26).

새로운 판본의 문화 개념의 저변에 깔린 두 번째 혁신은 무의식이라는 개념, 또는 더욱 정확하게 말하면, 무의식적 패턴 또는 무의식적 과정이라는 개념이다. 19세기 인류학자들은 인간의 행태에 관해 무의식적 차원이라는 발상을 대체로 알지 못한 채 활동했다. 설사 그들이 이 문제에 관해 생각을 해봤더라도, 학습의 과정은 의식의 수준에서 일어나며, 사람들은 학습할 때 *생각한다*고 말했을 것이다. 의식적인 지성을 거치지 않는 한, 정신으로 들어오는 것은 거의 없거나 아예 아무것도 없다. 마찬가지로, 문화는 의식적인 사고의 수준에서 포착된 관념들과 실천들로 이뤄진다. 그러므로 사람들에게 자신의 생활방식을 묘사해보라고 요청하기만 해도 그 문화 전체를 알아내기가 원칙적으로 가능해야 맞다. 사람들의 의식 너머에 깊숙이 자리 잡은 패턴들을 끌어내기 위해서 세밀한 기법들이 필요하다는 생각은 빅토리아 시대 인류학자들에게는 떠오를 수 없었을 것이다. 보아스는 20세기로 넘어오는 시기에 이를 변화시킨 일군의 저자들 가운데 한 명이었다 (Hughes 1958 그리고 Hatch 1973a:37–40, 50–57, 65–71을 보라). 그가 보기에는, 관습이란 (대부분을 우리가 어릴 때 학습하는) 사유와 행태의 습관적 패턴으로서, 일단 우리가 그것을 터득하고 나면 문법 규칙들처럼 "자동적으로" 그리고 "아무 생각 없이" 준행된다. 현대적인 의미에서 무의식의 체계가 있다는 뜻을 그가 반드시 함축했던 것은 아니지만, 인간 행태 안에서 진행하는 많은 부분이 의식적인 사고가 아니라 정신 안에서 잘 보이지 않는 패턴으로부터 나온다는 점만은 분명히 지적했다.

무의식에 관한 보아스의 견해는 문법 규칙들, 신화 이야기들, 예절의 양식들, 그리고 예술적 고안의 원리들을 비롯한 여러 가지 서로 다른 패턴들이 학습되어 한데 묶인 하나의 다발을 이룬다는 견해였던 것으로 보인다. 그의 작품에는 프로이트의 이론에서 보이는 것과 같은 무의식적 인성 구조나 무의식의 동학(動學) 같은 관념은 보이지 않는다. 보아스가 찾아낸 무의식의 동학은 일차적으로 일관성이라는 동학이었다. 정신은 스스로 담고 있는 패턴들 가운데서 어느 정도의 일관성을 지향하면서 작동하는 일반적인 경향이 있다.

빅토리아 시대 인류학자들은 문화라는 말로써 합리적인 창작물들을 의미했다. 보아스 학파에게 문화는, 우리가 보유하고 있는지 거의 감지하지 못하지만 만약 거기에 어긋나는 일이 발생할 때는 몹시 강한 역겨움을 느끼게 되는 — 의복이나 예절의 패턴과 같은 — 무의식적이고 감정적인 패턴들로써 대략 구성되는 것이었다. 야한 복장 또는 분위기에 어울리지 않는 복장을 (또는 아무것도 걸치지 않은 사람을) 길거리에서 마주쳤을 때, 또는 점잖은 식당에서 물잔 위에 엎어지거나 음식을 엎지르는 사람을 만났을 때 우리가 경험하게 되는 감정적인 반응은 이성이나 지성과는 아무런 상관이 없다. 보아스 학파가 보기에 개인적 행태의 대부분은 이와 같은 종류의 무의식적이고 감정적인 패턴의 표현일 뿐이다. 우리가 하는 일의 대부분을 설명한다는 점에서, 그리고 한 문화의 창고에서 대부분을 차지하는 분량이 이런 종류의 패턴들로 구성된다는 점에서 이것은 인간의 특징 가운데 가장 중요한 부분이다. 더구나 빅토리아 시대의 인류학자들은 이런 것이 있다는 사실 자체를 거의 알지 못했다. 보아스 학파에게는 문화의 가장 중요한 부분이었던 것이 빅토리아 시대 인류학자들의 문화 개념에는 거의 완전하게 빠져 있었다.

보아스 학파라고 해서 의식적이고 합리적인 차원을 인간의 특징 또는 문화에서 전적으로 제거했던 것은 아니다. 다만 인간의 합리성을 아주 다른 방식으로 이해했을 뿐이다. 빅토리아 시대의 인류학자들이 보기에 합리적 사고에 대한 한계는 주로 지성에서 비롯했다. 열등한

106

정신은, 말하자면, 게으른 행태 또는 부정직에 무엇이 함축되어 있는지를 보지 못하고, 어떤 사안에 관해서도 철저하게 사유하지 못하는데 반해, 가장 똑똑한 사람들은 순전히 지성의 힘만 가지고 진리이면서 동시에 더욱 행복한 실존에 도달할 수가 있다. 그렇지만 보아스가보기에, 합리적인 사유 과정이라는 것은 문화 가운데 지성보다는 감정적이고 무의식적인 패턴들에 의해 더 많은 제약을 받는다(Hatch 1973a:54-56). 우리가 이렇게 또는 저렇게 행동할 때, 왜 그렇게 행동하는지에 관해 제시하는 이유를 예로 살펴보자. 타일러 또는 스펜서같은 빅토리아 시대의 인류학자들은 자기들의 행동에 관해 — 왜 식사할 때 나이프와 포크를 사용하는지, 구두를 신고 모자를 쓰는지, 일요일에 쉬는지 — 사실상 모든 행동에 관해 분별 있는 정당화를 제시할 수 있었을 것이다. 그렇지만 보아스는 이런 식의"이유"라는 것이 단지 사후적 합리화에 불과하다고 봤다. 실상은 전혀 합리적이지않고 단지 관습적일 뿐인 행태의 패턴들을 정당화하는 데 불과하다는것이다. 빅토리아 시대의 인류학자들은 자기들 스스로 지어낸 얘기를사실로 믿은 오류를 범했던 셈이다.

이성이 감정적이고 무의식적인 패턴에 의해서 가장 영향을 덜 받는삶의 영역은 과학이다. 그러나 보아스에 따르면, 여기서도 지성은 전혀 자유롭지 않다. 예를 들어, 과학자마저도 자신의 이론에 애착을 가지게 되고, 상반되는 증거에 직면하더라도 자신의 이론을 포기하지 않으려고 저항한다(Boas 1938:224). 이와 같은 의미에서 지성적인 삶이 감정적인 삶과 분리되는 경우는 결코 없다. 뿐만 아니라, 이런 것들과 별도 차원의 패턴들, 다시 말해 무의식적이고 직관적인 사유의 패턴들역시 그 과학자가 세계를 바라보는 방식에 영향을 미친다. 언어적인 패턴이 하나의 예다. 시제와 법11)과 같은 문법적 형식들이 과학자의 사유 방식 및 지각 방식의 구조를 좌우하며, 그런 일들은 아무도 눈치채지 못하는 사이에 벌어진다. 상이한 언어의 사용자들이 세계를 분석하는 방식에는 아주 미묘한 차이들, 그리고 어쩌면 때로 굉장히 주요한 차이들이 있다는 결론이 뒤따른다. 심지어 가장 비판적인 관찰자라고 하더라도 그의 관찰에는 문화적인 추정들과 세계관이 또한 영향을 미친다.

보아스의 제자 가운데 가장 많은 저술을 남겼고 가장 큰 영향을 미친 사람 중의 하나인 알프레드 크뢰버는 1917년에 인간의 행태와 사유에서 문화의 역할을 상세하게 헤집어 밝힌 논문 한 편을 출판했다. 생체적인 행태와 문화적 또는 초생체적인 행태가 하나의 중요한 차이에 의해서 구분된다는 것이 논문의 주지였고, 이를 예시하기 위해서 그는 개와 고양이의 발성과 사람의 발성을 비교했다. 표면적으로 볼 때 말의 형태들은 아주 흡사한 것처럼 보이지만 실제로는 전혀 비슷하지 않다고 크뢰버는 말한다. 만약 한 마리의 강아지가 한 배에서 태어난 고양이 새끼들과 같이 자라면서 다른 개들과 전혀 접촉하지 않더라도, 그 강아지는 여전히 개의 음성 패턴을 가질 것이다. 그 강아지는 짖고 으르렁거리겠지만, 야옹거리거나 식식대지는 않을 것이다. 난생 처음으로 다른 개가 짖는 소리를 들었을 때, 그 강아지는 여느 개가 다른 개에게 하듯이 반응할 것이고 고양이가 개에게 하듯이 반응하지는 않을 것이다. "개의 발성은 개의 본성의 근절할 수 없는 일부로서, 이빨이나 발 또는 위장이나 동작 또는 본능이 그렇듯이,

---

11) 법(mood) : 가정법, 접속법, 직설법, 명령법 등의 차이를 가리킨다. (역주)

개의 생체의 완전한 일부로서 훈련이나 문화가 없이도 개의 본성 안에 전적으로 내재한다"고 크뢰버는 썼다(Kroeber 1917:170). 개의 발성은 태생적이거나 생체적이다. 이와는 대조적으로, 조상 대대로 영어를 말한 혈통에서 태어난 영국인의 유아가 만일 태어나자마자 중앙아프리카로 수송되어 반투어 사용자들에 의해 양육된다면, 아이는 영어는 말하지 못할 것이고 양부모들이 사용하는 반투어에 완벽하게 능통할 것이다. 어른이 되어 영어를 배우려고 하더라도 영어 배우기가 여타 태생적인 반투어 사용자들과 마찬가지로 쉽지 않을 것이다. 크뢰버가 보기에, 언어는 생래적인 것이 아니라 학습되는 것이다. 문화의 여타 요소들과 마찬가지로 언어는 "초-생체적(超-生體的)"이다.

타일러를 비롯한 여타 19세기 문화진화론자들도 언어에 관한 크뢰버의 주장에 어느 정도 동의했을 것이다. 타일러에 따르면, 모든 곳에서 사람들은 발성 패턴에서 자명한 수준의 소리와 몸짓을 넘어 관습적인 언어의 형태를 통해서 소통한다. 그 이유는 (목소리가 떨리면 추위를 시사하는 것과 같은) 자명한 발성의 양식만으로는 일상적인 필요를 위해 충분히 효율적이지도 정확하지도 않기 때문이다. 따라서 소통을 향상하기 위해 자명한 발성의 양식에 대한 수정이 여기저기서 일어났다(Tylor 1881:chs. 4-5). 이렇게 향상된 점들은 학습되어야 했기 때문에, 반투어를 사용하는 아프리카에서 영국인 아이가 양육된다면 그 아이는 영어가 아니라 반투어를 말하게 되고, 영어 단어나 표현을 처음 들었을 때 자동적으로 이해할 수는 없게 된다. 그러나 타일러라면 동시에 반투어의 어떤 갈래보다도 영어가 더욱 발전된 언어라고 주장했을 것이다. 추상적인 생각들을 더욱 정확하게 표현하기에 영어가 더 낫고, 자명한 소리의 수준으로부터 더욱 멀리 발전해왔기 때문이다.

더구나 전형적인 아프리카의 토착인은 전형적인 영국인만큼 지능이 발달하지 못했다고 그는 추정했다. 타일러가 보기에는, 아프리카에서 양육된 영국인 아이는 더욱 지성적인 인종의 후예이기 때문에 영어를 여타 아프리카인들보다 더 빠르고 더 완전하게 배울 수 있을 것이다. 그의 지능에 영어가 더욱 완벽하게 어울리기 때문이다.

타일러와 크뢰버는 언어와 관련한 다른 사안에서도 의견이 달랐을 것이다. 크뢰버는 문법 규칙과 음운 규칙 등과 같은 언어적 패턴의 무의식적 본질에 더 많은 비중을 뒀다. 크뢰버가 보기에는, 어떤 언어든지 그 구조적 규칙 가운데 아주 커다란 부분은 의식적으로 자각할 수 있는 수준보다 깊은 곳에 위치하고, 어린 시절 알지 못하는 사이에 흡수되며, 언어적 분석의 과제는 이와 같은 무의식적 패턴을 탐색해 내는 데 있다. 반면에 타일러는 언어를 일차적으로 하나의 의식적인 과정으로 봤다. 원시 언어의 반복성에 관한 그의 논의가 좋은 실례다. 모든 언어가 일정한 정도의 반복성을 보인다. 영어에서는 예컨대 동사가 주어와 일치해야 하는데, 이런 의미에서 동사는 주어를 "반복하는"셈이다. 이런 종류의 반복성이 원시 언어에서는 훨씬 많이 발현된다고 타일러는 믿었다. 동사의 시제 또는 주어의 (또는 기타 등등의) 성별 등이 발화의 도처에서 단어의 형태로 시시때때로 반복된다. 왜 그러는 것일까? 화자와 청자로 하여금 말해진 것을 기억하도록 도움을 주기 위해서다. 이 사람들은 우리보다 정신이 덜 발달된 원시 인민이기 때문에, 소통을 위해서 그와 같은 보조 장치가 필요하다. 언어적 반복성은 말해지고 있는 내용을"가장 우둔한 청자에게도 분명하게 만든다"고 타일러는 지적했다(Tylor 1881:148). 그런 반복성이"아프리카의 야만인들 사이에서는"만개한 반면에,"근대

유럽의 언어, 특히 우리 언어"에서는"대부분 사라졌다". 유럽인들 사이에서 반복성이 거의 사라진 까닭은"아마도 지능이 발전함에 따라 그런 것은 더 이상 필요하지 않게 되었기 때문일 것"이라는 의견을 내놓았다(Tylor 1881:150). 타일러에게는 언어의 패턴을 이해하기 위해 바라봐야 할 것은 의식적인 지성이지 무의식의 영역이 아니다.

크뢰버와 타일러 사이의 이런 차이는 언어 습득이라는 주제에 관한 차이로 연결된다. 발성에 관한 타일러의 견해는 다른 언어를 배울 때 지능이 중요한 요인이라는 함축을 담고 있다. 개명된 유럽인이 미개한 티에라델푸에고 또는 호텐토트의 언어를 배우기는 그들이 우리 언어를 배우기보다 원칙적으로 쉬울 것이 틀림없다. 크뢰버의 관점에서 보면, 모든 언어는 무의식의 수준에서 보유되고 있는 문법적 형태들을 대단히 많이 포함하고 있다. 개명된 유럽인이 티에라델푸에고 또는 호텐토트 말을 배울 때나, 후자 사람들이 영어나 프랑스어를 배울 때나, 마찬가지 장애물을 극복해야 한다.

「초생체적인 것들」에 관한 크뢰버의 논문은 또한 역사에서 위인 또는 천재가 수행하는 역할에 관한 고전적인 주장을 담고 있다. 주요 발명, 발견, 또는 정치적 정복 같은 인류의 진정한 위업들이 특정 개인 또는 천재들의 비상한 능력에 기인한 정도는 얼마일까? 개인들 사이에 선천적인 차이가 있고, 남자 또는 여자 중에는 지성의 힘으로 역사의 진로를 바꿀 가능성이 남보다 더 큰 사람들이 있다고 크뢰버도 동의한다. 그렇지만 천재라고 해도 문화적 관념들과 세력들이라고 하는 맥락 안에서 작동하는 것이며, 이 맥락이 더욱 중요하다."하나의 발명 또는 발견이라는 것은 위대한 인간의 성품 또는 그의 혈통의 성품으로부터 태어나는 것이 전혀 아니고, 그는 수백만 명의 다른 사람들과 더불어 태어난 문명의 산물"이라고 그는 썼다(Kroeber 1917:196).

천재성의 발현은 대체로 사회적 세력의 문제다. 찰스 다윈이 대단한 정신적 능력을 가졌다는 점을 크뢰버는 인정한다. 그러나 만약 다윈이 앞 시대에 태어났거나 또는 어떤 다른 사회에서 태어났다면, 자연선택의 원리에 도달하지 못했을 것이다. 그의 연구 작업에 필요했던 문화적인 관념들이 거기에는 없었을 테니까 그렇다. 나아가, 만약 그가 나중에 태어났다면, 누군가 다른 사람이 이미 그 이론에 도달했을 것이다. 당시 서양 사회에서 발흥하고 있던 지적인 발전들을 감안할 때, 그 이론의 출현은 불가피했기 때문이다. 실제로도 다른 사람, 즉 월러스가 다윈과 거의 같은 시기에 자연선택이라는 발상에 도달했었고, 최초로 출판한 사람이 쉽게 될 뻔했었다. 실제로 일어난 발명들이 불가피했었다는 자신의 입장을 뒷받침하기 위해 크뢰버는 동시에 일어난 일련의 발견들을 인용한다. 예를 들어, 전화의 발명과 산소의 발견은 여러 사람들에 의해서 각기 따로 이뤄졌다. 성운 가설, 해왕성이 존재한다는 예측, 증기선의 발명, 사진술의 발명 등도 마찬가지였다. 이 목록은 계속해서 이어갈 수 있다. 발견들은 "실제로 발명한 사람들의 인성에 직접 의존하지 않고 …… 그 사람들이 없었더라도 이뤄졌을 것"이라고 크뢰버는 썼다(Kroeber 1917:201).

천재에 관한 크뢰버의 논의에는 개인이라는 것이 타고난 지성과 능력에 따라서 자유롭게 창조하고 혁신하는 하나의 자율적인 행위자가 아니라는 함축이 담겨 있다. 우리는 모두 하나의 문화적 맥락 안에서 활동하며, 문화적 맥락은 우리가 생각하는 방식과 내용에 엄청난 역할을 수행한다.

112

앞에서 나는 "문화"라는 용어의 의미가 보아스 학파와 빅토리아 시대 인류학자들에게 서로 달랐다고 말했다. 특히 보아스는 문화 개념을 발본적으로 변혁했고, 오늘날 통용되는 문화 개념은 본질적으로 그의 의미이다. 현재 살아 있는 인류학자들 중에서 무작위로 표본을 추출하여 문화의 주요 속성 하나를 말해보라고 묻는다면, 사유와 행태의 틀을 잡는 데서 주된 역할을 수행한다는 대답이 가장 많을 것이다. 이것은 오늘날 미국에서 행해지는 거의 모든 문화인류학 개론 과목에서 두드러진 자리를 차지하는 논제다. 그러나 이런 논제가 빅토리아 시대의 인류학자에게는 별로 의미가 없었을 것이다. 그 시대 인류학자에게는 이성이 행태를 규율하며, 문화라는 것은 단지 역사가 진행하는 가운데 고안되어 온 합리적인 실천들이었을 뿐이다. 문화가 행태에 영향을 미친다는 진술이 오늘날 무슨 뜻을 가지는지를 타일러나 모건에게 설명하려면 하나의 정교한 설명이 필요할 것이다. 오늘날 "문화"라는 것이 무엇을 의미하는지를 그들에게 설명한다는 것은 한 언어에서 사용되는 단어를 다른 언어에서 비슷한 단어로 번역하는 셈과 같을 것이다.

문화의 새로운 의미는 문화 상대주의에 대단한 함의를 지닌다. 사유 과정은 언제나 문화의 매개를 통해서 일어난다. 문화의 매개라는 것은 부분적으로 감정적이다(또는 가치개입적이다). 그리고 어쨌든 문화의 매개는 대체로 우리가 자각하지 못한다. 우리는 언제나 하나의 문화적 관점에서 지각하고 (그리고 판단하고), 우리의 지각과 판단은 그러므로 그러한 문화적 관점에 상대적이다.

보아스의 상대주의는 분수령과 같은 사안이었다. 지구가 하늘의 중심이라는 중세적 관념을 변화시킨 코페르니쿠스의 혁명에 혹시라도 비견할 만큼 사람들의 주목을 끈 발전은 아니었다. 코페르니쿠스는 우주에서 인간이 차지하는 위상을 근본적으로 재정의하는 데 기여했다. 그의 태양계 이론에는 지구도 인류도 공히 당시까지 전통적으로 부여받고 있던 우주적 중요성을 가지지 않는다는 함의가 수반되었기 때문이다. 보아스의 공헌도 이런 점에서 비슷한 의미를 가지며 획기적인 것이기도 했다. 보아스의 상대주의에는 근대 문명이 스스로 자처했던 만큼의 중요성을 가지지 않는다는 함의가 수반되었다. 세계에서 우리가 서 있는 위상이 이로써 근본적으로 재정의된 것이다. "미개한"과 "원시적"이라는 등의 용어에 대한 보아스의 반응은 새로운 자아상을 보여주는 표지였다. 이런 단어들은 보아스가 배척했던 문화의 서열을 함축하기 때문에 인류학자의 사전에서 명시적으로 삭제되었다. "미개한"과 "개명된"이라는 식의 용어 대신에 보아스 학파는 다만 "문화들"에 관해서 말하는 방향을 선호했다. 그들의 마음속에서 "문화"는 우월하다든가 열등하다는 식의 함의를 전혀 수반하지 않는 용어였다.

더 읽을 만한 문헌

베네딕트의 상대주의가 나타나는 주된 전거는 *Patterns of Culture*(Benedict 1934a)와 "Anthropology and the Abnormal"(Benedict 1934b)이다. 허스코비츠가 문화 상대주의에 관해 쓴 주된 저술들은 *Cultural Relativism*(Herskovits 1973)이라는 제목으로 집성되어 출판되었다. 이 논제에 관한 허스코비츠의 저술들은 주로 제2차 세계대전 이후에 나왔기 때문에 약간 시대착오적인 면이 있다. 그렇지만 그의 생각들은 전쟁 전에 무르익었고, 상대주의에 관한 그의 견해들은 1950년대 이후가 아니라 1930년대의 인류학적 사유와 보조가 맞는다.

19세기 미국 인류학에 관한 유익한 저술로는 다음과 같은 몇 개를 들 수 있다. Robert Bieder, "The American Indian and the Development of Anthropological Thought in the United States, 1780−1851"(1972); Timothy Thoresen이 편집한 *Toward a Science of Man: Essays in the History of Anthropology*(1975)에 수록된 Robert Bieder와 Thomas Tax의 논문; Curtis Hinsley, "Amateurs and Professionals in Washington Anthropology, 1879−1903"(1976); Jacob Gruber, "Horatio Hale and the Development of American Anthropology"(1967); A. I. Hallowell, "The Beginnings of Anthropology in America"(1960); Regna Darnell, "Daniel Brinton and the Professionalization of American Anthropology"(1976); Neil M. Judd, *The Bureau of American Ethnology*(1967); 그리고 Nancy Oestreich Lurie, "Women in Early American Anthropology"(Helm, ed., 1966에 수록). George Stocking, *Race, Culture, and Evolution*(1968a)에는 19세기 미국 인류학에 관한 아주 풍부한 자료들이 도처에 산재한다.

19세기에서 20세기로 넘어오는 시기에 미국 인류학의 발전에 관한 책으로는 두 개가 두드러진다. 첫째는, 비록 자료들이 여러 장에 걸쳐 분산되어 있기는 하지만, Stocking, *Race, Culture and Evolution*(1968a). 둘째는 Regna Darnell 의 박사학위 논문,"The Development of American Anthropology, 1880-1920: From the Bureau of American Ethnology to Franz Boas"(1969).

보아스 학파의 인류학에 관해서는, 품질이 들쭉날쭉하기는 하지만, 아주 많은 문헌들이 있다. George Stocking이 쓴 세 편의 논문에서부터 출발해볼 만 하다."The Scientific Reaction Against Cultural Anthropology, 1917-1920"(Stocking 1968a에 수록),"The Basic Assumptions of Boasian Anthropology"(Stocking 1974),"Ideas and Institutions in American Anthropology"(Stocking 1976). 다른 논의들은 (그리고 추가적인 전거들은) 다음과 같은 책에서 찾아볼 수 있다. Marvin Harris, *The Rise of Anthropological Theory*(1968:250-421); Elvin Hatich, *Theories of Man and Culture*(1973a:37-161); John J. Honigmann, *The Development of Anthropological Ideas*(1976:192-231); Fred W. Voget, *A History of Ethnology*(1975:317-339, 361-383, 402-425); 그리고 Annemarie de Waal Malefijt, *Images of Man: A History of Anthropological Thought*(1974:215-255).

제4장 관인의 요청

앞선 두 개의 장에서 나는 역사적 양식으로 썼다. 이번에는 철학적 양식으로 선회한다. 윤리적 상대주의가 건전한 것인지를 따져 묻기 위해 윤리적 상대주의를 면밀하게 살펴보는 것이 이 장의 목적이다. 보아스 학파에게 윤리적 상대주의는 물론 건전한 것 이상이었다. 그들에게 그것은 불가피한 것이자, 경험적 사실과 건전한 양식이 공히 우리에게 받아들이라고 명령하는 하나의 도덕철학이었다. 그렇지만 이 주제에 관한 문헌들에서 나타나는 놀라운 패턴을 보면 궁금한 생각이 들지 않을 수 없다. 윤리적 상대주의자들은 대체로 인류학자들이고 철학자는 별로 없다. 그리고 윤리적 상대주의를 변호하는 주장도 주로 인류학 문헌에서나 찾아볼 수 있다. 미국에서는 두 사람의 옹호자가 특히 두드러지는데, 멜빌 허스코비츠와 루스 베네딕트가 그들로서 두 사람 모두 보아스의 제자였다.12) 철학자들은 어떤 다른 윤리 이론을 주

117

장하는 와중에 비판의 대상으로 윤리적 상대주의를 거론하는 것이 보통일 정도로, 거의 예외 없이 못마땅해 한다.

인류학자들에 의해 제창된 윤리적 상대주의에는 적어도 두 갈래 아주 상이한 판본이 있다. 이 둘은 각기 결함과 장점이 있기 때문에 이 둘을 구별해야 한다. 첫 번째 것은 때때로 회의주의의 한 형태로 (나중에 보겠지만 이런 분류는 오류다) 분류되는데, 나는 이것을 윤리적 상대주의의 보아스적 판본이라고 부르기로 한다. 이것은 제3장에서 서술된 미국 인류학에 나타난 상대주의의"고전적"형태로서, 제2차 세계대전이 일어나기 전 수년 동안 대서양의 서편에서 상당한 위세를 떨쳤다. 윤리학에서 회의주의란 옳거나 그른 것은 기실 아무것도 없다든지, 정당성을 합당하게 주장할 수 있는 도덕 원리 같은 것은 전혀 없다는 입장을 가리킨다. 이런 입장과 보아스의 입장은 한 가지 주된 요점에서 다르다는 사실이 지적되어 왔다. 옳고 그름을 구별하는 여러 가지 원리들은 각기 일정한 타당성을 가지지만, 그런 원리들은 오로지 그 원리가 통용되는 사회의 구성원들에게만 정당한 만큼, 타당성이 제한된다는 함의가 보아스의 상대주의에 담겨 있다는 것이다(Ladd 1973:9). 미국 중류계급의 가치는 중류계급 미국인들에게 타당하지만, 트로브리안드 제도의 주민들에게는 타당하지 않다. 후자의 가치 역시 자신들에게 타당하지만 전자에게는 타당하지 않다.

보아스의 윤리적 상대주의에 대해 철학자들은 다양한 반론을 제시

---

12) 윤리적 상대주의에 관한 논의를 주도하는 저자 목록에 예일 대학교 사회학자였던 윌리엄 그레이엄 섬너를 첨가해도 괜찮을 것이다. 그의 *Folkways*(Sumner 1906)를 보라. 미국의 국경을 넘어 가면, 네 번째 이름이 추가되어야 한다. 활동기 대부분을 런던 대학교에서 보냈던 인류학자 에드워드 웨스터마크다. 그의 *Ethical Relativity*(Westermark 1932)를 보라.

했다. 설득력이 낮은 반론도 있고 그보다는 일리가 있는 반론도 있는데, 반론들 사이에 모종의 논리적인 순서가 나타나는 경향이 있다. 마치 순번을 정해놓고 비판적 반론을 전개하는 양으로, 처음에는 자신의 윤리적 상대주의가 엄정하게 객관적이라는 보아스의 믿음, 다른말로 표현하면 윤리상대주의가 다른 인민족속을 평가할 때 가치판단을 배제한다는 보아스의 믿음을 공격한다. 이 반론에 따르면, 보아스의 상대주의는 본질적으로 하나의 특정 가치에 중심적인 지위를 부여하는 도덕 이론이다. 프랭크 하르퉁은 윤리적 상대주의는 비록"스스로 객관적이라고 자처하지만", 실상은"은밀하게 도덕적"이기 때문에, "겉과 속이 다르다"고 비평했다(Hartung 1954:118). 관인을 호소하는 요구 안에 가치 판단이 어느 정도 은밀하게 담겨 있다. 다른 사람들의 삶의 방식을 우리는 존중*해야 한다*고 주장하는 셈이 아닌가! 보아스 학파는 마치 화학자가 분자들 사이의 차이를 바라보듯이 마찬가지로 냉정하게 문화적 차이들을 바라본다고 자처하지만, 화학자는 일정한 원소들의 속성을 조종하거나 억제하는 데 아무런 도덕적 가책을 느끼지 않는다. 이와는 대조적으로, 허스코비츠는 이렇게 썼다. "문화 상대주의의 핵심은 차이를 존중함으로써, 상호존중을 통해서 기약되는 사회적 기강이다. 하나가 아니라 여러 가지의 생활방식에 가치가 있다는 강조는 각 문화 안에 담겨 있는 가치에 대한 긍정이다"(Herskovits 1955, 1973에 재수록:33).

　보아스의 윤리적 상대주의는 엄밀하게 말해서 단연코 회의주의의 한 형태가 아니다. 가치의 일반적 표준이 없다고 주장하지 않기 때문이다. 윤리적 상대주의는 오히려 모든 사회에서 지켜져야 할 가치의 일반적 표준을 하나 제공한다. 당연히 나바호 족이든, 트로브리안드 제도 주민이든, 사모아 사람이든, 중류계급 미국인이 다른 인민들에 대해서 관인하는 자세를 가져야 하듯이 그들도 다른 인민들에 대해 관인해야 할 것이다. 그리고 역으로 그들 역시 미국인들과 마찬가지로 불관인 때문에 심판을 받을 수도 있다. 허스코비츠는 관인은 일방적일 수 없다고 지적했다(1956, 1973에 재수록:94). 우리가 문화적 차이에 경의를 표해야 할 뿐만 아니라, 다른 인민들도 마찬가지로 그래야 한다.

관인이라는 주제는 보아스 사상의 주요 특질이다. 그것이 없다면 상대주의의 문제가 약간 사소한 것 또는 약간 밀교적인 것처럼 비쳤을 것이다. 가치가 문화에 따라 가변적이라는 진술을 보아스 학파는 "사실"이라고 보면서 주장하는데, 이 자체는 나비들의 색깔이 서로 다르다는 사실처럼 하나의 흥미로운 소여(所與) 이상이 되지 못한다. 19세기 진화주의자들이 자기네 작업에 자신의 문화적 편향성이 영향을 미치도록 방치했던 경향이라든지, 보아스가 자신의 편견을 스스로 얼마나 극복했는지 등은 전문적 완숙도에 관한 사안일 따름이다. 이와 달리 관인의 요청은 인권과 자기결정에 관한 자유주의 철학에 대한 호소였다. 다른 인민들도 자기네 각자가 보기에 알맞은 방식으로 자기네 일들을 처리할 수 있어야 한다는 원리를 표명한 것이었고, 여기에는 자기네 사회의 문화적 가치와 믿음에 따라 자기네 삶을 영위해야 한다는 점이 포함되었다. 간단하게 말하자면, 인간의 자유가 관건이었던 것이다.

관인의 요청은 (또는 다른 나라 사람들이 스스로 선택한 바에 따라 살 자유의 요청은) 서양의 팽창 패턴에 비춰볼 때 즉각적이고 실천적인 중요성을 지니는 사안이었다. 서유럽 사람들이 식민지를 건설하고 지구의 점점 넓은 곳에서 권력을 차지하게 되면서, 전형적으로 그들은 원주민들을 문명화하는 동시에 기독교도로 만들기를 원했다. 기독교의 의례들이 이식되거나 강요되었고, "이교도적"인 실천들은 금지되었으며, 그런 와중에 때로는 무력이 자행되었다. 중혼은 하나의 야만적 관습으로 정죄되었고, 몸을 가림으로써 도덕을 향상하려는 시도를 통해서 정절에 관한 서양의 표준이 강제되었다. 북아메리카 대륙의 남서 지방에서는 전통적으로 흩어져서 야영하는 방식으로 살아가던 인디언들이 "문명화된"사람들처럼 번듯한 마을을 이루고 정착하게끔 만들어졌다. 팽창하는 서양 민족들이 비서양 사회를 취급한 양태는 우리 역사에서 매우 커다란 오점이다. 만일 관인을 향한 보아스의 요청이 — 그리고 다른 인민들로 하여금 자신들을 위한 "문명"을 스스로 정의하도록 자유를 주라는 요청이 — 두세 세기 먼저 나왔더라면, 그 오점이 오늘날 그토록 크지는 않았을지 모른다.

제3장에서 나는 서양의 우월성에 관한 빅토리아 시대 인류학자들의 관념에 비하면 보아스의 상대주의를 하나의 향상으로 간주할 수 있다는 얘기를 하나의 별론(別論)으로 언급했었다. 빅토리아 시대의 견해는 서양의 표준을 다른 곳에 강요하는 행태만이 아니라 착취까지도 이데올로기적으로 지원하는 역할을 수행했다. 더욱 개명된 민족의 치하에서 정치적으로 경제적으로 감독을 받는 것이 미개인들 자신에게 더 이익일 것이라고 많은 사람들이 믿었기 때문이다. 그들의 미래를 위한 계획을 세우고, 그들이 영향을 받을 중요한 결정을 내리는 등의 일을 처리할 능력이 그들보다 우리에게 더 많다는 생각이 일반적이었다. 보아스의 상대주의 이론은 관인과 자유의 원리를 담고 있었기 때문에 한 걸음 앞선 것이었다.

이런 줄기의 추론을 따라가게 되면, 상대주의가 가치중립적이지 않다는 비판을 보아스 학파는 그냥 인정하는 것이 하나의 논리적 대응일 것이다. 보아스 학파로서는 그런 비판을 심지어 자신들의 상대성을 정당화해주는 추가적 논거로 역이용할 수도 있었다. 관인의 요청은 확실히 그들의 도덕 철학에서 하나의 강점이었지 약점은 아니었다.

관인의 원리를 주축으로 삼아 하나의 도덕 이론을 전개하자면 그 원리를 정당화할 필요가 대두한다. 문화적 차이가 존중되어야 한다는 입장을 정립하기 위해 어떤 이유 또는 근거가 제시될 수 있을까? 내가 지금부터 경험적 정당화라고 부르게 될 논증, 또는 슈미트(Schmidt 1955)를 비롯한 여러 사람들이 윤리적 상대주의라는 *사실*이라고[13] 불렀던 논증이 보아스 학파에게는 가장 두드러졌던 것으로 보인다. 이 논증에 따르면, 관인의 이론 또는 관인이라는 윤리적 원리는 문화에 따라 가치가 다르다는 경험적 사실에 뒤따르는 필연적 귀결이다. 모든 인민들이 공유하는 도덕적 공통분모가 없다는 증거로부터, 모든 사회들의 가치들은 각기 동등한 존중을 받을 자격이 있다는 결론이 뒤따른다. 다른 사회의 가치 위에 우리의 가치가 최고라는 위상을 우리가 부여할 수는 확실히 없다. 특히 허스코비츠가 이 입장을 주장했다. 그는 이렇게 썼다.

전 세계에 분포하는 문화들 사이에 유사성과 차이점에 관해 인류학자들이 수집해 둔 대량의 민속적 기록이 먼저 준비되지 않았다면 …… 문화적 상대주의의 체계적인 이론을 하나 구상하기는 어려운 일이다. 그러한 자료들로부터 [윤리에 보편자나 절대자가 없다는] 철학적 입장이 나왔다. 그리

---

13) 윤리적 상대주의라는 사실(the fact of ethical relativism): 여러 문화 사이에 윤리적 가치와 지향이 다양하다는 사실이 곧 윤리적 상대주의를 말해준다는 견지에서, 이것이 하나의 도덕적 입장이 아니라 사실이라는 뜻을 담은 문구다. (역주)

고 이 철학적 입장으로부터 [우리가 마주치는 다른 생활방식을 관인해야 한다는] 행동 경로와 관련한 함축을 담고 있는 사변이 나왔다(Herskovits 1951, 1973에 재수록:39; 아울러 1956, 1973에 재수록:90-94를 참조).

철학자들은 가치가 가변적이라는 사실에 관한 논증만으로 관인을 정당화하기에 불충분하다는 이유로 두 가지를 지적해왔다. 첫째, 사실적 증거에 논쟁의 여지가 있다. 도덕적 믿음의 영역 안에 발본적인 가변성이 하나의 패턴으로 존재한다는 것을 인류학자들은 한마디로 말해서 아직 확립하지 못했다. 예컨대, 어떤 사회에서는 자식들이 부모를 죽게 만드는 것이 옳다고 느끼는 반면에 다른 사회에서는 그런 짓을 개탄스럽게 여기는 것처럼 부모 살해에 관해 견해의 차이가 있다는 등의 차이가 인용되지만, 이것은 어쩌면 도덕의 차이라기보다는 실존적 믿음의 차이를 반영하는 것일 수 있다. 앞에서 나는 실재에 관한 판단, 다시 말해, 세상이 실제로 어떠한지에 관한 판단, 즉 실존적 판단과 세상이 어떠해야 하는지에 관한 판단, 즉 가치 판단을 구분했다. 가치 판단은 언제나 실존적 또는 사실적 믿음과 추정이라는 배경 위에서 조성된다. 그러므로 사회들 사이에 가치의 발본적 차이인 것처럼 보이는 것이 실제로는 실재에 관한 상이한 판단의 반영일 수 있다. 윌리엄 프랭키너(Frankena 1973:109-110; 아울러 Duncker 1939를 보라)가 사용했던 사례를 약간 변형해서, 아직 젊은 나이의 부모를 죽게 만드는 관습을 가진 사회에서는 사람들이 아직 육체적으로 활력을 가지고 있을 때 죽어야 사후 세계로 가서 더욱 잘 살 수 있다는 이유에서 그렇게 한다고 쳐보자. 이런 사회의 사람들과 우리는 부모에게 이익이 되도록 잘 돌보라는 도덕 원칙에 관해 당연히 동의하고 있다고 추정할 수 있다. 우리 사이에 차이라는 것은 기실 사후 세계의 본질에 관해서이고, 그러므로 부모에게 무엇이 이익인지에 관해서이다. 이것은 사실적 믿음에 관한 차이이지 가치의 차이가 아니다. 사후의 삶에 관한 그들의 견해가 사실적으로 진실이라고 우리를 설득할 수 있다면, 어쩌면 우리 역시 젊은 나이에 부모를 살해하는 관습을 채택하게 될 것이다. 물론 그렇다고 해도 우리는 어떤 경우든지 우리 부모를 죽이는 짓이 올바르다고는 믿지 않을 수도 있다. 그렇다면 우리 사이의 차이가 진실로 도덕적 판단에 관한 하나의 근본적인 차이일 것이다.

세계의 인구 사이에 가치들이 발본적으로 다르다는 주장을 인류학자들이 확립하기 위해서는, 사실적 믿음에 관한 차이들을 제거하고 존재의 관념들과 섞이지 않는 순수한 도덕적 가치만을 비교해야 할 것이다. 이런 비교는 지금까지 한 번도 행해지지 않았을 뿐만 아니라 극도로 어려울 것이고, 어쩌면 불가능할 것이다.

가치의 가변성을 근거로 삼는 논증이 관인을 향한 윤리적 상대주의자의 요청을 정당화하지 못하는 두 번째 이유는 사실적 증거라는 것이 초점에서 벗어난다는 점이다. 상대주의자들은 하나의"이다"에 관한 진술로부터 하나의"이어야 한다"는 진술을 도출하는 오류를 범하고 있다(Schmidt 1955:783-784). 가치들이 문화마다 다르다는 말은 실제 세계에서 벌어지고 있는 하나의 경험적 사태를 (정확하게 또는 정확하지 않게) 서술하는 말이다. 반면에 관인의 요청은 무엇을 해야 하는지에 관한 하나의 가치 판단으로서, 경험적 진술로부터 가치판단의 진술을 도출하기는 논리적으로 불가능하다. 도덕적 다양성이라는 사실이 우리로 하여금 다른 삶의 방식들을 승인하도록 강제할 수 없는 것은 암의 존재가 우리로 하여금 병약한 신체를 가치 있는 것으로 여기도록 강제할 수 없는 것과 마찬가지다.

모든 문화가 공유하는 일군의 가치들을 우리가 찾았다고 가정해보자. 그런 도덕 원리들이 세상이 받아들여야 할 정당한 원리라고 상대주의자들이 주장하고 싶어 할까? 만일 모든 인민족속은 다른 문화를 불관인 한다는 것이 그렇게 찾아낸 보편적 원리라면 어떨까? 이는 실제 현실에서 별로 멀리 동떨어진 얘기도 아니다. 윤리적 상대주의자들은 그렇다고 해도 자기들이 믿는 관인의 가치를 내버리지 않을 것이다. 그들은 다만 인간 문화들 사이에 보편적인 가치가 있느냐, 아니면 없느냐가 하나의 도덕 철학을 건립하는 데 적합한 기초라는 생각은 잘못임을 인정하지 않을 수 없게 될 것이다.

인류학적 증거를 조사해서가 아니면, 그렇다면 어떻게 해야 타당한 도덕 원리에 도달할 수 있을까? 관인의 요청은 어떻게 정당화할 수 있을까? 도덕적 관념들에 관한 합리적인 논증과 비판적인 사고와 논리적인 분석을 통해서다. 가치의 가변성에 관해 인류학자들이 발견한 결과들은 도덕 이론의 문제를 철학에서 떼어 인류학으로 옮겨놨다고 허스코비츠는 생각했지만, 그가 틀렸다. 내 말은 인류학자들이 그런 논의에 참여하지 말아야 한다는 뜻이 아니라, 여기에 참여할 때 논의의 바탕이 되는 규칙을 인류학자들도 이해해야 한다는 뜻이다. 이 논의에 참여한다는 것은 철학 중에서 윤리학이라는 영역으로 들어가는 것이고, 이 영역에는 오랜 역사와 함께 으리으리한 문헌의 보고가 있다. 인류학자들의 경험적인 발견들이 전적으로 무관하다는 뜻도 아니다. 예를 들어, 다른 사회의 사례들로 말미암아 대두되는 도덕적 질문들에 대한 해답을 구하다 보면 우리의 도덕적 관념들이 분명해지는 데 도움을 받을 수 있다. 법률적 사례들을 논의함으로써 불분명한 영역에서 법을 더욱 구체화하는 데 도움을 받을 수 있는 것과 같다. 그러나 이런 경우에도 인류학자들이 발견한 결과들은 경험적 일반화를 위한 기초가 아니라 비판적 분석을 위한 기초로서 복무하게 될 것이다.

경험적 정당화에 덧붙여서, 보아스 학파는 때로 관인이라는 자신들의 도덕 철학을 위해 다른 논거를 사용하기도 한다. 다른 가치들이 "동등하게 타당하고", "적합하며", "적절하다"는 주장이다(예컨대, Herskovits 1947:76; Benedict 1934a:278). 그렇다고 한다면 어떤 제도가 얼마나 적절한지를 우리는 어떻게 가늠할 수 있을까? 그것이 타당하거나 적합한지를 우리는 어떤 근거에서 판단할 수 있을까? 미학적 근거? 실천적 근거?

이 점에 관해 베네딕트와 허스코비츠는 놀랍도록 모호하다. 그들은 적합성을 가늠하기 위한 두 개의 원칙 사이를 오락가락하는 경향을 보인다. 하나는 문화적 일관성으로, 하나의 문화적 특질이 그 문화적 맥락의 나머지와 일관적이라면 적합하다는 것이다. 예를 들어, 혈족에 대해 (상호 부조와 방위의 의무와 같은) 상당한 도덕적 의무를 부과하는 가치는 혈통을 기반으로 삼아 조직된 사회에 적절하다. 문화적 일관성이라는 기준은 문화가 일군의 지배적 가치들을 중심으로 통합되는 경향을 띤다는 보아스 학파의 견해, 아울러 하나의 정합적인 전체를 이루는 문화를 높이 평가하는 보아스 학파의 경향을 반영한다. 그렇지만 이것은 제도의 타당성을 판단하는 원칙으로서는 몹시 불만족스럽다. 이 기준을 따른다면, 모르긴 몰라도, 폭력을 강조하는 사회에서는 고문이 적절한 것이 되고, 순종을 높이 치는 인민 사이에서는 불관인이 적합할 것이다.

허스코비츠와 베네딕트의 저작에서 때로 나타나는 두 번째 기준은 실천적인 기준으로서, 이에 따르면 제도는 일정한 실천적 가치를 가지기 때문에 적절하다. 예를 들어, 다호메이에서는 일부다처제가 행해지는데, 가족이 살아가는 담장 안에서 여자가 남편을 다른 여자들과 공유해야 하는 조건 때문에 많은 미국인들에게는 야만적으로 비치는 관습이다. 그렇지만 자세히 분석해보면, 다호메이의 일부다처제에 유리한 점도 몇 가지 있다. 하나는 여러 명의 아내가 상당한 노동력을 형성하기 때문에 일부다처제 가정은 일부다처제가 아닌 가정에 비해 경제적으로 안정된다는 점이다. 다른 아내들이 있는 여인은 다른 아내들이 없는 여인만큼 힘들게 일하지 않아도 된다. 다른 하나의 이점은 여러 아내들이 있으므로 아이를 낳은 여인은 그 후 일정한 기간 동안 남편과 성관계를 피할 수 있어 아이들 사이에 터울을 둘 수 있다는 점이다(Herskovits 1947:61-63).

실천적 기준은 매우 강력한 호소력을 가지지만, 이 역시 보아스 학파에게 문제를 던진다. 보아스 학파에게 각 문화는 분산과 통합의 과정들을 거친 결과인데, 그런 과정들은 사회 구성원들의 실천적인 필요 또는 편의에 따라 사실상 임의적이다(Hatch 1973a:72-73, 86-89를 보라). 하나의 제도가 언제 물질적인 이득을 낳을지는 순전히 우연에 달렸다. 베네딕트(Benedict 1934a:34-35)는 문화적 특질들이 불편하고 성가시게 되는 경향, 다시 말해 실천적 이익에 직접적으로 상반되는 방식으로 발전하는 경향에 관해 언급했다. 예를 들어, 오스트레일리아의 커나이 족은 젊은 남성이 한 동네 안의 여성들 중에서 아내를 골라야 하는 관습이 있었다. 그러나 동네 안에 결혼할 수 있는 여성이 없는 경우가 빈번했다. 모든 여성이 이미 기혼이든지, 아니면 장차 신랑이 될 사람과 친척이라서 복잡한 족외혼 체계의 규칙에 따라 부적격자였다. 그렇지만 심지어 이와 같은 어려움에 직면했음에도 불구하고, 이처럼 고도로 비현실적인 문화 체계는 실천적 필요 때문에 변화하지 않았다. 커나이 족의 관습은 눈이 맞은 젊은 남녀 한 쌍으로 하여금 도망치지 않을 도리가 없게 만들었다. 이들은 제때에 잡히면 죽임을 당하고, 그렇지 않고 만일 탈출에 성공해서 아이 하나를 낳을 때까지 충분히 오래 멀리서 살았다면 돌아오자마자 심하게 구타를 당해야 했다. "커나이 족은 자기네 문화의 딜레마와 늘 마주친다는 특징을 보인다. 특정한 양상의 행태가 하나의 사회적 부담이 될 지경까지 그들은 그것을 연장하고 복잡하게 만들었다"고 베네딕트는 썼다.

제도들의 타당성을 가늠하기 위한 실천적 기준은 허스코비츠나 베네딕트 같은 보아스 학파에게 아주 부적절했던 것으로 보인다. 왜냐하면, 그들이 보기에 실천적 고려라는 것이 문화의 발전에서 한마디로 말해 별로 커다란 역할을 수행하지 못하고, 상대적으로 드문 한두 가지 문화적 특질에 대해서만 적용될 것으로 보였기 때문이다. 그러나 타당성의 척도로서 이것은 오늘날 관인의 요청을 지탱하는 데 상당한 호소력을 가지기 때문에 무시할 수 없게 중요하다. 이 기준을 뒷받침할 만한 이론적 근거를 찾아내려면, 보아스의 사상 바깥으로 발걸음을 옮겨 인류학에서 그와 다른 지적 전통을 바라볼 필요가 있다. 기능주의의 전통이 그것으로, 일차적으로 영국이 본산지였고, 특히 영국의 인류학자 브로니슬라프 말리노프스키와 A. R. 래드클리프-브라운의 저작에서 두드러진다(Hatch 1973a:214-335를 보라). 기능주의로 시선을 돌림으로써, 우리는 앞에서 언급했던 윤리적 상대주의의 두 번째 판본, 즉 기능주의적 판본에 또한 도달하게 된다.

128

인류학에서 기능주의 이론의 핵심 요소는 제도들이 그 사회의 구성원들에게 보통 이득이 되는 효과 또는 기능을 가진다는 점이다. 예를 들어, 래드클리프-브라운은 종교의 기능이 사회구조의 핵심 요소들을 신성하게 함으로써 사회적 연대와 응집력을 증진하는 것이라고 치부했다. 조상숭배에 관한 그의 분석이 좋은 사례다. 부계 혈통을 중심축으로 삼아 조직된 사회에서 부계 혈통의 원칙은 결정적으로 중요하다. 사회 구조 전체가 이 혈통의 규칙 위에서 짜여 있기 때문이다. 정치적 권리와 의무, 경제적 조직, 그리고 모든 종류의 법률적 관계들이 부계 혈통에 따라서 정의된다. 혈통을 공유하는 사람들끼리는 단순한 친족에 불과한 것이 아니라, 재산에 대해 공동 권리를 가지고, 싸움이 벌어지면 서로서로 지켜줘야 할 의무 등, 여러 가지들이 결부된다. 부계 혈통의 원칙은 강제되지 않으면 안 된다. 왜냐하면, 그 원칙이 약해지고, 사람들이 더 이상 부계 혈통에 따라 자신들의 서열을 매기지 않는다면, 사회가 와해되어 혼란에 빠질 것이기 때문이다. 부계 혈통의 조상들에게 숭배를 바치는 종교적인 예식은 부계 혈통의 원칙을 신성화하고, 그럼으로써 사회 구조를 강화한다.

한 제도의 기능이라는 것이 통상적으로 명백하지는 않다는 점에 주목하라. 사회 구성원들은 일반적으로 자기네 제도들이 가진 유익한 효과들을 파악하지 못하며, 인류학자들은 그것을 찾아내기 위해 매우 깊게 파고들어 가야 한다. 문화가 실천적 고려와 관련해서 거의 무작위적으로 발전한다고 생각했던 베네딕트 같은 인류학자들이 왜 틀렸는지 이로써 설명된다고 기능주의자들은 봤다. 제도의 실천적 효과를 주의 깊게 살피지 않은 탓에, 보아스 학파는 현지 조사를 행하면서 그것을 놓쳤다는 것이다. 래드클리프-브라운과 말리노프스키는 문화에서 쓸모없는 것은 거의 없다고 믿었고, 오늘날 대부분의 기능주의자들도 그렇게 믿는다. 심지어 겉으로는 중요하지 않아 보이는 신화 한 토막조차 사회의 어떤 중요한 부분을 강화할 수 있고, 주술적인 믿음들은 근심을 덜어주고 어려운 상황에서 사람들이 대처할 수 있게 도울 수 있으며, 전쟁은 공통의 적에 맞서 전선에 합류한 사람들 사이에 조직을 끈끈하게 만들 수 있다.

기능주의적 판본의 윤리적 상대주의는 신부에게 지불하는 가격, 피에 젖은 복수극, 고통스러운 성년식과 같은 생소한 실천들이 우리에게는 비록 도덕적으로 잘못이라는 인상을 줄 수 있지만, 일반적으로 이런 관습들은 유용한 효과에 의해 정당화되기 때문에 우리의 반대는 자리를 잘못 잡은 것이라고 본다. 가령 우리가 피에 젖은 복수극을 종식시켰다가는 그 사회 안에 모종의 예기치 못한 문제들을 일으킬 수 있다. 약간 다른 방식으로 표현하자면, 제도들이 실제 그렇듯이 짜인 것은 나름대로 훌륭한 이유 때문이고, 그런 제도에 대해 간섭한다는 것은 사물의 자연적 질서에 참견하는 셈이다.

기능주의가 강력한 호소력을 가지는 까닭 중에는 경험적이라는 점도 있다. 식민지 행정관이나 선교사들이 부도덕하고 해롭다는 이유에서 문화적 믿음과 실천을 뿌리 뽑기 위해 나선다면, 인류학자는 문제되는 특질들은 중요한 기능에 복무하고 있으므로 우리는 참견하지 말아야 한다고 응수할 것이다.

기능주의적 판본의 윤리적 상대주의는 보아스의 판본과 구별되는 주요 특징을 가진다. 사회적 기능이라는 관념이 제도들을 평가하기 위한 하나의 일반적 또는 비교문화적 표준으로 활용될 수 있는 어떤 기준을 담고 있다는 점이 그것이다. 어떤 생소한 사회의 종교적 패턴은 유익한 효과를 얼마나 낳느냐에 따라 판단할 수 있다. 그리고 어떤 다른 사회에서 시행되는 신부에게 가격을 지불하고 데려가는 관습이라든지, 어떤 또 다른 사회에서 행해지는 피에 젖은 복수의 관습 등도 마찬가지다. 이와 같은 보편적 가치가 정확히 어떤 형태인지에 관해, 다시 말해서, 다양한 제도들이 복무하는 이익이 무엇인지, 또는 그 제도들이 어떤 목적을 지향하는지 등에 관해 기능주의자들의 의견이 똑같지는 않다. 래드클리프-브라운은 사회적 안정과 응집을 상당히 일관적으로 강조했다. 그에게는 그것이 제도들이 대체로 지향하는 목적이었다. 그리고 혼란한 사회보다는 안정되고 응집력을 갖춘 사회에서 사는 것이 낫기 때문에, 그런 목적은 상서로운 목적이었다. 이에 비해, 말리노프스키는 불안-감소라는 구도를 (항상 그런 것은 아니지만) 자주 사용했다. 예를 들어, 그에 따르면, 주술이 불안을 감소하는 효과를 가진다. 죽음이 예상될 때 충격을 줄여주는 사후의 삶에 대한 믿음도 그렇다. 말리노프스키는 사람들이 어떻게든 불안감을 줄임으로써 당연히 이익을 얻는다고 추정했다. 그 결과, 모르긴 몰라도, 당연히 상황에 더 잘 대처할 수 있게 되리라는 것이다.

그러므로 바로 여기서 관인이 정당화된다. 이와 대조적으로, 보아스의 윤리적 상대주의는 이와 같은 평가 기준에 대해 회의적인 태도를 취한다. 보아스의 이론에 따르면, 기능주의자들이 스스로 찾아냈다고 믿는 실천적 가치라는 것은 전혀 보편적이지 않다. 왜냐하면 실천적 고려에 각 문화가 부여하는 중요성이라는 것은 문화마다 다르기 때문이다. 바꿔 말하자면, 심지어 이처럼 결정적으로 중요해 보이는 특질에 관해서마저 문화들은 역사의 요동에 따라 가변적이다. 예를 들어, 푸에블로 인디언은 사회적 응집력을 높게 치지만, 콰키우틀 족은 그렇

131

지 않다(Hatch 1973a:237-238을 보라). 물질적 안락의 가치를 높게 치는 사람도 있지만 그렇지 않은 사람도 있는 것과 마찬가지다.

상대주의의 한 형태로서 기능주의에도 문제는 있다. 기능주의가 내세우는 가치, 다시 말해, 제도들이 유익하고 따라서 나름대로 훌륭하다는 자신들의 명제를 확립하는 데 기반이 되는 그 기준이 모종의 아주 의문스러운 가치 판단으로 이어진다는 문제도 그 중 하나다. 래드클리프-브라운의 이론이 하나의 좋은 예다. 그의 접근법은 사회를 생물학적 유기체에 빗댄 비유에 근거를 뒀다. 살아 있는 생체에 물리적 구조와 생리학적 필요, 그리고 생체 전체의 건강과 존속에 기여하는 여러 기관들이 있듯이 인간의 사회 체계도 마찬가지라는 것이다. 예를 들어, 혈액의 흐름 안으로 침입한 외래 요소를 공격하는 기능을 수행하는 방어 기제가 인체 안에 있듯이, 사회 안에도 종교 체계가 있어서 사람들의 마음속에 도덕적 감성들을 자극하고, 그럼으로써 사회 질서를 해칠 수 있는 이기적인 충동과 사람들 사이의 갈등을 억제하는 기능을 수행한다. 래드클리프-브라운은 사회 체계의"건강"을 때때로 언급하면서, 생물학이나 의학에서 사용되는 의미와 아주 흡사한 방식으로 그 용어를 사용한다. 생물학적 유기체들은 병으로부터 공격을 받을 때 자신을 충분히 방어해내지 못한다면 문자 그대로 죽을 것이다. 사회들은 이런 의미로 사망하지는 않지만,"기능적 불화 또는 모순의 상태로 빠지고"만다. 질병에 맞서 싸우는 하나의 유기체처럼, 사회도 "일종의 사회적 건강, 일종의 에우노미아 상태를 향해 싸워야 할"것이다(Radcliffe-Brown 1935, 1952에 재수록:182-183).

의학에서 건강의 기준은 상식적으로 복잡하지 않고 직선적이다. 적어도 감정적이거나 심리적인 병이 아니라 신체적 병만을 다룬다면 확실히 그렇다. 여기서 건강이란 너무나 명백해서 정의할 필요조차 없다. 부러진 다리를 질질 끌거나 피를 흘리면서 병원 앞에 찾아온 환자에게 누가 꾀병이라는 혐의를 걸겠는가? 체온이 40°인 환자, 혈구 수가 낮은 환자, 암 증상을 보이는 환자에게 어떤 의사가 관심을 기울이지 않겠는가? 반면에, 관절의 과도한 유연성, 큰 발, 대머리 증상의 진행 등 때문에 찾아온 환자에게 의사는 어떻게 반응할까?

표면적으로 보면, 건강에 관한 래드클리프-브라운의 기능적 기준이 의학에서처럼 명쾌한 것처럼 보일 수 있다. 사회 질서의 붕괴, 폭력과 강탈의 만연 따위를 바람직하다고 주장할 사람이 어디 있겠는가? 그러나 어떤 비용을 치르더라도 안정을 선택해야 하는 것인가? 인민의 수중에는 어떤 유의미한 권력도 남겨두지 않는 전체주의 정권에 의해 운영되는 사회가 완전히 안정적이기 때문에 건강한 사회인가? 사회 질서 이외에도, 가령 개인적 자유와 같은, 다른 선(善)이 있다.

사회의 계층화에 관한 고전적인 논문 한 편에는(Davis and Moore 1945) 기능주의가 어떤 도덕적 문제로 이어지는지가 예시되어 있다. 이 논문은 본원적으로 불평등할 수밖에 없는 책임과 보상의 배분에서 계층화가 기능적으로 필수불가결하다고 주장한다. 꼬집어 말하자면, 미국 연방 상원의원이라든지 미국 철강협회 이사장의 직책처럼 사회에서 기능적으로 중요한 지위들은 높은 위신과 상당한 물질적 안락, 기타 등등에 의해 급부를 받는다. 이런 급부는 사람들로 하여금 그 자리를 채우고 그 직무를 수행하게끔 동기를 부여하는 효과를 가진다. 그렇지만, 이와 같은 기능적 분석이 맞는다고 쳐도, 동전에 이면이 있다는 주장이 제기되었다(Tumin 1953; Wrong 1959). 계층화는 선택받은 소수 사이에 불관인적이고 독선적인 엘리트주의를 유발하는 동시에 나머지 사람들을 소외된 프롤레타리아트로 만든다. 계층화는 또한 엘리트 계급에게 현상(現狀, status quo)을 유지할 권력을 부여하고, 따라서 변화가 바람직한 상황에서마저 계층화는 하나의 보수적 영향력으로 작용한다.

기능주의 중에서 문화적 유물론의 판본은 제도에 유익한 효과가 있다는 래드클리프-브라운의 견해가 과녁을 맞히지 못했다고 맞선다. 문화적 유물론의 최고 대변자는 마빈 해리스인데(Harris 1968, 1974, 1977을 보라), 그가 보기에 제도의 초점은 사회적 안정과 응집에 기여하는 역할이 아니라 물리적 환경에 사회를 적응시키는 데 있다. 해리스는 건강한 유기체가 아니라 생태학적 적응을 모델로 삼는다. 예를 들어, 원시사회 사이의 전쟁은 토지의 수용 능력 이상으로 인구가 슬금슬금 늘어나지 못하도록 방지하는 하나의 메커니즘이라고 주장한다(Harris 1974:61-80, 1977:33-54). 첫째, 전쟁에 비중 있게 개입된 원시 집단들은 그 갈등의 압력 때문에 때때로 경작지를 포기하고 새로운 땅을 찾아 나선다. 그 결과 몇 년마다 최고의 옥토가 휴경지가 되고 종전까지 사용되지 않던 토지가 경작되게 된다. 이렇게 해서 토양이 고갈될 위험이 줄어들고, 식량 공급의 급격한 감소가 예방된다. 둘째, 격렬한 전쟁은 대부분 전투를 담당하는 남성의 가치에 덤을 얹어준다. 따라서 여아에 대한 유아살해가 전형적으로 전쟁의 부산물이다. 여아는 태어나자마자 노골적으로 죽임을 당하든지, 아니면 방치해서 죽게 만드는 경우가 빈번하다. 해리스는 이렇게 썼다. "원시 종족 사이의 전쟁을 연구하면 전쟁이라는 것이 기술, 인구, 생태에 관한 특정 여건과 연관된 하나의 적응 전략의 일환이라는 결론에 도달한다"(Harris 1974:79-80). 전쟁이 있을 때보다 없을 때 인간 사회들에게 잃을 것이 더 많은 경우와 장소에서 전쟁이 일어난다는 함의를 그는 남겼다. 전쟁에 참여하는 원시적 인민족속들에게는 전쟁을 하지 않는 것보다 할 때가 더 낫다.[14]

그러나 전쟁의 이익은 몹시 비싼 비용을 치러야 얻을 수 있다. 전쟁이 생태학적 적응의 일환이라는 사실을 보여주는 사례로 해리스가 거론하는 남아메리카의 야노마뫼 족이 좋은 예다. 야노마뫼 족 여성의 약 7%가 전투 중에 사망하는 데 비해, 성인 남성은 약 33%가 사망하는 것으로 추산된다(Harris 1974:69). 나아가 전투의 와중에 죽지는 않지만 부상을 입는 사람들이 인구 중에 커다란 부분을 차지하고, 상당한 수의 어린이들이 유아살해를 통해 죽임을 당한다. 이런 통계 앞에서 우리는 잠시 생각할 시간이 필요하다. 폭력으로 점철된 이런 상황이 이른바 적응 체계의 일환이라면, 생태적 부적응이 점점 커져서 이런 적응 때문에 초래되는 것과 같은 수준의 인간적 고통이 발생하는 지경에 이르렀다면, 그 직전까지 야노마뫼 족은 대단한 수준의 생태적 부적응을 감내할 수 있었다는 말이 되지 않는가. 원시적 전쟁이라는 것은 적어도 해리스의 이론에서 그려지는 것과 같은 유익한 결과를 달성하기에 무척이나 우회적이고 비효율적인 수단인 것만은 확실하다. 그리하여 우리는 래드클리프—브라운의 기능주의와 연관되었던 것과 같은 종류의 어려움에 봉착한다. 제도의 가치를 판단하기 위해 우리가 사용하는 표준은 도덕적 문제를 푸는 만큼이나 새로운 도덕적 문제들을 만들어 낸다.

---

14) 나는 이 논점을 해리스의 다음과 같은 진술로부터 추론했다."전쟁을 통해서 인간이 얻을 것보다 잃을 것이 더 많을 때에는, 집단 사이의 갈등을 해소하기 위해 다른 수단들이 전쟁을 대신하리라는 희망을 모든 이치가 지지한다"(Harris 1974:80).

기능주의는 일련의 도덕적 딜레마로 연결된다. 이와는 별도로, 관인을 정당화하는 근거로 기능주의 이론을 사용하는 데에도 문제가 발생한다. 기능주의 이론을 하나의 사회 이론으로 삼는 데 반대해서 매우 심각한 반론들이 제기된 바 있다. 그 중 하나의 반론은 제도들의 의도되지 않은 효과가 보통 또는 거의 언제나 유익하다는 기능주의의 주장을 겨냥한다. 의도되지 않은 효과들이 단지 중립적이거나 아니면 심지어 해로운 경우가 왜 유익한 경우만큼 빈번하지 않다는 말인가? 또는 그 효과가 왜 어떤 유익함이나 해로움의 일반적인 표준에 따라 이럴 수도 있고 저럴 수도 있는 것이 아닐까? 예를 들어, 말리노프스키의 주술 이론은 어떤 사람이 중요한 사안에 관해 불확실성에 직면했을 때 주술적 의례가 일종의 대리 행위 또는 전이 심리를 제공함으로써 불안을 줄여준다고 주장한다. 어부가 고기를 많이 잡고 안전하게 돌아올 희망을 가지고 바다로 나갈 때, 장차 무슨 일이 벌어질지 예측할 기술적 지식도 없고 실천적 경험도 부족하다. 불안감이 고개를 들지만, 의례를 수행함으로써 불안감이 가라앉는다.

말리노프스키의 이론은 이 지점에서 멈출 수도 있었다. 주술이 불안감을 완화함으로써 그 어부로 하여금 상황에 더 잘 대처할 수 있게 해준다는 데까지 나아가도록 어떤 증거나 논리도 말리노프스키를 강제하지 않았다. 실제로, 그는 정확히 역이 되는 주장을 그만큼 그럴듯하게 펼칠 수도 있었다. 그의 이론에서 내세운 긴장 완화는 그 어부로 하여금 목전의 문제에 대한 주의를 분산시켜서 적절히 대처할 능력을 축소할 수도 있는 것이다. 제도들의 배후에서 유익한 효과를 목격하는 기능주의자의 경향은 결국 자연이 선량하다는 견해가 드러나는 셈이라고 봐야 할 것 같은 마음이 강하게 든다. 지구의 지질학적 진화가 우리 혹성의 진보적 향상에 해당한다고 믿었던 허버트 스펜서처럼, 기능주의자들은 겉으로 보기에 기괴한 인류의 모든 (또는 거의 모든) 제도들 뒤에 무언가 선한 것을 찾을 수 있다고 제창하는 듯이 보인다. 물론 기능주의자들이 옳은지도 모른다. 그러나 실제로 그렇다는 어떤 아주 건전한 이치가 제시되지 않는다면, 제도들이 일반적으로 유익하다는 명제가 하나의 일반적 규칙으로 받아들여질 수는 없다.

　기능주의자들은 실제로 자신들의 이론을 뒷받침하는 하나의 논증을 보유하고 있다. 제도들이 "필요" 또는 편의에 대한 대응이라는 (종종 단지 묵시적으로만 제창되는) 주장이다. 금기에 대한 래드클리프-브라운의 이론이 좋은 예다. 그에 따르면, 금기의 발생은 무작위적이지도 우연적이지도 않다. 금기는 특정한 이유 때문에 존재하며, 그러므로 필요가 있을 때 필요한 곳에서 발생한다. 안다만 제도 주민들 사이에는 신생아의 출산과 관련되는 일정한 금기들이 있다. 아이의 어머니와 아버지를 이름으로 부르면 안 되고, 아이의 부모들이 특정한 음식을 먹으면 안 된다는 등의 금기다. 이런 금기들이 다른 사람과는 결부되지 않고 부모와만 결부된 것도 우연이 아니고, 다른 시기에는 해당하지 않다가 산모가 곧 아이를 낳을 때가 되었을 때에만 해당한다는 것도 우연이 아니다. 이 금기들은 하나의 특정한 기능을 수행하기 때문이다. "[출산이라는] 그 사건이 부모와 전체 공동체에 대해서 가지는 의미와 중요성을 표준화된 상징의 형태로 인정해야 하는 의무"가 금기에 의해 마련된다(Radcliffe-Brown 1939, 1952에 재수록:150-151). 한 아이의 출생은 새로운 구성원 한 명이 사회에 들어오는 일이기 때문에 실로 중요한 사건이다. 그 영아를 돌보는 의무를 누군가 짊어져야 할 뿐만 아니라, 모든 종류의 권리와 의무가 그 아이의 친척들에게 추가된다. 말하자면, 아이의 아버지는 결국에 가서 그 아이로부터 소정의 봉사를 받을 권리를 주장할 수 있고, 그 아이가 언젠가 남에게 피해를 초래한다면 그 피해에 대해 법적으로 책임이 있다. 아이의 어머니와 아버지에게 적용되는 금기는 하나의 출생 증명서인 셈이다. 그러한 금기들이 곧 시민권, 상속권, 친권, 기타 등등을 확립하는 하나의 수단이기 때문이다. 안다만 사람들의 금기는 신생아의 법적 지위 그리고 그 신생아와 관련한 어머니와 아버지의 (그리고 그들의 모든 친족의) 법적 지위를 확립하며, 그러한 지위를 공인하도록 강제한다. 이런 종류의 의례들은 "하나의 질서 있는 사회가 자신의 실존을 유지하는 메커니즘의 일부이기 때문에 존재하고 존속된다." 이러한 기능들이 그 의례들의 "궁극적인 존재 이유"를 구성한다 (Radcliffe-Brown 1939:152).

마빈 해리스는 제도들이 기본적 편의에 대한 반응이라는 기능주의적 주장을 실례를 통해 뒷받침하고자 한다. 해리스는 베네딕트 같은 인류학자들이 관습을 설명해내지 못했다고 꾸짖는다. 인간의 생활양식에서 나타나는 차이들이 인류학 문헌에서 마치 풀 수 없는 수수께끼처럼 서술되는 경우가 너무나 많다고 그는 주장한다. 인류학자들은 "콰키우틀 족이 왜 집을 태우는지, 힌두교도가 왜 소고기를 먹지 않는지, 또는 왜 유대인과 무슬림이 돼지고기를 혐오하는지, 또는 왜 어떤 인민은 구세주를 믿는 반면에 다른 인민은 무당을 믿는지는 신만이 알 수 있는 일"(Harris 1974:3-4)이라는 함의를 풍기는 듯하다. 이처럼 풀 수 없을 것 같은 수수께끼들을 유물론적 설명은 해결할 수 있다고 해리스는 주장한다. 심지어 가장 괴기한 성격을 가지는 관습조차 생태학적 편의에 대한 반응이라는 것이다. 전쟁이 하나의 예다. 또는 유대인과 무슬림 사이에 퍼져 있는, 돼지는 부정한 동물로 먹거나 만지는 모든 사람을 오염시킨다는 조리에 맞지 않아 보이는 믿음도 좋은 예다 (Harris 1974:35-45). "중동의 문화적 자연적 생태계"(Harris 1974:40)를 감안한다면 돼지의 오염은 꽤 말이 된다고 해리스는 주장한다. 돼지는 구약성경과 쿠란의 무대인 건조한 지역보다는 숲과 그늘진 강기슭에서 가장 잘 적응하며, 돼지는 먹을 음식을 두고 인간과 경쟁하는 관계다. 소는 풀을 먹고 살지만 돼지는 풀만 먹고는 살 수 없다. 돼지에게서 젖을 짠다는 것은 비현실적이고, 돼지는 무리를 이뤄서 몰기도 어렵다. 돼지는 오히려 "육즙이 많고, 부드럽고, 지방이 많은 육질로 높이 평가받는" 하나의 사치스러운 음식이다(Harris 1974:44). 돼지는 중동에서 생태학적으로 적응하지 못하는데다가, "소규모 생산으로는 단지 감질나는 유혹만을 부추길 것이다"(Harris 1974:44). 돼지고기에 금기를 설치함으로써, 그 환경에 훨씬 잘 어울리는 염소와 양과 소에 집중할 수 있게 된다. 유대교와 이슬람교의 이 금기는 하나의 우연이 아니라, 명확한 생태학적 여건 아래에서 발생한 것이다.

해리스를 읽다 보면, 사실상 모든 관습이 모종의 기능적 원인에 의거해서 설명될 수 있다는 결론을 피하기가 어렵다. "종전에 풀 수 없었던 관습 또는 생활양식에 관한 설명"을 마치자마자, 그는 다른 관습 또는 생활양식으로 이동해서 앞에서 그랬듯이 생태학적 원리에서 해답을 찾아낸다(Harris 1974:v-vi). 래드클리프-브라운도 이와 비슷한 경향을 드러냈다. "주어진 공동체의 삶에서 문화의 요소 하나하나는 각기 특정한 부분으로 작용하며, 각기 특정한 기능을 가진다"(Radcliffe-Brown 1929, 1958에 재수록:40)고 그는 썼다.15)

139

이제 질문은, 필요한 때에 필요한 곳에서 왜 그 적절한 제도가 적절한 형태로 발생해야 하느냐는 것이다. 제도들이 가지고 있다고 주장되는 그와 같은 유익하고 의도되지 않은 효과를 가지도록 제도들의 마땅한 발전을 인도하는 원칙 또는 힘 또는 메커니즘이 무엇일까? 래드클리프-브라운은 이 문제를 다루면서 교묘한 술책을 부렸다. 자신의 기능주의는 제도가 어떻게 생겼느냐는 질문에는 관심이 없다고 부인했던 것이다(Radcliffe-Brown 1941, 1952에 재수록:86). 자기는 제도의 기능을 이해하는 데 관심이 있다고, 사회체계들이 현재 어떻게 작동하는지에 관심이 있지 그것이 어떻게 발전해 왔는지는 관심이 없다고 썼다. 그러나 제도가 무작위로 발생하지는 않는다는 점은 그 역시 분명히 했다. 특정한 용례들이 필요할 때에 적절한 형태로 나타나기 때문이다. 그러므로 자신의 분석에서 원인이라는 관념을 사용하지 않는다고 스스로 부정하더라도, 그는 어쨌든 그 관념을 사용했던 것이다.

해리스는 다른 한편에서 적절한 제도의 발전을 설명할 메커니즘을 명시적으로 제시하기도 한다. 이것은 생물학적 특질이 아니라 문화적 특질에 적용되는 자연선택의 한 형태다(Harris 1960, 1971:150-162). 해리스에 따르면, 적응한 특질을 추종하는 인민은 적응하지 못한 특질을 추종하는 인민보다 더 잘 생존하는 경향이 있다. 그러므로 시간이 지남에 따라 우월한 특질이 선택된다. 이 메커니즘은 그가 성우(聖牛)에 대한 힌두교도의 믿음을 논의하는 대목에 나온다. 소는 신

---

15) 문화의 모든 특질이 기능적으로 기여한다고 역설하던 입장을 래드클리프-브라운은 19 30년대 중반에 완화했다. 그리하여 문화의 모든 특질이 기능적으로 기여할 *수도 있다*는 것이 그의 후기 입장이었다. Hatch 1973a:219 n.2를 보라.

성하며, 그러므로 도살하거나 먹으면 안 된다는 힌두교의 이념들은 적응이 되지 못한 것처럼 보일 수 있다. 이런 문화적 믿음 때문에 인도에서 풍부한 식재료의 소비가 불가능해졌기 때문이다. 그렇지만 이 특질을 생태학적으로 적응한 결과로 볼 수 있는 길이 여러 가지 있다. 예컨대, 인도의 농업에서는 견인 동물이 필수불가결이다. 만약 위기라고 해서 황소를 도살한다면 이듬해 작물을 수확할 수 없게 될 것이다(Harris 1974:11-32). 힌두교의 믿음은 단기적인 필요에 응답하느라 잠재적 재앙을 초래하지 않도록 방지한다. 그렇다면 이처럼 유용한 문화적 특질이 어떻게 확립되었던 것일까?"도살과 소고기 식용에 대한 금기는 자연선택의 산물일 수 있는 동시에 혹소의 작은 몸집과 경이로운 회복력의 결과일 수도 있다"(Harris 1974:21)고 그는 말한다. 가뭄이나 기근이 들었을 때 가축을 도살하는 농부는 자신의 파멸을 스스로 선고했다. 반면에 위기를 이겨낸 사람들은 믿음을 완강하게 지켜낸 사람들이었다. 그들이 살아남았다는 것이 그 믿음의 생명력을 확증했다. 전쟁과 같은"성장을 저해하는 제도를 발명했거나 채택한"사회들이"수용 능력의 한계를 초과하는 실수를 저지른 사회보다 더 일관적으로 생존했다"고 해리스는 거듭 주장한다(Harris 1974:66). 그러므로 전쟁은 그것이 이익인 곳에서 번식한다.

이처럼 여기에 제도의 적응적 경향을 설명하는 원리가 있다. 유익한 효과들은 사회 구성원들이 지각하지 못하는 과정에 의해서 선택된다. 짚신벌레의 군집에 영향을 미치는 과정을 짚신벌레 개체들이 이해할 필요가 없는 것과 마찬가지다. 자연의 힘들이 문화의 세부사항들을 가다듬고 문화의 틀을 형성하느라 항상 작동하고 있다.

그렇지만 선택의 메커니즘은 문화 현상에 적용될 때 몇 가지 심각한 문제가 있다. 생물학에서는 자연선택이 유전자에 대해 작용한다. 더욱 정확하게 말한다면, 주어진 인구 내부에서 유전자의 빈도 분포에 대해 작용한다. 만약 보호색과 같은 형질이 적응의 결과라면, 이 형질의 유전자를 가진 개체들은 조금이나마 유리한 여건일 것이고, 이런 유전자를 가지지 못한 개체들에 비해 더 많은 후손을 낳을 때까지 생존할 것이며, 따라서 한 세대가 지나갈 때마다 이 유전자를 가진 개체의 수가 증가할 것이다. 돌연변이라든가 유전자 부동(浮動)처럼 자연선택 이외에도 유전자의 빈도를 바꿀 수 있는 요인은 있다. 그러나 이런 요인들은 아주 미미한 역할에 그친다. 이에 반해, 문화의 역사가 나아가는 경로에 영향을 미치는 것으로 생각할 요인들은 굉장히 많다. 예를 들어, 믿음 체계에는 각기 내면의 논리가 있고, 이 논리가 시간이 지남에 따라 변화한 결과로써 문화의 변화가 이뤄질 수 있다. 다른 예로는, 한 인민족속은 단순히 이웃 인민족속들을 높이 평가하기 때문에 이웃의 관습을 습득할 수도 있다. 이와 같은 여타 원리들이 작동하는 정도만큼, 자연선택에서 오는 압력의 중요성은 줄어든다. 해리스가 생각하는 것과 같은 자연선택은 문화의 변화에서 아무런 역할도 전혀 수행하지 않는다고 주장하더라도 실제로 현재 우리가 문화에 관해 알고 있는 어떤 것과도 모순되지 않는다. 자연선택이 역할을 수행한다는 해리스의 주장이 어쩌면 맞을지도 모르지만, 적어도 현재 상태에서는 자료를 보거나 이치를 살피거나 그를 비판하는 사람이 양보해야 할 필연성은 없다.

이와 같은 의견의 불일치에 대해 인류학은 이 논쟁을 경험적인 검증의 도마 위에 올리는 방식으로 대처해야 할 것처럼 보일 수 있다. 가령, 종교의 기능에 관해 래드클리프-브라운이 맞는지, 아니면

소의 신성성을 믿는 힌두교도의 믿음의 기능에 관해 해리스가 맞는지를 검증하기 위해 모종의 주의 깊은 현지 연구를 누군가는 행해야 할 것 같다. 그렇지만 이 질문은 그처럼 쉽게 해소될 일이 아니고, 수십 명의 현지 연구자들이 이에 관해서 작업을 해왔다. 사회 현상이라는 것이 워낙 복잡해서 어떤 기능적 가설을 다루더라도 그 안에 포함된 요인들을 모두 충분할 정도로 추려낸다는 것이 가능할 수가 없었다는 데 어려움이 있다. 예컨대, 의례에 관한 래드클리프-브라운의 이론은 종교가 주요한 역할을 수행하는 사회에서 바로 그 종교적 체계를 제거해 본 다음, 그랬을 때 그 사회가 무너지는지를 관찰할 수 있다면 결정적으로 검증할 수 있을 것이다. 당연히 어떤 인류학자도 이런 시도는 해보지 못했다. 식민 정부가 원주민들의 종교적 실천을 억압했을 때, 무언가 비슷한 일들이 가끔 이뤄졌을 뿐이다. 그렇지만 이와 같은 역사적 사례들마저도 무시로 대두하는 수많은 복잡성 때문에 평가하기가 어려워진다. 북아메리카 중부 평원 지대 인디언들의 경우처럼 토착 종교가 진짜로 파괴된 사회에서는, 토착적 경제 체계와 전통적 권위의 패턴을 비롯한 여타 요소들도 함께 서양 문명의 전파에 따라 무너졌기 때문에, 이 중 어느 하나를 요인으로 삼더라도 사회 구조의 와해를 설명할 수 있는 것이다. 기능적 가설은 사실상 모두 각각 그럴듯하지만 검증되지 못한 가설의 수준에 머문다.[16]

요약하자면, 인류학에서 윤리적 상대주의에는 두 가지 상이한 판본이 나와 있다. 첫째는 보아스의 판본으로, 다른 지역의 인민족속

---

16) 기능적 가설 하나를 증명하기 위해 해리스가 동료들과 함께 가장 많이 노력한 결과가 바로 인도의 신성한 소에 관한 연구이다. Harris(1974: 11-34, 269; 1977: 141-152)를 보라.

들을 자리매김할 때 가치중립을 자처한다. 그러나 다른 문화들에 고유한 가치가 있다는 하나의 가치 판단이 이 판본의 중심적 특징을 이룬다. 이 판본은 다른 생활방식을 존중해야 한다는 하나의 가치 이론을 제창한다. 나아가 이 가치 이론의 배후에는 또한 사람들이 스스로 선택한 대로 살 자유를 누려야 한다는 기본적인 도덕적 믿음이 있다. 이와 같은 일련의 이상들은 자체로 주장할 일리가 충분하다. 그러나 보아스 학파는 다른 문화의 고유한 가치에 관한 주장을 정당화할 만큼 적절한 근거를 제시하지 못한다. *왜* 관인해야 하느냐는 질문에 대한 대답을 우리는 듣지 못한다. 그리하여 우리는 잠재적으로는 가치 있는 하나의 도덕 이론일지 모르지만 그것을 고수해야 할 훌륭한 이유는 딱히 없는 딜레마에 직면한다.

둘째 판본의 상대주의는 기능주의로서, 이 역시 보아스 학파처럼 관인을 촉구하지만, 보아스 학파보다 더욱 명시적인 근거를 제시한다. 제도들은 의도되지 않은 유익한 효과들을 낳는다는 점에서, 통상적으로 훌륭한 이유가 있어서 존재한다고 이 판본은 주장한다. 그러나 기능주의적 판본의 윤리적 상대주의는 제도들을 평가하는 과제와 관련해서 몇 가지 불행한 딜레마로 이어진다는 점에서 자체의 문제들을 안고 있다. 이 판본은 명백하게 비인간적인 실천들을 승인하는 결과로 이어진다. 더구나, 하나의 문화 이론 또는 하나의 사회 이론으로서 이 판본은 논쟁의 대상이다. 특히 기능주의자들은 제도들이 통상적으로 유익한 효과를 낳는다는 주장을 지탱할 만한 설득력 있는 이유를 제시하지 못하며, 경험적인 증거는 양쪽으로 모두 해석될 수가 있기 때문에 도움이 되지 못한다. 그리하여 우리는 보아스의 윤리적 상대주의에 관해서와 마찬가지로 여기서도 똑같은 결론에 도달한다. 관인의 도덕 이론을 위해 만족할 만한 정당화를 인류학자들이 아직 내놓지 못했다는 결론이다. 다른 지역의 인민족속들과 관계를 맺을 때 관인이 왜 여타 원리보다 더욱 분별 있는 원리인지를 캐묻는 의심 많은 사람에게 인류학자들은 충분한 이유를 제시하지 못한다. 관인의 요청이 윤리적 상대주의의 요체이며, 상대주의가 그토록 강한 호소력을 가질 수 있는 일차적인 이유가 바로 관인의 요청이기 때문에, 이것은 하나의 커다란 문제점이다.

더 읽을 만한 문헌

상대주의에 관한 철학적 문헌은 굉장히 많다. 정기간행물에 기고된 논문의 목록은 *The Philosopher's Index*를 참조하라("cultural relativism","ethical rel−ativism","relativism"등의 항목을 보라). *The Encyclopedia of Philosophy*(Brandt 1967)와 *International Encyclopedia of the Social Sciences*(Bidney 1968; Emmet 1968)를 보면 문헌들을 요약한 훌륭한 논문을 찾아 볼 수 있다. 상대주의를 다룬 책들도 많은데, 그 중에서 특히 두 권이 내가 생각하기에 유익하다. *Ethical Theory*(Brandt 1959: chs. 5 & 11)와 *Absolutism and Relativism in Ethics*(Moser 1968). 이밖에 다음의 책들도 유익하다. Brandt 1954; Edel 1955; Edel and Edel 1959; Ladd 1957; MacBeath 1952; Phillips and Mounce 1970: ch. 7; Rudolph 1968; Stace 1962: chs. 1& 2. 1970년대에 몇 명의 철학자는 윤리적 상대주의에 관해 전보다는 덜 부정적인 견해를 표명하면서, 일반적으로 믿어지는 바와는 달리 윤리적 상대주의를 반대할 명분이 그다지 확실하지 않을 수도 있음을 비쳤다. Philippa Foot, *Moral Relativism*(1978)을 보라.

가치의 사실적 다양성에 관한 유익한 논의는 Brandt(1959:92−103)에 담겨 있다. 사회에 따라서 가치에서 발본적인 차이가 있다는 것이 그의 잠정적인 결론이다. 반면에, 수많은 인류학자들이 가치의 발본적 차이에 관한 종전의 믿음은 어쩌면 착오일 수 있다고 제안한다. Kluckhohn 1953, 1955; Linton 1954; Redfield 1957을 보라.

기능주의자들의 저작 대부분에서 상대주의는 다소간 묵시적인 하나의 논지에 해당하지만, 상대주의에 관해 명시적인 저작은 기능주의자들 사이에 흔하지 않다. 말리노프스키에 관해서는 특히 *Magic, Science, and Religion and Other*

Essays(Malinowski 1948)를 보라. 래드클리프-브라운에 관해서는 *Method in Social Anthropology*(Radcliffe-Brown 1958)와 *Structure and Function in Primitive Society*(Radcliffe-Brown 1952)를 보라. 기능주의적 판본의 윤리적 상대주의를 강하게 지지하는 철학자의 저작으로는 *Experiments in Living*(MacBeath 1952)이 있다. Moser(1968:105-120, 132-140)는 더욱 비판적인 견해를 취한다. 인류학 이론으로서 기능주의의 위상을 분석한 문헌도 많은데, 그 중에서 Beattie(1964:49-64), Erasmus(1967), Jarvie(1973:17-36)를 보라.

제5장 관인의 한계

    윤리적 상대주의에 관한 인류학자들의 이론은 명백히 결함이 있다. 관인의 정당화가 이뤄지지 못한 상태이기 때문이다. 반면에 이것만으로 그 이론을 모조리 거부할 좋은 이유가 될 수도 없다. 어쩌면 정당화가 가능할지도 모르기 때문이다. 어쨌든 인류학자들은 철학자가 아니며, 그들이 주장하는 이론이 아주 가치 있지만, 단지 그 철학적 근거를 정리하는 데 시간이 걸릴 뿐인지도 모른다.

    이 장에서 나는 앞 장과는 약간 다른 각도에서 접근한다. 앞 장에서는 관인의 정당화가 아직 이뤄지지 못했다는 점을 지적했는데, 이제는 적어도 상대주의라는 원래 개념이 어떤 식으로든 크게 수정되지 않는 한 정당화가 이뤄질 수 없다고 주장할 것이다. 윤리적 상대주의가 관인을 촉구하느라 다른 모든 사회의 제도를 무차별적으로 승인한 것은 지나치다는 것이 이 장의 요지이다.

기능주의적 판본의 윤리적 상대주의는 해로운 (또는 역기능적인) 제도와 유익한 제도를 구분할 하나의 표준을 제공한다는 전제를 담고 있기 때문에, 지금 논의되고 있는 결함을 원칙적으로는 가지고 있지 않다. 그러나 제도들의 유용성과 유해성에 관한 가설들을 검증하기 어렵다 보니, 기능주의 인류학자들은 거의 언제나 유익한 효과들을 "찾아내서" 부각하는 결과가 나타난다.17) 하나의 사회가 존재하고 있다는 단순한 사실이 그 사회가 "기능적으로 작동하고 있는 하나의 조화로운 전체"이며, 각 부분들이 필수적임을 말해주는 증거로 간주되는 경우가 많다(Gregg and Williams 1948:600). 그 때문에 비판자들은 기능주의가 변화에 관해 보수적인 입장을 육성한다고 꾸짖는다.18)

보아스적 판본의 윤리적 상대주의는 현상유지에 몰두한다는 비판을 기능주의보다도 더욱 혹독하게 받는다. 이 판본이 명령하는 승인은 어떠한 판단의 여지도 남아 있지 않다는 듯 절대적인 것으로 보인다. 예를 들어, 허스코비츠는 다음과 같이 논급했다.

> 문화 상대주의는 각 사회가 자기네 자신의 삶을 인도하기 위해서 세운 가치를 서로 인정함으로써, 모든 관습의 체계에 고유한 존엄성을 강조하고 비록 각자의 관습과 상이하더라도 다른 관습을 관인할 필요를 강조하는 하나의 철학이다.…… 모든 규범체계는 각기 그것에 의해 삶을 인도받는 인민족속에게 타당하며, 그것이 대변하는 가치를 위해 타당하다는 점을

---

17) 원시사회를 고찰할 때에는 확실히 그렇고, 복잡한 서양 사회를 고찰할 때에는 그 정도가 덜하다. 기능주의 인류학자들이 자신의 사회에 초점을 맞출 때는 냉소적이며 비판적인 자세를 취할 때가 많기 때문이다. 제6장에서 레슬리 화이트를 이러한 관점에서 논의할 것이다.
18) 기능주의의 보수성에 대한 가장 신랄한 공격 가운데 하나로 스타니슬라프 안드레스키의 비판이 있다(Andreski 1972:144-154).

상대주의적 관점은 부각한다(Herskovits 1947:76).

어떤 판단에 대해서든 승인하는 것 말고는 더 이상의 정당화는 없다는 식이다.

이런 태도가 어떤 도덕적 딜레마를 초래하는지를 보기 위해 많은 문헌을 깊게 파고들어 가야 할 필요는 없다. 오스트레일리아의 인류학자 이언 호그빈의 작품에서 하나의 좋은 예를 찾을 수 있다. 그는 제2차 세계대전 중에 오스트레일리아 육군 중령으로 복무하면서, 전쟁에 연루된 원주민들에 관한 정보를 수집할 임무를 부여받았다. 1944년에 그는 오스트레일리아 정부에 대해 유난히 비우호적인 것처럼 보이며, 어쩌면 적과 내통하고 있을지도 모르는 뉴기니의 한 작은 마을에 관해 보고서를 작성하라는 요구를 받았다. 부사마라는 마을이었는데, 뉴기니 해안에 있는 마을로 군사적 활동이 많이 벌어지고 있던 지역 안에 위치했다. 전쟁이 시작될 때는 오스트레일리아 관할이었지만 1942년에 일본군에게 넘어갔다가, 오스트레일리아가 되찾았고 부사마에서 몇 킬로미터 거리에 군사기지를 설치했다. 마을은 심한 폭격을 당해서 초막집과 통나무배를 비롯해서 가구와 농경지 등, 사실상 모든 것이 파괴된 상태였다. 오스트레일리아가 그 지역을 탈환한 시점은 전쟁이 최고조에 이르러 군대에 병력이 절박하게 필요하던 때였다. 부사마 주민들은 기지를 건설할 때 이엉을 만들라는 명령을 받았고, 그 대가로 생활필수품들이 주어졌고 현금 급료 지급을 약속받았다. 신체 건강한 남성들은 기지 건설을 비롯해서 그 지역의 힘든 작업에 징발되었다.

호그빈은 그 마을을 괴롭힌 것이 군사 작전만이 아니라는 사실을 발견했다. 마을의 촌장이 전쟁만큼이나 그 마을을 해치고 있다고 봤다.

오스트레일리아령 뉴기니에서는 마을의 원주민 지도자들 가운데 한 명이 룰루아이라 불리는 촌장으로 선택되어 점령지 행정청과 연락관으로 복무했다. 이론상으로는, 그 지역을 담당한 백인 행정관이 단순히 각 마을의 추장을 룰루아이로 선택해서 일을 시키면 되는 일이었다. 그러나 마을들의 구조가 행정관이 생각한 만큼 선명하지 않아서, 각 마을에 여러 명의 영향력을 가진 사람들이 있었고, 위신을 둘러싸고 자기들끼리 다분히 서로 경쟁하는 관계였다. 한 사람을 공식적인 촌장으로 임명한다는 것은 그들 가운데 한 명을 행정청이 나서서 권위의 중심이 되는 지위로 격상시키는 셈이었다. 그 사람이 행정청의 모든 권력에 의해 지원을 받는 바람에 전통적인 리더십의 체계는 이내 무너지는 결과가 빚어졌기 때문이다. 다른 이유는 접어두더라도, 가장 현명한 선택을 내릴 만큼 행정관이 마을 사정에 정통하기란 불가능하거나 어려웠기 때문에, 룰루아이로 선택되는 사람은 최선의 인물도 아니고 심지어 마을 사람들에게 가장 인기 있는 인물도 아닌 것이 보통이었다.

부사마의 촌장은 붐부라는 이름의 남자였다. 그는 1926년부터 줄곧 룰루아이의 직책을 맡다가, 일본군이 그 지역을 점령했을 때 도망쳤지만 결국에는 잡혀서 감옥살이를 했다. 그리고 오스트레일리아가 탈환한 다음에 다시 룰루아이로 임명되었다. 호그빈은 다음과 같은 이야기를 털어놓았다.

붐부는 처음부터 평판이 아주 나빴다. 기분이 나쁠 때면 사람들을 무자비하게 몽둥이로 때리는 등, 마을 사람들에게 잔혹할 때가 많았다. 한 번은 한 여인의 얼굴을 때려서 그 여인을 실명케 했다. 그 후 그 여인은 어디를 가려면 작은 아이의 인도를 받아야 했다. 붐부는 젊은 여자 둘을 유혹해서, 한 여자에게 사생아를 낳게 만들었다. 다른 한 여자는 자기 조카딸이었기 때문에, 그 관계는 근친상간이었고 마을 사람들에게 도덕적으로 비난의 대상이었다. 두 여자 모두 붐부가 너무나 무서워서 당국에 그의 책임을 증언하지 못했다. 마을 사람들은 이런 일들을 비롯해 여타 불만들을 역대 행정관들에게 제기했지만, 붐부는 혐의를 부인하면서, 오히려 자기에게 원한을 품은 자들이 악의적으로 공격하는 것이라고 당국을 설득했다. 행정관으로서는 어쩌면 불만을 접수해서 무슨 조치를 취하기보다는 불만을 무시하고 덮는 편이 더욱 손쉬운 길일 수도 있었다. 이유 여하간에, 아무 조치도 취해지지 않았고, 마을 사람들은 붐부가 자행하는 억압에 대해 체념하게 되었다. 예를 들어, 그는 마을 사람들에게 배를 한 척 구입하도록 요구하고, 그 배를 유럽인들을 위한 전용 수송수단으로 사용하면서 뱃삯은 자기가 받아 챙겼다. 동네 사람들은 배가 필요할 때 유럽인들보다도 더 높은 삯을 치러야 했다. 사람들은 순종할밖에 다른 선택의 여지가 없었다.

일본군이 점령했을 때 붐부가 도망친 까닭은 이제 자기 권위의 원천이 사라져서 마을 사람들로부터 보복을 받을까 두려웠기 때문이다. 오스트레일리아가 그 지역을 탈환하자, 그는 자신의 무용담을 하나 지어냈다. 오스트레일리아를 부정하라는 일본군의 요구를 거부한 탓에 그 결과로 감옥살이를 하고 고문을 받았다는 이야기였다. 이에 덧붙여, 그는 마을 사람들이 적군을 자발적으로 도왔고 적군이 승리할 수 있도록 노력했다고 오스트레일리아 당국에 말했다. 이런 이야기들을 뒷받침한답시고 정황증거를 조작했고, 당국을 설득하는 데 성공했다. 그는 충성봉사훈장을 수여받은 반면에, 그 마을은 오스트레일리아를 배신했다는 평판을 얻게 되었다.

촌장의 직위를 다시 찾은 후, 붐부는 마을 사람들을 모욕하고 굶기는 방식으로 보복했다. 배급 식량이 도착하면 자기 몫보다 훨씬 많은 양을 챙긴 다음에, 일부는 자기가 먹고 나머지는 팔았다. 마을 사람들이 밭에서 일해야 할 오후 시간과 저녁 시간에 그들을 모아 놓고 춤을 추게 함으로써 그는 사람들이 식량을 구하지 못하게 방해했다. 춤추는 시간에 지각한 사람은 똥통에 손을 담근 채 몇 시간씩 앉아 있어야 했고, 최선을 다해서 춤추지 않는 사람이나 구경하다가 조는 사람은 매를 맞아야 했다. 오스트레일리아 육군의 명령에 따라 마을 사람들이 이엉을 만드는 동안 붐부와 그를 지지한 소수 패거리는 빈둥거리며 놀았다. 마을 사람들은 폭격으로 집들이 파괴되었기 때문에 임시로 엮은 오두막에 살면서, 그를 위해서는 새 집을 한 채 지어줬고, 그와 그의 동료들이 쓸 땔감도 장만해줬다. 붐부는 자기 친척 중에서 젊은 여자 여섯을 곱게 차려 입혀서 늘 주위에 데리고 다녔다. 그 여자들을 군인들에게 창녀로 제공했는데, 당연히 당사자들이 원하지는 않았을 것이다. 그리고 그 중에서 적어도 두 명과는 붐부 자신이 성관계를 가졌다.

호그빈은 붐부에 관한 진상을 발견하자마자 증거를 행정관에게 제출했다. 행정관은 공식 조사에 착수했고, 그를 룰루아이의 자리에서 해임했다(Hogbin 1951: chs. 1, 8).

붐부가 자행한 억압은 뉴기니를 담당한 오스트레일리아의 행정청이 대부분의 책임을 져야 하는 것이 사실이다. 그에게 권위를 부여해놓고는 무언가 잘못 돌아가고 있다는 징조가 명백했는데도 아무 조치도 취하지 않았기 때문이다. 그렇기는 해도 붐부가 행정청의 꼭두각시는 아니었다. 붐부가 행정청에 속은 것도 아니고 행정청에 의해 타락한 것도 아니며 행정청의 정책을 시행한 것도 아니다. 그는 나름 영악하고 야심적이며 그악스러운 사람으로서, 행정관들을 의도적으로 속이고 조종했다.

붐부는 *관습을 어겼기* 때문에 그의 행동을 자기네 이론이 승인하는 것은 아니라고 상대주의자들은 주장할지 모른다. 붐부는 우리의 가치가 아니라 그 자신의 사회의 가치에 의해서 심판받을 수 있다. 이 사례를 구성하는 주요 요소 가운데 하나만 바뀌었다고 가정하고, 이런 추론의 흐름을 따라가 보자. 가령 이 장면에서 오스트레일리아 행정당국이 완전히 빠지고 붐부의 통치 기반으로 작용하지 않았으며, 대신 그의 권력의 원천이 전통적 경제 자원에 대한 통제력과 무력이었다고 가정해보자. 그는 변함없이 야심적이고 그악스러운 인물로서, 실제로 그랬듯이 자기에 맞서는 사람들에게 모욕과 처벌로 앙갚음하고, 대다수 마을 사람들은 강하게 그를 반대하지만 속수무책으로 아무 행동도 취할 힘이 없다. 이런 상태에서 호그빈이 한 사람의 인류학자로서 그 마을을 방문했다고 가정해보자. 그렇다면 호그빈은 이와 같은 상태를 승인해야 할 의무가 있는가? 다른 문화의 사람들에 관한 일이기 때문에 그래야 한다고 상대주의자들은 주장하지 않겠는가? 실제 현실의 부사마 마을에서는 호그빈이 마을 사람들의 편에 서서 개입했다. 그리고 그가 마땅하게 행동한 것은 확실하다.

그렇다면 가상된 바와 같은 상황에서도 그가 개입해야 한다고 보는 것이 온당하지 않겠는가?

두 번째 사례는 다른 지역의 실천들을 모두 승인해야 한다는 윤리적 상대주의자들의 요청에 따랐을 때 봉착하게 되는 딜레마를 예시한다. 야노마뫼 사회에서 나타나는 폭력의 패턴이 그것인데, 나폴리언 섀그넌이 1964년부터 여러 해 동안 연구해 온 주제다. 이 사람들은 베네수엘라와 브라질의 국경이 맞닿는 열대우림의 오지에 사는데, 마을은 띄엄띄엄 산재하며 각기 겹겹으로 요새화되어 있다. 야노마뫼 사회에서는 모든 수준의 인간관계에서 폭력이 항상 중심적인 역할을 한다. 전쟁이 만연하는데, 대체로 여자들에 관한 분쟁 그리고 여자들의 납치를 둘러싼 분쟁 때문에 유발된다. 힘이 약한 집단은 반복적으로 공격을 받아 경작지를 내주고 쫓겨나기 때문에, 동맹 세력들 틈에서 피난처를 찾을 수밖에 없는데, 동맹 세력은 결코 신뢰할 수 없다. 바로 그들이 언제든 학살을 기획해서 여자들만 취하고 남자들은 다 죽일지 모르기 때문이다. 진심으로 안전한 피난처를 제공하는 동맹 집단조차도 도움의 대가로 여자들을 요구할 것이라 예상해야 할 때도 있다.

야노마뫼 사회에서 나타나는 폭력의 패턴을 보여주는 일련의 사건들이 있다. 야노마뫼 마을 중의 하나인 상(上)-비사시테리 마을은 이웃 마을과 끝없는 전쟁에 시달리다가, 1949년경에 멀리 새로운 곳으로 이주하기로 결정했다. 이주한 직후에 그들은 새로운 이웃들과 잔치를 벌이는 자리에 초대를 받아서 갔다가, 강력한 공격을 받았다. 상-비사시테리의 남자 일부는 살해되었고, 일부는 중상을 입고

탈출했다. 그리고 많은 여자들이 사로잡혔다. 탈출한 생존자들은 새로 개간한 경작지로 갔다. 아직 수확을 내지는 못했지만, 그곳이 그래도 마을보다는 안전했다. 공격했던 이웃 말고 또 다른 마을의 우두머리가 상-비사시테리를 찾아와 자기들과 함께 살자고 초청했다. 상-비사시테리 마을은 이제 사람 수가 너무 적어서 자신들을 지킬 수도 없고 적에 대항해서 계속 싸울 수도 없었기 때문에 초청을 받아들였다. 그렇지만 그들은 이내 새로 나타난 후원자들이 친절한 마음에서 그렇게 한 것이 아님을 알게 되었다. 동맹과 보호의 대가로 여자들을 요구한 것이다. 게다가 초청자들에게는 꿍꿍이가 더 있었다. 기회가 오면 상-비사시테리의 남자들을 다 죽이고 여자들을 차지할 생각이었다. 초청받은 손님들에게는 다행스럽게도 또 다른 마을과 예기치 못했던 충돌이 발생한 덕분에 초청자들은 학살극을 연기해야 했다. 초청자들이 품고 있던 계획을 실행할 기회가 찾아오기 전에, 상-비사시테리 사람들은 새로운 정착지로 이주해서, 얼마 후 새로운 이웃과 흥정을 타결했다. 이들 새로운 지역의 이웃은 상-비사시테리의 최대 숙적과 상대적으로 우호적인 관계였다. 이웃은 그 숙적 마을을 잔치에 초대해서, 상-비사시테리와 함께 그 남자들을 다 죽이고 여자들은 나눠 가질 요량이었다. 그런데 하필 그때 그 숙적 마을 사람 대부분이 몸이 불편해서, 남자 다섯과 여자 넷만이 왔다. 남자 셋은 죽임을 당했고 둘은 탈출했다. 여자들은 모두 사로잡혔다(Chagnon 1977:76-79).

야노마뫼 여자들의 불행한 역경이 이런 이야기들을 관통하는 하나의 주제다. 그들의 친척은 보호의 대가로 그들을 동맹 세력에게 바치고, 그들의 적은 그들을 납치한다. 납치된 후에 그들의 운명은 이 사람들 사이에 폭력이 어떤 수준인지를 예시한다. 납치된 한 여인은 공격에 나섰던 남성 모두에게 윤간을 당했고, 그 다음에는 공격에 나서지 않고 마을에 남아 있었던 남성 모두에게 윤간을 당했다. 그 후 그 여인은 마을 사람 중 한 명의 아내가 되었다(Chagnon 1977:123). 여자들은 남편에게 순종해야 하고 남편에게 정성스럽게 봉사해야 한다. 그리고 여자들은 남편에게 수시로 벌을 받고 때로는 혹독하게 매를 맞는다. 남편들은 아내를 구타하고, 미늘이 달린 화살로 쏴서 맞히고, 마체테 또는 도끼로 토막 내며, 횃불로 태우기도 한다. 이런 남편들로부터 여자를 지켜줄 보호자는 주로 친정의 남자 형제들이기 때문에, 여자들은 납치에 의해서든 또는 다른 방식으로든 멀리 떨어진 마을로 시집가는 것을 끔찍하게 두려워한다(Chagnon 1977:81-83).

아이들도 폭력에 노출되어 있다. 먼저 태어난 아이가 젖을 떼기 전에 태어난 아이는 죽인다. 첫째 아이가 여아면 죽인다. 산모가 아이를 제대로 돌볼 수 없다고 느껴서 아이를 죽일 때도 있고, 자기에게 불편할 것 같아서 죽일 때도 있다. 새그넌은 자기가 관찰한 한 사건을 서술한다. 잘 먹어서 통통한 젊은 여자가 음식을 먹고 있는데, "삐쩍 마르고, 더럽고, 거의 굶어 죽을 지경인" 그 여자의 두 살배기 아이가 자꾸 먹을 것을 향해 손을 댔다. 얼마 전에 아이가 설사가 나서 며칠 동안 아무것도 먹지 못했는데, 그 결과 자기 젖이 말라 안 나오고, 아이는 너무 어려서 다른 음식은 먹지 못한다는 것이 여자의 변명이었다. 새그넌은 아이에게 음식을 나눠주라고 여자에게 촉구했고, 음식을 주자 아이는 걸신들린 듯이 먹었다. "한마디로 말해서, 그 여자는 아이를 서서히 굶어 죽게 만들고 있었다"(Chagnon 1977:74-75). 새그넌은 야노마뫼 사회를 찾아가기 몇 년 전에 일어났던 사건 하나를 전한다. 일단의 남자들이 적대 관계의 마을을 공격해서 우두머리를 비롯해 여러 명을 죽이고, 우두머리의 어린 아들을 납치했다. 그 아이는 납치자들의 마을에서 살게 되었는데, 다른 아이들에게 "박해와 괴롭힘을 당했다". 한 남자가 "이런 광경을 보다 못해, 개천에서 목욕을 하던 그 작은 아이를 쏴죽였다"(Chagnon 1977:122).

새그넌은 야노마뫼 족의 폭력을 몹시 생생하게 묘사했다. 그리하여 야노마뫼 사람들은 문헌을 통해 난폭함과 잔혹함으로 널리 알려졌다. 다른 한편, 새그넌은 "야노마뫼 사람들이 깨어 있는 시간 전부 또는 주된 부분을 이웃과 전쟁을 벌이고 아내를 학대하느라 보내는 것은 아니"라고 강조한다. 뿐만 아니라, 전쟁은 특별한 때에 격렬하지만 다른 때에는 거의 멈춘다. 나아가 야노마뫼 사람들 개개인은 유머도 있고 행복도 누리며 서로를 향해 상당한 애정과 다정함도 보인다. 폭력의 패턴이 현저하게 눈에 띄지만, 부드러운 감정들 역시 명백하게 나타난다(Chagnon 1977:162−163).

철저한 윤리적 상대주의자라면 붐부의 폭력은 관습에 역행한 한 개인의 사례였던 반면에 야노마뫼 족의 폭력은 그 사람들의 가치를 표현하는 것이기 때문에 붐부의 횡포와 야노마뫼 족의 폭력은 상이하며, 그렇기 때문에 우리가 붐부를 비판하는 것은 정당하지만 야노마뫼는 그렇지 않다고 주장할지 모른다. 야노마뫼의 삶의 방식은 그 사람들에게 나름대로 마땅한 방식이다. 예를 들어, 야노마뫼 아내들은 자기 남편이 자신을 얼마나 자주 때리는지를 가지고 남편이 자신에게 얼마나 신경을 쓰는지를 측정하는 척도로 삼을 때도 있는 만큼, 야노마뫼 여인들은 남편들로부터 받는 상해를 높게 평가하는 것으로 보인다(Chagnon 1977:83). 이와 흡사하게, 난폭하고 용감한 전사라는 평판이 위신을 높여주기 때문에 남자들도 전쟁을 높게 평가한다. 그러나 이런 식의 논변은 잘못된 것이다. 야노마뫼 여인들이라고 해서 매 맞기를 고대하지는 않는다. 그랬다면 보호받기 위해서 마을 내부에서 결혼하기를 선호하지도 않았을 것이고, 남편들이 마체테를 손에 들고 다가올 때 겁에 질려 달아나지도 않을 것이다. 게다가 남자들 역시 전투의 와중에는 명백히 공포에 사로잡힌다(예컨대, Chagnon 1977:135-137을 보라). 그들이 공격에 가담하는 것은 주로 의무감 때문이고 사회적 압력의 결과다. 설령 야노마뫼 사람 가운데 일부가 폭력의 가치를 진실로 소중하게 여긴다고 하더라도, 다른 일부는 괴로움을 겪어야 하는 피해자들이다. 외부 사람의 관점이 아니라 이들 피해자의 관점에서 보더라도, 이 사람들은 스스로 원하지 않는 상해와 박탈을 받아들이도록 다른 사람들에 의해 강제 당한다. 붐부의 마을 사람들이 그의 횡포가 끝나기를 원했던 것이나, 야윈 야노마뫼의 아이가 음식을 원했던 것이나, 야노마뫼 아내가 자기 허벅지를 향해 날아오는 화살을 피하기를 원했던 것이나, 야노마뫼 남자가 도끼로 머리통이 쪼개질 걱정 없이 그물침대에서 자고 싶어 했던 것은 별 차이 없이 비슷하다.

보아스의 상대주의가 제창하는 관인의 도덕 원리는 다른 삶의 방식에 대해 무관심할 수 없다는 의무를 수반한다. 다른 사람들이 하는 일을 승인하라는 의무를 우리에게 지우는 것이다. 따라서 만약 선교사나 정부의 공무원이 폭력을 줄이려는 목적에서 야노마뫼의 일에 개입한다면, 상대주의자는 그런 조치에 대해 행동까지는 아니더라도 적어도 말로써는 반대해야만 할 것이다. 상대주의의 엄밀한 논리대로라면, 그 젊은 아기엄마더러 굶주린 아이에게 음식을 주라고 촉구한 새그넌도 마찬가지로 틀린 것이 된다. 보아스적 상대주의자는 그 아이가 굶어 죽더라도, 납치된 여인들이 강간을 당해도, 마을 전체가 학살을 당해도 괜찮다고 승인해야 하는 도덕적으로 난처한 입장에 처한다. 개천에서 목욕하던 아이가 화살에 맞아 죽어도 우리더러 승인하라고 요청하는 것이다. 한편, 기능주의자들 역시 비슷한 결론으로 이끌린다. 해리스는 야노마뫼의 전쟁과 유아살해는 토지가 수용할 수 있는 한계 안에 인구를 유지하기 때문에 생태학적인 적응의 결과라고 주장한다. 승인이 실천적인 근거에서 뒷받침되는 것 같지만, 그런 제도의 실천적 가치는 증명되지 못한 채 단지 제창될 뿐이다.

세 번째 사례는 관인을 향한 상대주의자들의 요청 때문에 발생하는 도덕적 딜레마를 특히 통렬하게 예시한다. 이는 요르단 강 서안의 아랍인 농촌에서 벌어지는 명예살인의 사례다. 이 사람들 사이에서는 한 여인이 혼외 관계로 아이를 낳게 되면 그 여인의 가족과 친척이 도덕적으로 치욕을 당한다. 실추된 명예를 회복할 수 있는 유일한 길은 그 여인을 죽이는 것이다. 설사 임신이 강간에 의한 것이어도, 또는 그 여인이 워낙 폐쇄된 삶을 강요받아서 성의 생물학 자체를 이해하지 못해 생긴 일이었어도, 상관이 없다. 여기에 관련된 남성은 심각한 징벌의 대상이 아니다. 대가를 치러야 할 사람은 여인일 뿐이다. 그리고 대개 그 여인은 십대에 불과하다. 전형적으로 이런 사례에서 그 여인은 살기 위해 도망치거나 숨는다. 그러나 대개는 그녀의 남자

친척들이 그녀를 잡아낸다. 심지어 용서를 받았으니 집으로 돌아가도 된다는 속임수에 넘어가서 잡히는 경우도 있다. 여인은 보통 독약으로 죽임을 당하는데, 때로는 칼로 찔러서 죽이기도 하고 화형에 처하기도 한다. 이런 여인들을 구해내기 위해 작은 비밀 결사가 형성된 것으로 보인다. 그들이 원한다면 낙태 수술을 시행하고, 대개 유럽과 같은 곳으로 보내 일자리를 구하도록 길을 열어준다는 것이다. 이 비밀 결사는 유대인, 기독교도, 아랍인들로 구성된 연락망이고, 유럽의 단체에서 재정 지원을 받으며, 본부는 예루살렘에 있다. 구성원들은 여인들과 자신들을 보호하기 위해 비밀리에 활동한다. 가족의 명예가 걸린 일에 개입한다는 이유로 그들 또한 친척들에게 살해당할 수 있기 때문이다.

상대주의의 논리에 따르면, 이와 같은 보호 단체는 다른 인민족속의 도덕적 믿음을 침해하기 때문에 잘못이다. 사소한 도덕적 믿음이 아니라, 그 사람들이 굉장한 확신을 가지는 믿음이자 그 지역의 전통에 깊숙이 뿌리박힌 믿음이다. 그렇게 임신한 여인들을 꼬드겨 빼돌린다는 것은 그들의 친척들로 하여금 치욕을 겪도록 강제하는 짓이다(Torgerson 1981).

관인의 대안, 다시 말해 모종의 개입에 관여하든가 지지를 보낸다는 것은 울창한 밀림 속으로 들어가는 셈과 같다. 왜냐하면, 피해를 느끼는 사람을 위해서 누가 어떤 일을 하든지 대가가 따르기 때문이다. 위에 인용한 명예살인의 사례에서 그 여인의 친척들이 겪어야 하는 치욕을 보라. 다른 예를 하나 인용하자면, 만일 납치당한 야노마뫼 여인을 위해 누가 개입한다면 그 사람은 필연적으로 납치자의 자유를 침해하게 된다. 야노마뫼 사람들의 생각에 그들은 그 여인을 강간하고, 새로운 마을에서 누군가의 아내가 되도록 강제할 완벽한 권리를 가지기 때문이다. 그렇지만 이런 종류의 개입을 둘러싼 문제들을 정리하기 위해 몇 가지 점들을 명료하게 해둘 필요가 있다. 첫째는 너무나 분명한 점으로서, 개입하지 않았을 때에도 대가가 따른다. 상대주의자가 본원적으로 보수적이라는 혐의가 바로 이 점으로부터 나온다. 불공평하거나 비인간적인 사태에 직면했을 때 상대주의자의 대응은 관인이라는 도덕적 판단이다. 이러한 맥락에서 관인은 중립성의 문제가 전혀 아니고, 현재 상태가 누군가의 복리를 위해서 지니는 의미가 무엇이든 상관하지 않은 채, 현재 상태를 유지하자는 하나의 도덕적인 입장인 것이다.

둘째, 혼동하기 쉬운 두 가지 질문을 분리할 필요가 있다. 문제되는 행태나 제도를 우리가 반대할 것인지 여부, 다시 말해서 주어진 사례에서 부정적인 가치 판단이 정당한지 여부가 하나의 질문이다. 다른 한편, 반대하기로 했을 때 우리가 무엇을 해야 하느냐는 다른 질문이다. 어떤 행위나 제도에 반대하는 것과 그 반대에 맞춰 적절한 대응책을 마련하는 것은 서로 다른 별개의 사안이다. 예를 들어, 야노마뫼 사람들과 더불어 살면서 그들의 실천 일부를 못마땅하게 여기는 가톨릭 선교사들이 있다고 할 때, 못마땅하게 여기는 데까지는 선교사들과 생각이 같더라도 그래서 무엇을 해야 할지에 관해서는 생각이 다를 수 있다. 다른 생활 방식에 반대할 근거를 세우는 과제는 철학의 영역에 속하는 반면에, 하나의 부정적인 판단이 내려졌다고 할 때 어떻게 대응할 것이냐는 과제는 사회공학의 영역에 속한다. 사회공학의 차원에서는 완전히 손발이 꽁꽁 묶여서 우리의 목전에서 벌어지는 피해에 대응해서 할 수 있는 일이 무엇일지 도무지 아무 방안이 떠오르지 않을 수 있다. 그렇다고 해서 목전에서 벌어지는 그 일을 우리가 승인하도록 강제되는 것은 아니다.

셋째, 개입이 본원적으로 피해를 낳는다는 말은 참이 아니다. 아이 엄마더러 아이에게 먹을 것을 주라고 촉구했던 새그년의 사례가 바로 적확한 사례다. 이런 경우 그의 행위에 대해 어떤 반론이 가능할 수 있겠는가? 뉴기니를 관장하는 오스트레일리아의 행정당국은 (이 밖에도 여러 각도에서 자리매김이 가능하지만) 새그년의 행위와 논리적으로 흡사한 제도적 개입의 한 형태라고 볼 수 있다. 합당한 수준의 효율성과 자가 점검 장치를 갖추고 작동하도록, 그리하여 원주민들이 토착 생활 방식보다 선호할 생활 여건이 마련될 수 있도록, 행정구조를 편성하는 것이 이론적으로는 가능해야 한다. 다른 말로 하면, 사회공학의 주제는 풀어내기가 아주 어려운 문제일 수 있지만, 그것이 본원적으로 불가능하다고 믿을 이유는 전혀 없다.

다른 문화에 개입할 가능성을 내가 언급한 것이 원시인들은 우월한 문명으로부터 지도를 받을 필요가 있다고 봤던 19세기의 발상을 불러내려는 의도는 아니다. 내가 염두에 두고 있는 그림은 차라리 길을 가다가 폭력범죄 장면과 마주쳐서 피해자를 돕기 위해 발걸음을 멈추는 행인과 같은 상황이다. 무언가 잘못될 가능성이 언제나 존재하는 것은 맞다. 예를 들어, 내가 피해자를 악당으로 오인할 수도 있다. 그렇지만 어두운 골목에서 비명이 들렸을 때, 어떻게 그냥 발걸음을 재촉하면서 내 일이 아니라고만 할 수 있겠는가? 만약 돕기 위해 우리가 발걸음을 멈췄을 때, 가해자 또는 피해자보다 우리가 우월하다고 믿는다는 의미가 거기에 들어있는 것은 아니다.

개입의 문제를 제쳐놓고 반대의 문제에만 초점을 맞출 때, 다른 사회의 행동과 제도를 못마땅하게 여길 근거에 관해 우리는 명료해질 필요가 있다. 약간 다르게 표현하자면, 우리의 관인이 끝나는 지점이 어디인가? 붐부의 횡포, 야노마뫼의 폭력, 그리고 요르단 강 서안에서 벌어지는 명예살인에는 오인일 수가 없는 절대적인 강제력이 행사된다는 공통점이 있고, 바로 그 점이 관인을 옹호하기 어렵게 만든다. "사람이 하는 일에 다른 사람이 무력을 통해 의도적으로 방해한다"(Feinberg 1973:7)는 공통점이다. 이렇게 진술하게 되면, 여기서 관건이 되는 문제는 자유, 또는 더 정확하게 말하자면, 하나의 특별한 종류의 자유임이 분명해진다. 말하자면 좌절로부터의 자유라든지, 중노동으로부터의 자유가 아니라 타인의 의도적 강제로부터의 자유다. 인간에 대해 강제력이 사용되는 형태의 행위와 제도에 대해서까지 관인이 연장될 수는 없다.[19]

그렇다고 해도, 강제의 기준을 사용해서 다른 사회의 제도를 판단한다는 것은 쉬운 일이 아니다. 피해(누군가가 다른 누군가에 의해 해를 입었거나 상해를 당했거나 위협을 받았다고 느껴야 한다), 무력, 무력의 위협, 그리고 다른 사람에 의해 방해를 받을 수 있는 재산이나 안전한 삶과 같은 개인적인 사안들에 관한 관념들을 비롯해서 모종의 개념의 틀이 여기에 관련되지만 어딘지 부정확하기 때문

---

19) 자유, 피해, 강제의 개념에 관한 분석으로는 Feinberg(1973:1–54)를 보라. 나중에 제7장에서 나는 이 책에서 사용되는 강제의 원칙이 철학적으로 어떤 위상을 가지는지에 관해 부언할 것이다. 그 원칙이 이 책에서 철학적으로 온전히 정당화되지는 못하지만, 외견상의 근거에서는 정당화된다고 나는 주장할 것이다.

이다. 이 틀과 관련해서 특별히 결정적으로 어려운 대목은 정당한 강제와 부당한 강제의 구분이다. 사회에는 개인의 이익과 공중의 이익을 공히 보호하는 권위가 어떤 형태로든 존재하는 것이 보통이며, 이 권위는 무력에 의해 뒷받침을 받는 것이 정상이다. 이것은 강간이나 강탈 같은 강제와는 달리 정당한 강제로서 비난의 대상이 될 수 없다. 그러나 전쟁이 벌어지고 있을 때 그 전쟁이 정의로운 전쟁인지 여부처럼, 합법적 당국의 정책이 정당한지에 관한 질문은 항상 제기된다. 그리고 직책을 차지하고 있는 사람들의 정당성을 한 사회에서 모든 사람이 받아들이지 않는 경우도 많다. 또 하나의 어려운 점은 다른 문화의 사람들은 자기들 사이에서의 행동을 서로 해석할 때 우리와는 사뭇 다른 개념들을 통해서 해석하며, 그들의 관습과 행동을 이해하려면 그것들을 우리네 준거의 틀로"번역"해야 한다는 것이다. 이 때문에 언제나 의미의 왜곡과 오해가 발생할 가능성이 대두한다. 예를 들어, 사적인 소유물 대부분을 친척이나 친구들이 거의 아무런 제약 없이 빌려 쓸 수 있고, 때로는 어떤 물건을 빌려달라는 요청을 거절하면 안 되기까지 해서, 소유물이라고 해봤자 진실로 한 개인의 것이지만은 않은 사회들이 있다. 이런 사회에서 통상적이라고 여겨지는 어떤 요청을 받은 한 사람이 나름대로 합당한 이유가 있어서 거절했는데, 상대방이 무력으로 그 물건을 빼앗아 간다면 이것은 강제가 되는가? 이와 같은 사건은 내가 지금 제시하고 있는 일군의 관념들에 따라서 평가되기에 앞서, 해당 사회의 사람들 자신의 시각에서 명료하게 이해될 필요가 있다.

특정한 사례에서 강제의 기준을 적용하기는 매우 어려울 수 있다. 그렇더라도 그 기준을 적용해서 적어도 꽤나 성공을 거둘 수는 있다. 어쨌든, 법원은 일상적으로 손해, 상해, 피해에 관한 어려운 결정들을 내려야 하며, 그런 결정을 위해서 대단히 정교하게 짜인 원칙들의 체계가 마련되기에 이르렀다. 문화의 경계를 넘나드는 판정에 필요한 지침은 열악한 수준이지만, 필요가 충분히 커진다면 그러한 지침 역시 다듬어질 수 있으리라고 보는 것이 합당한 듯하다.

강제의 원칙을 사용한다고 해서 윤리적 상대주의가 무효화되지는 않는다. 이들 두 항목은 상호보완적이라고 보는 것이 마땅하기 때문이다. 다른 사회의 실천에 부당한 강제가 들어있지 않다면, 승인이 마땅하다. 우리는 강제에까지는 이르지 않은 다른 사회의 실천들을 도덕적으로 관인해야 할 의무가 있다. 그리고 이러한 관인은 자유의 가치에 의해 정당화된다. 사람들은 스스로 선택한 대로 살 자유가 있어야 한다. 일부다처제의 경우를 생각해보자. 서유럽인들이 다른 사회에서 행해지는 중혼을 비난하는 한 가지 이유는 한 남자가 두 명 이상의 여자와 성적으로 친밀하다는 것이 한마디로 잘못이라는 도덕적 믿음 때문인데, 이것만으로는 불충분하다. 왜냐하면, 적합한 논증이려면 일부다처제가 누군가에게 해를 끼친다고 주장할 수 있어야 했을 터이기 때문이다. 그런 주장이 때로는 이뤄진다. 여자들로 하여금 한 남자를 향한 애정을 한 명 또는 그 이상의 시앗들과 공유하도록 요구함으로써, 여자들 모두가 질투심과 불만을 품고 살지 않으면 안 되게끔 강요하기 때문에 일부다처제는 여성을 격하한다는 주장도 있다. 이 주장은 심각한 결함 한 가지만 아니었더라면 반대를 정당화하기에 충분한 수준에 근접했을 것인데, 사실의 차원에서 틀렸다. 아주 희귀한 예외를 빼면, 일부다처제 가정에서 여자들은 강제도 당하지 않고 피해자라고 느끼지도 않는다. 그들이 강제의 피해자라는 믿음은 다른 사회의 제도를 우리 자신의 문화적 시각에서 바라보는 실수에 기인한다. 한 남자와 한 여자가 일생 동안, 단 둘이서만, 서로에 대해 조그만 틈도 허용하지 않고 집착하면서 살아가는 모습을 낭만적 사랑이라고 생각하는 우리네 형식에 맞춰서 중혼을 해석하는 셈이다.

다른 사례로 야노마뫼의 전쟁을 보자. 부당한 강제의 증거가 널려 있다. 강제의 원칙에 따를 때, 학살과 납치는 비난을 정당화하는 명백한 이유다. 이 점은 야노마뫼 사회에서 습격 행위가 생태학적인 적응의 결과라는 의견이 맞는다고 해도 달라지지 않는다. 왜냐하면, 야노마뫼의 전쟁이 환경에 적응한 결과인지에 관한 분석 자체가 어쩌면 타당하지 않을 수도 있는 하나의 가설에 불과할 뿐만 아니라, 설령 그것이 맞는다고 해도, 전쟁 때문에 초래되는 잔혹함이 주기적으로 굶어죽는 대안에 비해 더 낫다고 봐야 할 이유도 없기 때문이다.

사람은 부당한 강제로부터 자유로워야 한다는 문화교차적 표준을 나는 지금 제안하고 있는데, 이 표준은 인류학자들의 윤리적 상대주의에 담겨 있는 주된 의도와 일관된다는 장점이 있다. 여기서 조금 더 나아가 자유라는 관념은 윤리적 상대주의 배후에서 작용하는 일차적 동기이자 정당화의 주된 근거라고까지 주장하고 싶은 유혹이 있다. 왜냐하면, 상대주의자들 자신이 자기네 윤리 이론이 인간의 자기결정권에 대한 믿음을 표현하고 있을 따름이라고 생각하는 듯이 보이기 때문이다. 쿠르트 폰 프리츠가 이와 흡사한 연관을 끌어냈다. 이상하게도, "윤리적   상대주의가 '민주주의적' 또는 '자유주의적' 가치 체계와 특별한 친연성을 가진다는 믿음이 널리 퍼져 있다"고 그는 썼다(von Fritz 1952:95).

폰 프리츠처럼 윤리적 상대주의를 비판하는 사람들 가운데는 자유의 관념과 윤리적 상대주의 사이에 논리적 연관을 짓는 것은 정당화될 수 없다고 주장하기도 한다. 예를 들어, 폰 프리츠는"윤리적 상대주의와 전체주의적 독재가 서로 아주 잘 어울린다"는 것을"역사적 경험"과"현대의 관찰"이 증명한다고 지적한다(von Fritz 1952:95; 아울러 Schmidt 1955:786-787을 보라). 문화를 교차해서 일반적인 윤리의 원칙이 없다는 추정적 사실로부터 곧바로 자유의 개념이 도출될 수는 없다는 점에서는 그들이 어쩌면 옳은지 모른다. 그러나 역으로 자유의 개념에서 관인은 도출되는 것으로 보인다. 자유의 가치, 또는 사람들이 스스로 선택하는 대로 자기 일을 행할 자유가 있어야 한다는 도덕적 믿음이 주어졌다고 하면, 우리는 다른 삶의 방식을 관인해야 한다는 결론이 뒤따른다.

보아스 학파는 문화적 자유라는 관념을 개발함으로써 하나의 운명과도 같은 선택을 한 셈이다. 그들은 서양 사회가 다른 사람들의 자유를 제약하지 않도록 정말로 염려했고, 더욱 강력한 민족들이 비서양 사회에 끼친 손해에 워낙 열중한 나머지, 다른 문명 내부에서 벌어지는 억압과 폭력을 간과했다. 마치 우리가 강제에 관여하지만 않는다면, 다른 사람들이 그러는 것은 괜찮다는 식이었다.

그러나 그들의 생각에 담겨 있는 논리적 줄기로 말미암아 적어도 윤리적 상대주의자 가운데 일부는 지금 내가 제시하는 바와 같은 방향으로 이끌렸다는 징후가 있다. 루스 베네딕트의 경우가 그렇다. 그녀가 쓴 『문화의 패턴』에 대해 엘진 윌리엄스는 1947년에 통렬한 비판을 내놓았다. 그녀의 책 새 판이 불과 25센트의 가격에 출판된 탓에"시정의 일반인들조차"읽을 수 있게 되었기 때문에, 공개적인 비판에 나서게 되었다는 외관상의 이유가 달려 있었다(Williams 1947:84). 윌리엄스는 상대주의와 관인이라고 하는 그 책의 명시적인 논지를 개탄했고, 그것을 더 이상 방치할 수 없다고 느꼈다. 윌리엄스의 비판이 출간된 시점에 의미가 있다. 제2차 세계대전이 막 끝난 다음으로, 앞으로 살펴보겠지만, (다른 어떤 이유보다도 아마) 독일의 폴란드 침공이나 6백만 유대인의 처형을 대단히 관인하기는 어려웠다는 점 때문에, 그 전쟁은 윤리적 상대주의가 극복해야 할 하나의 주된 도전과 같았다. 힐난에 나서게 된 명분이 무엇이었든지, 윌리엄스는 "물론 베네딕트 박사 역시 여타 교수들이나 마찬가지로 자신의 이론을 받아들이지 않는다"고 주장했다(Williams 1947:86). 왜냐하면, 관인의 요청을 그녀 스스로 위반하는 대목이 페이지마다 나오기 때문이다. 예를 들어, 그녀는 여성의 부정에 대해 주니 인디언과 대평원 인디언이 각각 반응하는 방식을 대조한다. 대평원 인디언 사회에서는 부정한 행실이 발각된 아내의 코에서 남편이 살을 도려내는 반면에, 주니 족 남편의 반응에는 어떤 폭력도 수반되지 않는다. 윌리엄스는 이렇게 썼다.

이것을 읽고 나서 베네딕트 박사가 대평원 인디언의 행태와 주니 족의 행태를 똑같이 타당하게 여긴다고 생각할 사람이 있겠는가? …… 물론 그렇지 않다. …… 성관계를 다루는 상이한 방식들에 관해 그녀는 명백히 판단을 내리고 있으며, 우리는 그녀의 기준이 폭력의 유무라고 잠정적으로 요약할 수 있다(Williams 1947:86).

베네딕트는 형식적으로는 상대주의를 고수하지만, "상대주의의 자세를 유지해보려고 시도할수록 결과에 의한 [즉, 가치판단의] 증거가 끼어든다"(Williams 1947:88).

　베네딕트는 예컨대 행복의 기준과 같은 여러 가지 기준을 평가의 기준으로 사용했던 것으로 보인다. 주니 족은"온순하게 행복한"데 비해서, 뉴잉글랜드 식민지의 청교도들은 강한"죄책감"을 느꼈고,"청교도 성직자들"은 자기네 주변에"고통과 좌절을"퍼뜨렸다는 식이다 (Benedict 1934a:262, 276, 277). 그러나 그녀의 책에 나타나는 가치판단의 배후에서 가장 빈번한 표준은 강제의 유무라는 기준이다. 예를 들어, 베네딕트는 주니 사회의 덕목과 결함을 꼬집어 논의한다 (Benedict 1934a:246). 성취 또는 개인적 기획을 발휘할 수 있는 통로가 별로 없고, 따라서 활기가 없다는 것이 결함 중의 하나라고 그녀는 주장한다. 이 문화는"구제 불능으로 온순하다". 그러나 긍정적인 측면을 보자면, 사람들이"어떤 형태의 사회적 착취 또는 사회적 사디즘으로부터도 자유"를 누린다. 이 사회는"나도 살고 다른 사람들도 살도록 기꺼이 내버려 두는"사회, 다른 말로 하면, 강제가 거의 행사되지 않는 사회들 가운데 하나다. 베네딕트에게는 이것이 대평원 인디언의 문화에 비해 주니의 문화가 가진 커다란 덕목 중의 하나였다. 다른 한편, 콰키우틀 족 사이에는 서로에 대한 경쟁심 때문에 주니 족에게는 없는"활기와 열의"가 있다. 그러나 여기에는 비싼 대가가 따른다. 사람들의 자유가 제약되는 것이다. 포틀래치를 통해서 추장은 자신의 앙숙에게 치욕을 안기고 파산을 유도한다. 이런 목적이 달성되면 상대방은 파멸에 이른다. 이와 같은 경쟁은 권력을 둘러싼 하나의 경쟁이며,"하나의 전횡으로서 …… 남자는 누구도 이로부터 자유로울 수 없다"(Benedict 1934a:246-249). 세일럼의 마녀사냥을 논의하면서는, 마녀로 간주되어 죽임을 당한

"어찌할 바를 모르는 채 괴롭힘을 당한 여인들"에 관해 논평한다. 당시의 종교 지도자들에 관해, 베네딕트는"그와 같이 지적으로 그리고 정서적으로 완전한 독재"가 이뤄진 경우는 어떤 사회에서도 거의 없다고 말한다(Benedict 1934a:276). 그러한 종교적 폭군들은 거의 누구든지 걸리는 대로 처형에 이르게끔 만들 수 있을 정도로 권력이 강했다.

사회 안에서 비정상으로 간주되는 것에 관한 베네딕트의 논의 역시 같은 내용을 예시한다(Benedict 1934a:251-278). 비정상이라는 단어로 그녀는 그 문화가 움직이는 것과는 다른 방향으로 흘러가는 자연적 성향 또는 능력을 가진 사람들, 그러므로 가치를 인정받지도 못하고 성공하지도 못하며 좌절당하는 사람들을 가리킨다. 동성애가 변태로 간주되는 사회에서 살아가는 동성애자가 그와 같은 하나의 예다. 동성애자의"죄책감, 부적응감, 실패는 사회적 전통이 그에게 덧씌운 멸시의 결과로서, 자기 사회의 표준에 의해서 지지받지 못하는 상태에서 만족스러운 삶을 달성할 수 있는 사람은 거의 없다"고 베네딕트는 썼다(Benedict 1934a:265). 여기서 횡포를 부리는 것은 문화다. 더욱 정확하게 말한다면, 그 사회의"정상적"구성원들이 자기네 문화의 가치를 표현하는 와중에 횡포를 부리게 된다. 그리고 베네딕트는 이 횡포에 대해 중립적이지 않았다. 문화적 표준에서 벗어나는 사람들에 대한 관인을 권고했기 때문이다. 그녀는 심지어 "미래에는 여러 사회의 질서에 개인적 차이에 대한 이와 같은 관인과 장려가 지금 우리가 경험하는 어떤 문화보다도 더 많이 담겨 있을 것"이라고 내다보기까지 했다(Benedict 1934a:273). 전통의 횡포는 결국 쇠퇴하고야 말리라는 것이다.

요컨대, 베네딕트가 다소간 암묵적으로 다른 사람들에 대한 평가를 표현할 때, 강제로부터의 자유가 유일한 기준은 아니었겠지만 주된 기준 가운데 하나였다.

　허스코비츠는 이런 종류의 가치판단이 자기 저작에 스며들도록 방치하는 경향이 덜하다. 한 대목에서 그는 서아프리카를 유럽이 통치함으로써 유리한 점과 불리한 점을 논의했다. 프랑스와 영국의 통치는 물질적 혜택을 불러왔고, 노예제와 인간을 제물로 바치는 풍습과 부족 간의 전쟁을 척결했다고 그는 지적했다. "이로써 한 사람이 개인적 자유나 목숨을 상실할지도 모른다는 두려움 없이 자기가 원하는 곳에서 살면서 생업에 종사할 수 있게 되었다." 아프리카인도 이 모든 점을 인정할 테지만, 여전히 과거를 그리워하며 언젠가 유럽의 통제에서 벗어나 자유로워질 날을 고대한다. "자유의 개념을 현실적으로, 자기 자신의 문화적 패턴에 부합하는 한 착취당할 권리까지 포함하는 것으로, 정의해야 한다고 느낄 만한 약간의 이유가 있는 것은 사실이다"(Herskovits 1942, 1973에 재수록:9). 모르긴 몰라도, 허스코비츠는 야노마뫼 사회의 폭력을 승인했을 것이다. 그러나 몇 년 후에 쓴 다른 대목에서는 더욱 모호한 태도를 보인다. 다른 인민족속들의 생활 방식을 관인해야 한다는 말이 소련의 강제노동수용소, 미국의 흑인에 대한 린치, 보르네오의 수급(首級)사냥 등까지도 포함하느냐는 질문을 그는 제기했다. "이런 질문들은 대답하기가 쉽지 않다"는 입장을 허스코비츠는 표명했다. "인간에 대한 인간의 비인간성에 대처할 방안을 고안해야만 하는 거대한 과제가 우리 앞에 대두한 것"이라고 그는 제의했다(Herskovits 1956, 1973에 재수록:93-94). 적어도 다른 문화에서 벌어지는 강제를 비판할 수 있고, 그것을 우리가 반드시 관인하고 승인할 필요는 없다는 생각을 이 당시에는 허스코비츠도 기꺼이 고려한 것이 분명하다. 약간 다르게 표현하자면, 절대적 관인을 향한 그의 요청은 인간사에서 무력이라는 문제가 (어쩌면 제2차 세계대전을 경험한 결과로) 그의 마음속에서 점점 더 뚜렷이 떠오름에 따라, 비틀거리게 된 것으로 보인다.

제6장 불신의 증가

    최근 몇십 년 동안에 인류학에서 상대주의는 어떤 대접을 받고 있는가? 별로 좋은 대접을 받고 있지 못한 것으로 보인다. 1970년대에 지식의 상대성은 인류학 문헌에서 논의된 하나의 주된 주제였다 (예컨대, Needham 1972). 그러나 그 사촌 격이라 할 수 있는 윤리적 상대주의는 인류학계에서 거의 보편적으로 기각당했다. 베네딕트와 허스코비츠가 생전에 (베네딕트는 1948년 허스코비츠는 1963년에 사망했다) 그랬던 것처럼 윤리적 상대주의의 깃발을 높이 들고 다니는 사람은 확실히 아무도 없었다.[20] 이 장에서는 제2차 세계대전이 발발한 이래로 윤리적 상대주의에 대해 무슨 일이 일어났는지를 설명할 것이다.

---

20) 인류학에서 윤리적 상대주의의 위상을 일반적으로 논의한 비교적 최근의 문헌으로는, Hanson(1975), Rudolph(1968), Tennekes(1971)를 보라.

전쟁 중에 그리고 전쟁이 끝난 후에 인류학 내부와 외부에서 전개된 여러 가지 흐름들이 윤리적 상대주의와는 상반되는 방향으로 작용했다. 그런 흐름 가운데 하나는 전쟁 자체였다. 세계적인 충돌에 직면하여, 특히 나치즘에 직면하여 무조건적 관인을 향한 요청은 분별 있어 보이지 않았다. 1938년에 히틀러는 오스트리아를 병합했고, 바로 이어진 몇 달 동안 체코슬로바키아까지 차지하겠다고 위세를 부렸다. 1939년에 그의 군대는 다짜고짜 폴란드로 행군해 들어갔고, 영국과 프랑스로 하여금 선전포고를 하지 않을 수 없게 만들었다. 수백만 유대인에 대한 체계적인 살해를 비롯해서 세계가 일찍이 알지 못했던 가장 소름끼치는 정책 가운데 일부가 독일인이 인종적으로 우월하다는 나치의 믿음으로 말미암아 발생했다.

미국인들은 제2차 세계대전을 궁극적인 가치를 둘러싼 갈등, 민주주의와 자유냐 아니면 전제정과 침략이냐를 둘러싼 갈등이라고 여긴다. 두 가치체계가 서로에 대해 위협이 된다고 간주될 뿐만 아니라, 설령 그렇지 않다고 하더라도, 설령 나치 독일과 여타 추축국들이 각자 자기가 차지하고 있던 영토에 만족했다손 치더라도, 체코슬로바키아 사람들, 폴란드 사람들, 유대인들, 그리고 다른 지역의 사람들을 그들이 취급한 행위들은 너무나 경악스러워서 관인할 수가 없다. 이러한 문제는 철학자 에이브러햄 이델에 의해서 사례별로 예시된 바 있다(Edel 1955:16-17). 그가 예시한 사람 중에는 1940년대 초에 민주주의의 가치를 위해서 싸울 준비가 되어 있다고, 자신의 도덕적 믿음을 위해서 자신의 목숨을 걸고 어쩌면 다른 사람들의 목숨까지도 빼앗을 용의가 있다고 발언한 역사학자가 있다. 그럼에도 불구하고, 그 역사학자는 자신의 가치를 위해"할 수 있는 말이 그 정

반대인 나치의 가치를 위해 할 수 있는 말에 비해 궁극적으로 더 많지 않다"고 내뱉었다(아울러 Cook 1978:310을 보라).

앞에서 엘진 윌리엄스의 루스 베네딕트에 대한 비판을 거론했었다. 그의 논문은 제2차 세계대전 직후에 작성되었고, 그 국제적인 무력충돌로 말미암아 윤리적 상대주의가 봉착하게 된 도덕적 딜레마를 통렬하게 표현했다. 윌리엄스는 보통 시민들의 삶에 널리 퍼지게 된 전쟁의 경험이 문화적 차이에 관해서 유사 이래 세상에 알려진 것 중에"가장 커다란 대중 교육"을 제공했다고 썼다(Williams 1947:84-85). 그래서 대중은 무엇을 배웠을까? 전쟁 때문에 자식을 잃은 어머니들이 자기네 문화만큼 히틀러의 문화도 나름대로 타당하다고 인정할 확률이란, 히로시마 원폭 생존자들이 미국의 장군들을 향해 관인을 보일 확률, 또는 홀로코스트가 적절한 행위였느냐는 질문에 찬반양론이 있음을 살아남은 유럽의 유대인들이 받아들일 확률만큼이나 낮다는 점을 확실히 배웠을 것이다.

윤리적 상대주의자들에게 제2차 세계대전은 도덕적으로 두 가지 이유에서 당혹스러운 일이었다. 첫째, 우리가 관인할 수 있는 한계가 어디냐는 질문이 고개를 들 수밖에 없게 되었다. 둘째, 경위는 여하간에 자유와 인류 등, 일단의 궁극적 가치를 찾아낼 수 있지 않느냐는 정서가 전쟁에 힘입어 자극을 받았다.

윤리적 상대주의에 상반되는 방향으로 작용한 두 번째 흐름은 전쟁이 끝난 후 서양 세계 전체에서 봇물 터지듯이 분출한 낙관론이었다. 역사학자 시드니 폴러드는 진보 이론들의 성행과 낙관론의 시대 사이에서 연관을 도출해낸 바 있었다(Pollard 1968). 인간의 향상에 대한 믿음은 번영과 희망의 시대에 출현해 온 낙관론적 관념이다. 그 믿음은 18세기 계몽주의의 낙관론의 시기에 나타났다가, 19세기 초 비관론의 시기에 쇠퇴했다. 다시 19세기 중엽에서 말엽까지 (타일러와 스펜서의 이론들이 대표하는) 낙관론의 시기에 나타났다가, 19세기가 끝날 때 비관론이 득세함에 따라 쇠퇴했다. 이 분석에 따르면, 보아스 학파의 윤리적 상대주의는 19세기 말과 20세기 초 비관론의 현현이다. 그렇지만 제2차 세계대전 이후의 시기는 낙관론이 부활한 시기였다(Pollard 1968:186-187). 어쨌든 결국에는 자유와 민주주의의 편이 승리했다. 그리고 승리한 민족들은 자기들과 그때까지 싸웠던 바로 그 나라들을 재건하는 작업에 착수했다. 독일과 일본은 공히 복구되었을 뿐만 아니라, 민주적인 정부와 급성장하는 경제를 갖추게 되었다. 이 시기는 또한 물질적 번영의 시기이기도 해서, 아프리카, 아시아, 남아메리카, 태평양, 기타 등등 비서양의 인민족속들도 종전까지 산업화된 나라에만 국한되던 혜택의 일부를 공유할 수 있게 되었다."가장 거칠게 표현하자면, 가진 자들이 무언가를 내놓을 수 있을 만한 형편이 되었고, 가지지 못한 자들은 현존하는 틀을 바꾸지 않고도 장차 형편이 향상되리라고 내다볼 수가 있게 되었다"(Pollard 1968:187).

역사적 경험은(폴러드의 문구다) 이제 진보라는 발상의 복귀, 다시 말해 문명에 관해 무언가 좋은 말을 할 수 있다는 발상의 복귀에 우호적이었다. 근대 사회의 여건이라는 것이 어쩌면 애당초 그토록 부조리하지는 않았을지도 모를 일이다. 가치에 관해 더욱 낙관적인 견해, 문화의 경계를 관통하면서 정당하게 적용될 수 있는 도덕의 원리에 도달하는 일이 가능할 수도 있다고 제창하는 견해, 그런 가치들을 발견함으로써 국제적인 이해와 세계 평화를 달성하는 데 이바지할 수 있을지도 모른다는 견해를 위한 분위기가 무르익고 있었다고까지 주장해도 무리가 아니다.

윤리적 상대주의에 상반되는 방향으로 작용한 세 번째 흐름은 문화를 연구할 때 과학적 규칙성 또는 광범위 이론을 달성하려는 관심이 인류학 내부에서 높아졌다는 점이다(Hatch 1973b). 보아스 학파 인류학자들은 처음부터 거의 반(反)-이론적이 아니면 비-이론적이었다(Kluckhohn 1939). 일단 자료가 충분한 양으로 수집되면 이론은 거의 저절로 모습을 드러낼 것이라 믿어졌다. 그러나 1920년대 말에 이르자, 조바심의 징조들이 나타났고, 1930년대 말에 이르면 (제2차 세계대전이 시작되는 시점에는 확실히) 조바심은 보아스의 경험적 엄밀성과 이론적 검소함에 대한 정면 공격으로 탈바꿈했다. 새로운 분위기, 이론적 혁신을 간절하게 갈망하는 분위기가 미국 인류학계를 뒤덮었다. 한 인류학자는 점점 고조되던 이 정서를 다음과 같은 논평으로 표현했다. "오늘날 미국 민속학에서 우리에게 필요한 것은 추가적 사실들이 아니라 우리가 이미 풍성하게 보유하고 있는 사실들에 대한 해석이다"(White 1939:573).

아마도 이와 같은 흐름은 세상사의 전개와 무관하지 않았을 것이다. 1920년대의 일반적 비관론, 1930년대 전 세계 경제의 붕괴, 그리고 제2차 세계대전은 인류학계 내부에 위기감을 고조시켰다. 세계는 곤란한 지경에 깊게 빠졌는데, 인류학자들이 이에 대응해서 할 수 있는 일이라고는 고작 코요테 이야기나 모카신 도안화를 수집할 뿐인 것처럼 보였다. 세계에 도움이 되고 인류학을 돋보이게 만들 인간성에 대한 과학적 이해가 필요했다.

일반적이고 과학적인 원리를 향해 인류학계의 관심이 증가한 결과 방법론적 발전과 이론적 발전이 쏟아져 나오게 되었다. 처음 1920년대 말엽에는 소박하게 시작했던 일이 1940년대에는 본격적으로 기세를 탔다. 문화와 인간의 성격 체계 사이의 관계에 초점을 맞추면서, 문화적 제도들이 긴장의 감소에 미치는 영향과 같은 문제를 다뤘던 문화와 성격에 관한 연구도 그때 이뤄진 혁신 중의 하나였다. 그러한 혁신의 다른 예로는 문화접변 연구도 있다. 서양 사회가 비서양의 인민족속에 미친 영향을 이해하는 데 목적을 두고, 지배당하게 된 사회가 보여준 좌절감이라든지 저항과 적응의 패턴과 같은 주제들에 집중했던 연구다. 세 번째로는 문화생태학이 있다. 환경적 조건에 문화적으로 적응하는 일반적 패턴을 찾으려던 연구다.

제2차 세계대전에 담겨 있었던 도덕적 함의, 전후 연간에 커지던 낙관론, 그리고 광범위 이론과 일반화를 달성하려는 강력한 관심 — 이와 같은 흐름들을 배경에 깔고 바라보면, 보편적 가치 또는 도덕적 절대항을 찾아낼 수 있다는 확신이 대체로 1940년대 말에서 1950년대에 걸쳐서 가장 유명한 축에 속하는 몇 사람을 포함해서 미국 인류학자들 사이에서 고개를 들기 시작한 것을 이해할 수 있다. 도덕적 절대항이라는 관념은 자료를 체계적으로 분석하면 과학적 일반화가 드러나리라는 기대와 같은 차원에서 기대된 착상이었다.

랠프 린턴이 좋은 예다. 1950년대에 그는 증거를 면밀하게 살펴보면 도덕의 영역이 거의 무한한 다양성으로 이뤄진 상태가 아니라 오히려 세계 전체의 모든 사회에 일정한 가치표준이 공통적으로 반복되는 것이 드러난다고 주장했다. "서로 관련이 없는 일련의 문화들을 연구한 사람이 받게 되는 첫인상은 거의 무한한 다양성"이라고 그는 말했다(Linton 1952:646). 그렇지만, "겉으로 보기에 끝이 없어 보이는 문화 패턴의 다양성 뒤에는"(그는 여기에 가치도 포함시킨다)"하나의 근본적인 획일성이 있다"고 이어서 말한다. 린턴은 세계의 민속에 관해 백과사전처럼 박식했다. 이 분야의 문헌들을 광범위하게 읽었고 기억력 또한 대단했다. 그리하여 자기가 추려낼 수 있었다고 생각한 윤리적 원리의 규칙성 일부를 그 논문에 요약하고자 했다. 예를 들면, 모든 사회에서 부모들은 자녀들을 보살피고 훈련시킬 도덕적 의무를 가지는 한편, 자녀들은 부모가 늙으면 보살핌을 되돌려줄 것으로 기대된다고 그는 주장했다(Linton 1952:653). 모든 사회에서, 비록 부양하는 정도는 문화마다 크게 달라지지만, 같은 부모에서 태어난 형제자매 사이에는"일정한 정도의 충성과 상호 부조의 의무가 있다"고 그는 지적했다(Linton 1952:654). 물질적 재화의 축적이 허용되지 않는 조건 아래 살아가는 인민족속들은 거의 모두 음식을 공유하고 연장과 무기를 대가 없이 빌려 쓰는 패턴을 가진다(Linton 1952:656). 개인적인 이익들이 어떤 지점에서부터는 더욱 큰 전체의 필요에 종속하게 되는 방식으로 모든 사회가 짜여 있다(Linton 1952:659). 그리고 폭력을 무엇으로 정의할 것인지에 관해서는 문화적인 차이가 있지만, 모든 사회에서 폭력은 단죄의 대상이다(Linton 1952:659-660).

이와 같은 결론들을 린턴은 감정이 개입되지 않고 순전히 과학적인 관심에 따른 것처럼 제시하지 않았다. 왜냐하면 그에게는 아주 실천적인 목적이 있었기 때문이다. 그는 여러 인간 사회에서 나타나는"윤리적 개념의 유사성"이 있기 때문에"상호 이해를 위한 단단한 기초"(Linton 1952:660)가 마련되었고 세계 평화를 향해 거보를 내디딜 수 있게 되었다고 주장했다(아울러 Linton 1954:166-168을 보라). 옳음과 그름을 준별하는 보편적 표준을 확립하는 데 이와 같이

공통되는 도덕원리들이 기초가 될 터이기 때문이다.21)

설령 윤리적 보편자를 찾지 못하더라도 어떤 가치들은 다른 가치들보다 더욱 높게 평가되어야 한다는 견해도 전쟁 후에 등장했다. 클라이드 클루콘은 문화적 가치들의 타당성이 서로 동등하지 않다고 주장했다. 예를 들어, 모든 인간의 공통적 인간성을 부인하는 가치라든지, 사람으로 대접받을 권리를 어떤 사람들에 관해 부인하는 가치 등은 타당성이 모자란다(Kluckhohn 1955:675). 비슷하게, 레드필드는 전 세계 여러 도덕체계의 "내용"은 아주 여러 갈래로 다를 수 있지만, 그럼에도 불구하고 가치들은 "기본적 유사성으로 이뤄진 중심 주변에서 변화"하는 경향을 보인다고 주장했다(Redfield 1953:159-169). 관습적 도덕은 어쩌면 "무엇이든지 옳은 것으로 만드는" 역량을 가지고 있는지도 모르고, 따라서 관습적 도덕은 사회에 따라 발본적으로 달라질 수 있다. 그러나 행태 중에서 옳은 것으로 만들기가 더 쉬운 유형과 더 어려운 유형이 있다. 그렇기 때문에 도덕의 패턴 중에, 비록 보편적이기까지는 아니더라도, 다른 것들보다 더 공통적인 것들이 있다. 예를 들면, "관습적 도덕으로서도 어머니가 아이들을 아끼다가 잡아먹는 형태를 옳은 것으로 만들기보다는 어머니가 아이들을 아끼는 형태를 옳은 것으로 만들기가 더 쉬울 것이라고 나는 확신한다"는 것이다. 마찬가지로, "나치의 냉혹한 잔인성이나 집단 내부의 식인 풍습"같은 것은 인간적 가치의 일반적 경향에서 벗어난 것이라

---

21) 린턴이 전에 썼던 대목들을 보면 그의 주장에 어떤 논리적 결함이 있는지가 분명하게 드러난다. 세계의 모든 사회가 주어진 하나의 도덕적 규범을 품고 있다고 해서 그 규범이 궁극적인 선의 지위에 오르는 것은 아니다. 린턴은 사실들의 현재 상태로부터 하나의 도덕적 원칙을 도출하려고 시도하는 오류를 범했다. Taylor(1958)를 보라.

고 그는 지적한다. (나치즘에 담겨 있던 것들처럼) 규범에서 벗어난 가치들은 선에 관한 모종의 일반적 표준에 어긋난다는 것이 그의 논지였다. 비록 보편적으로 공유되지는 않을지언정 광범위하게 공유되는 더욱 인간적인 도덕 원리들에 비해서 그런 가치들은 적절성과 타당성이 모자란다.

레드필드는 여기서 몇 걸음을 더 나아갔는데, 적어도 크뢰버처럼 미국 인류학의 주도적인 학자 한 명이 그와 행보를 함께 했다(아울러 Ginsberg 1953을 보라). 그들은 문화의 경계를 초월하는 일반적 판단 기준이 있을 뿐만 아니라, 원시사회의 도덕적 위상은 미국이나 중국 같은 문명에 비해 낮다고 주장했다. 원시 수준 또는 문명 이전 수준에서 문명 수준으로 하나의 윤리적 변혁이 발생했다는 것이다. 이러한 발상은 도덕의 진보라는 개념을 다시 도입하는 셈과 같기 때문에 의미심장하다.

레드필드는 우리가"하나의 원시 문화를 판단할 때 러시아나 미국을 판단할 때와 같은 기준을 사용하는지"를 반문함으로써 논의를 전개한다(Redfield 1953:157). 그렇지 않다는 것이다. 더욱 단순한 사회에 대해 우리는 도덕적인 기대가 더 낮고, 따라서 그런 사회에 대해 덜 비판적이다. 예를 들어, 우리는 더욱 높은 문명에서는 사상의 자유가 보호받기를 기대하지만 단순한 사회에서도 그러기를 기대하지는 않는다. 그리하여 우리는 러시아나 미국에 대해서는 진압이나 억압을 비난하지만 원시사회에 대해서는 그러지 않는다. 하나의 예를 덧붙인다면, 우리는 시외에 사는 어떤 남편이 아내를 눈보라 속에서 죽도록 내버려뒀다면 비난하지만, 밀림에서 홀로 죽어가는 아내를 방치한 시리오노 족 남편을 똑같이 비난하지는 않는다(Redfield 1953:163).

원시사회에서 문명사회로 도덕적 변혁이 일어났지만, 우리가 판단에 이중기준을 사용하는 탓에 그러한 변혁에 관한 이해가 방해를 받는다고 레드필드는 주장했다. 원시인들에 대해 판단을 너그럽게 하기 때문에, 그들의 표준이 전체적으로 비인간적이라는 사실을 우리가 깨닫지 못한다.

레드필드가 보기에, 원시인과 문명인 사이의 이와 같은 도덕적 차이는 원시인들이 윤리적으로 태만하기 때문은 아니다. 그들의 도덕표준이 동등한 가치를 가지기에는 미흡할 수 있지만, 그 사람들을 탓할 일은 아니다. 레드필드의 입장은 원시사회가 추앙하는 가치가 그들이 살아가야 하는 아주 상이한 여건들을 반영한다는 얘기라고 나는 생각한다. 예를 들어, 시리오노 족 남편이 밀림에서 죽어가는 배우자를 방치하는 것은 삶의 엄혹한 조건 때문이다. 실천적으로 그에게는 선택의 여지가 없다(Redfield 1953:140). "우리는 어떤 인민족속에 관해 그들의 물리적 삶의 조건으로 말미암아 불가능한 도덕적 규범을 가지라고 기대하지 않는다"(Redfield 1953:163). 그렇지만 설사 그 사람들을 탓할 일은 아니라고 하더라도, 그렇다고 해서 그들의 가치를 수용할 수 있게 되는 것도 아니다. 그와 같은 그들의 가치 때문에 그 사람들은 도덕적으로 감수성이 부족한 것이며, 그렇기 때문에 더욱 무자비하고 더욱 폭력적이고 더욱 잔인한 것이다.

선과 악을 판단할 때 (그리고 원시적 가치와 문명적 가치를 구분할 때) 어떤 기준을 사용하는지를 레드필드가 정밀하게 제시하지는 않았지만, 그가 승인하는 몇 가지 실천과 반대하는 실천 몇 가지를 열거해보면 그가 무엇을 염두에 두고 있었는지 약간의 실마리를 얻을 수 있다. 어떤 포니 족 추장과 그 아들이 자기네 인민 내부에서 사람을 제물로 바치는 풍습을 종식하기 위해 노력했던 이야기를 그는 전한다. 포니 족의 믿음에 따르면, 흉년을 방지하기 위해서는 전쟁을 통해 한 사람을, 보통의 경우 한 젊은 여자를, 사로잡아다가 제물로 바쳐야 했다. 포니 족 추장의 아들이었던 젊은 청년과 그 아버지는 이처럼 야만적인 의례에 반발해서, 통념을 거슬러, 죽게 되어있던 포로들을 풀어주기 위해 위험을 무릅쓰고 나섰다(Redfield 1953:130-133, 136-140). 레드필드의 논의 안에서 이 이야기는 실제로 일어났다고 그가 확신했던 도덕적 변혁을 상징한다. 사람을 제물로 바친다는 것은 비인간적이고 비난받아 마땅하다. 반면에 희생될 뻔한 젊은이들을 구하려는 시도는 찬사를 받아야 한다.

같은 이유로, 레드필드는 (크뢰버를 따라) 사법 절차의 일부로서 고문을 활용한다든지, 형벌의 형태로서 매질을 한다든지, 전쟁 포로들을 죽이는 등의 실천을 비난했다(Redfield 1953:162). 멕시코의 유카탄에서 스스로 목격했던 한 사건을 그는 기록했다. 그가 알고 지내던 마야인 친구 몇 명이 야생동물 한 마리를 잡아서, 휘발유를 뿌린 다음, 산 채로 구웠다. 레드필드는 무자비하고 동정심 없는 행위로 이를 비난했다(Redfield 1953:164). 그는 또한 수급사냥과 식인풍습도 비난했다(Redfield 1953:148). 문명사회들도 비판의 대상이 되었다. 레드필드는 미시시피 주의 백인우월주의,"인간성을 격하하고 공포에 찌든 삶의 방식"을 강요하는 소련의 정책, 그리고 나치를 꼬치꼬치 비판했다(Redfield 1953:148-149). 문명사회의 도덕이 더욱 세련되었을 수는 있지만, 완벽한 경지에 도달한 것은 전혀 아니다.

원시사회에서 문명사회로 넘어가는 사이에 도덕의 변혁이 발생했다고 하면서 레드필드가 주목하는 윤리적 원칙은 양식과 인간미의 원칙22)이다. 그리고 이 원칙이 또한 그가 좋은 것과 나쁜 것을 판별할 때 사용한 윤리적 원칙이기도 하다(Redfield 1953:163, 164). 사람들을 (그리고 동물들을) 존중하는 마음으로 친절하게 대하고, 그들이 잘 지내도록 돌보고, 그들에게 고통과 상처를 주는 일을 피하는 것이 좋다.

크뢰버는 원시사회와 문명사회 사이에 인간미가 증가하는 것 말고 다른 차이들이 있다고 주장하면서, 그 차이들을 집합적으로 가리켜 그는 진보의 현현이라고 일컬었다. 19세기의 구식 진화의 이념에 대해서는 비판적이어야 맞지만,"구석기 시대 이래로 문화에서 모종의 진보가 대단히 많이 그리고 상당히 지속적으로 일어났다는 데에는 의문의 여지가 있을 수 없다"고 그는 지적했다(Kroeber 1952:318). 그렇다고 할 때, 문제의 핵심은 문화가 어떤 방식으로 진보해왔는지를 확정하는 것이고, 여기에는 네 가지 방식이 있다고 그는 주장했다(Kroeber 1948:296-304, 1952:318).

첫째, 문화적 특질들의 양 자체가 증가했다. 소규모, 수렵하고 채취하는 사회들은 보통 근대 사회들이 가지고 있는 문화의 재료 가운데 단지 작은 일부만을 가진다."인류 문화의 전체 합계는 역사의 진행과 함께 양적으로 꽤나 계속해서 성장해왔다"(Kroeber 1948:297).

둘째, 주술과 초자연주의가 쇠퇴했다고 크뢰버는 주장했다(Kroeber 1948:299). 더욱 발전된 사회에서는 거부되는 일정한 현상들과 절차들을 더욱 단순한 사회들은 효과가 있고 실재적이라고 받아들인다. 예들 들어, 더욱 단순한 사회들은 꿈이 미래를 예시한다고 받아들이

---

22) 양식(良識)과 인간미(人間味)의 원칙: principle of decency and humaneness를 이렇게 번역했다. (역주)

고, 몽환이나 환각과 같은 가벼운 정신이상이 초자연적인 힘의 결과
라고 믿는다. 우리 사이에서라면, 죽은 사람이 말하는 것을 들었다든
가 자기가 곰이나 늑대로 변신할 수 있다고 믿는 사람은 정신적으로
건강하지 못하다고 간주된다. 그러나 원시인들 사이에서는 그런 사람
은 선하게 또는 악하게 자기 맘대로 사용할 수 있는 특별한 힘을 가
진 것으로 간주된다. 그렇다고 해서 신에 대한 믿음이 후진성의 지표
라는 말은 아니라고 크뢰버는 덧붙였다. 환각과 같은 주관적인 경험
과 객관적인 현상을 분간하지 못하는 결함, 또는 경미한 정신이상에
초자연적인 의미를 부여하는 경향 같은 것들이 그가 지목하는 대상
이다(Kroeber 1948:300, 1952:318).

셋째, 원시 문화에서는 생리학적인 사안들 또는 해부학적인 사안
들이 사회적인 문제로 결부되는 경우가 문명사회에 비해 더 많다.
예를 들어, 월경 중의 여인들이 격리되기도 하고, 과부가 죽은 남편
의 턱뼈를 목덜미에 걸고 다니는 등 죽은 사람의 시신에 집착하기도
하고, 천으로 만든 가닥으로 단단히 묶음으로써 두개골의 모양을 변
형시킨다든지, 앞니를 빼는 등, 산 사람의 신체 일부를 절단하기도
한다. 크뢰버가 더욱 단순한 사회들을 덜 인간적이라고 여긴 것은
이와 같은 맥락에서였다. 고문이나 제물 같은 일들이 더 쉽게 벌어
진다. 불교나 기독교 같은 세계의 주요 종교들은 그런 야만성을 점
차로 배격해왔고, 더욱 인간적인 행태를 재가해왔다.

진보의 네 번째 요소는 기술, 기계장치, 그리고 과학의 분야에서
일어난다고 그는 주장했다. 이런 영역에서 일어난 혁신은 쉽사리 망
각되지 않기 때문에, 누적적으로 축적되는 경향이 있다. 복잡한 사
회들은 더욱 효과적인 기술, 연장, 기계, 기술적 지식 등을 가진다.

도덕적 절대항과 도덕적 진보에 관한 이런 논의들, 문명에 향상이 수반된다는 레드필드와 크뢰버의 발상, 민속학 자료들을 걸러냄으로써 보편적 가치를 발견할 수 있다는 린턴을 비롯한 몇 사람의 시도 등은 거의 시작하자마자 갑자기 중단되어 버렸다. 일반적으로 이런 방향의 사유는 1960년대에 이르면 사실상 자취를 감췄다. 이것은 아마도 부분적으로는 종전 후의 낙관론이 1960년대에 쇠퇴했기 때문일 것이다. 뉴욕, 로스앤젤레스, 디트로이트를 비롯해서 미국의 주요 도시들에서는 인종적 갈등이 고조되고 있었고, 결국 흑인 거주지에서 통제 불능의 폭동들이 터졌다. 환경은 또 다른 차원의 위기를 겪고 있었고, 오염을 위시한 환경의 위기 때문에 대부분의 도심은 살기에 불쾌하고 건강하지 못한 곳이 되었는데, 어떻게 대응해야 할지는 아무도 알지 못했다. 베트남 전쟁은 규모가 커져만 갔고, 그럼에도 이길 수 없는 전쟁으로 보였다. 그리하여 전쟁에 대한 불만은 더 많은 폭동으로 이어졌고, 마침내 1968년 시카고에서 열린 민주당 전당대회에서도 폭동이 발생했고 미국 전역의 대학 캠퍼스로 번져갔다. 전쟁에 반대하는 발언을 공표하는 일과 관련해서 무슨 일을 해야 하고 무슨 일을 하지 말아야 할지를 둘러싸고 미국 인류학회 자체가 내부에서 갈라졌다. 나라를 이끄는 지도자들에 대한 민족 전체의 신뢰가 바닥으로 떨어진 차에, 미국의 대통령은 백악관과 관련된 가장 심각한 논란 가운데 하나에 휘말렸다. 워터게이트 빌딩 잠입 및 도청 사건과 관련해서 탄핵 심판의 가능성에 직면한 닉슨은 치욕스럽게 사임해야만 했다. 요컨대, 문명이 도덕의 향상을 표상한다든가, 인간은 이곳이든 어떤 다른 곳이든 나름의 문화 안에 광범위한 타당성을 지니는 도덕 원칙들을 확립할 만큼 그리고 자신의 삶에서 그 원칙들을

187

준수할 만큼 고매하다는 낙관적인 이념이 성장하기에는 너무나 적합하지 않은 환경을 "역사적 경험"이 제공하고 있었던 것이다.

그렇지만 아직은 진보의 개념이 인류학자의 단어장에서 사라진 것은 전혀 아니다. 문화생태학에 관심을 가지는 사람들의 작품에서는 여전히 상당히 자주 그 개념이 등장하고 있다. 이 용어가 이렇게 사용되는 현재의 용례를 약간 자세히 서술할 필요가 있다. 미국 인류학에서 도덕적 절대항이라든지 도덕적 향상에 관한 사유가 어떻게 시들어갔는지를 매우 효과적으로 예시하기 때문이다.

문화생태학자들은 물리적 세계에 대한 문화적 적응에 관심이 있는데, 이미 여기서부터 진보가 함축된다. 이러한 접근법에서는 시간이 흘러감에 따라 적응이 누적된다는 시각에서 문화를 포착한다. 문화생태학은 시간이라는 차원을 포함하고 적응에 초점을 맞추기 때문에 문화적 진화와 밀접하게 결부되고, 문화생태학자들은 통상 문화진화주의자라는 자의식을 가진다. 진화주의자의 작품에 전형적으로 나타나는 주제는 어떤 단일한 발전의 척도에 의거해서 사회들을 순서로 배열하려는 시도다(예컨대 Fried 1967; Service 1971을 보라). 이때 서양 사회는 그 척도에서 가령 트로브리안드 제도 또는 포니 인디언에 비해 더 높은 위치를 점하는 것으로 노골적으로 인식된다. 그렇지만 이와 같은 서열이 곧 향상을 대변한다고 전제되는 것은 아니다. 이 점은 문화적 진화에 관해서 가장 자주 인용되는 저작 가운데 하나인, 1960년에 출간된 마셜 살린스의 논문에서 예시된다.

살린스는 문화 진화를 바라볼 수 있는 두 가지 층위를 구분했다. 첫 번째는 특정한 진화의 관점에서 바라보는 것으로, 이로써 분화의 과정을 관찰할 수 있다. 특정한 진화를 통해, 각 문화는 환경적 조건을 비롯해서 지역의 특정한 조건에 적응함으로써 특화된다. 이러한 조건들이 대단히 다양하기 때문에 문화는 다양해진다. 살린스는 이와 같이 환경에 기인하는 문화적 다양성의 패턴과 보아스가 제시했던 문화 선택성 사이에 연관을 이끌어냈다(Sahlins 1960:26). 보아스 학파는 인민족속들 사이의 차이가 우연적이고 설명할 수 없다고 묘사한 반면에, 살린스는 그 차이들을 적응에 따라 특화된 결과로 봐야 한다고 주장했다. 인간의 제도는 적응의 요청에 따라 조절되고 변용되기 때문이다. 문화란"인간의 적응 수단"이라고 그는 자리매김했다. 문화는"자연의 에너지를 전유해서 도움이 되도록 복무시킬 기술과 함께 그러한 과정을 집행할 사회적 이데올로기적 수단도 제공"하기 때문이다. 요컨대,"문화란 무언가를 해내기 위한 조직, 인간의 삶과 인간 자신들을 영속화하기 위한 조직이다."23) 이처럼, 특정한 진화란 해당 지역의 환경에 대한 문화의 특정한 적응이다."생존의 문제들이 다양한 만큼, 그에 따라 문화들도 변화한다."그리하여 문화들은"계통 발생적으로, 적응에 따라 발전하는"경로를 따라간다(Sahlins 1960:24).

살린스에 따르면, 특정한 진화의 수준에서는 상대성의 원칙이 성립한다. 각 문화가 일단의 독특한 사정들에 적응하기 때문이다. 에스키모의 혈족체계는 그 지방에서 살아가기 위한 필요에 적응한 결과고, 따라서 가령 크로 인디언의 혈족체계에 비해 더 높은지 더 낮은지를 평가할 수 없다. 문화적 특질들은 어떤 절대적 표준이 아니라 그것들이 나타나는 환경을 상대해서 더욱 성공적인지 덜 성공적

23) 살린스는 적응의 원동력으로서 문화의 역할에 관한 자신의 견해를 나중에 뿌리째 변경한 바 있다. Sahlins(1977)를 보라.

인지의 관점에서만 평가되어야 한다. 각 문화는 "각자 직면한 적응의 문제 그리고 그 문제에 대처하기 위해 가용한 수단들이 주어졌을 때, 각자 나름의 방식으로 적절하다"고 살린스는 썼다. 그리고 "한 문화에 선택적으로 이익인 것이 다른 문화에는 한마디로 파멸을 불러올 수도 있다." 일반적 진화의 서열에서 더 높다고 간주될 수 있는 문화라고 해서 더 낮다고 간주되는 문화에 비해 각자의 특정한 환경에 반드시 더 잘 적응하는 것도 아니다. 그는 이렇게 썼다. "지난 2천년 사이에 많은 위대한 문명들이 무너진 반면에 …… 에스키모인들은 유례가 없이 훨씬 곤란한 주거지에서 완강하게 자신들을 유지해왔다"(Sahlins 1960:26-27).

진화를 바라볼 수 있는 두 번째 관점은 일반적 수준이다. 문화들 사이에 개별적인 차이들이 있음에도 불구하고, 사회들은 하나의 단일한 서열에 따라 순위를 매길 수 있다. 그리고 더 높은 형태가 더 낮은 형태보다 나중에 발현했기 때문에, 이 서열은 시간적인 차원을 가진다. 여러 사회에서 발생한 전쟁을 특정한 진화의 관점에서 고찰하게 되면, 세계의 여러 지역에서 적응의 압력이 어떻게 작용했는지 그리고 얼마나 여러 종류의 전투행위가 있는지에 관한 이해가 깊어질 것이다. 반면에 전쟁을 일반적인 관점에서 바라볼 수도 있다. 다양한 형태의 전쟁들을 배치된 자원의 양이라든지 참여한 사람의 수 같은 특질에 따라서 순서대로 배열할 수 있기 때문이다. "전쟁의 규모, 군대의 크기, 사상자의 수, 작전 기간, 관련된 사회의 생존에 대해서 전쟁이 결과적으로 가지게 되는 중요성 등이 증가하는" 추세를 우리는 추려낼 수 있다. 이런 추세들은 각 문화가 해당 지역의 여건에 적응했다는 관점에서가 아니라, "경제적 생산성의 증가 또는 특별한 정치제도의 출현"(Sahlins 1960:30)과 같이 문화의 특질 가운데 전쟁과 관련되는 여타 특질들이 시간이 지남에 따라 일반적으로 발전하는 관점에서 설명된다. 일반적 진화의 수준에서라면 우리는 전혀 상대주의자가 아니라고 살린스는 주장한다. 사회들에 높고 낮은 서열을 매기기 때문이다. 우리는 문화적 진보에 주목하고 있는 것이다(Sahlins 1960:27).

진보의 기준은 무엇인가? 더 높은 문명에는 (내연기관, 수력발전 터빈, 원자로, 등등) 더욱 단순한 사회에서는 상상도 할 수 없는 에너지를 보관하는 수단이 있다는 점에서 보관되는 에너지의 양이 하나의 기준이다(Sahlins 1960:33-35). 두 번째 기준은 이와 밀접하게 연관되면서 이보다 더 유용한 기준으로서, 통합의 수준, 특히 사회적 조직화의 수준이다. 무리, 부족, 추장체제, 국가 — 복잡성의 정도에 따라 사회를 서열화할 수 있다(Sahlins 1960:35-37). 세 번째, 진보는 "'전 방위적 적응능력'의 향상"과 같다고 볼 수도 있다(Sahlins 1960:37). 더 높은 문화는 낮은 문화보다 더욱 강하고, 낮은 문화를 지배하게 되며, 또한 특정한 환경에 국한되지 않기 때문에 널리 퍼져나갈 수 있다. 살린스는 이렇게 썼다. "요약하자면, 일반적 문화의 진보란 적은 양의 에너지 변환에서 많은 양의 에너지 변환으로, 낮은 수준의 통합에서 높은 수준의 통합으로, 그리고 전 방위적 적응능력이 작은 상태에서 큰 상태로 이행하는 것이다"(Sahlins 1960:38).

그러나 살린스는 진보가 반드시 향상이나 인류를 위해 더 높은 수준의 실존을 함축한다고 주장하지 않았다. 진보가 문명 민족의 시민들을 위해 더 많은 행복이나 더 안전하고 더 보람 있고 더 즐거운 삶을 가져다준다고는 생각하지 않았다. 어떤 점에서 그럴 수는 있다. 예를 들어, 의료나 영양관리에 관한 지식은 향상되었을 수 있다. 반면에, 근대의 전쟁은 원시적 형태에 비해서 훨씬 더 파괴적이다. 다른 한 명의 문화진화주의자인 엘먼 서비스도 (나와 대화하는 중에) 같은 견해를 표명한 바 있다. 그는 일정한 선로를 따라가는 운동 또는 일종의 방향성으로 진보를 정의한다. 예를 들어, 목에 종기가 진보하고[24] 있다고 말할 수 있다. 하지만 이 경우 그 뜻은 더 좋아지고 있다는 것이 아니라 더 나빠지고 있다는 것이다.

서비스나 살린스 같은 저자들의 관점은 미국 인류학에서 도덕적 진보라는 관념이 어떤 변천을 겪고 있는지를 예시한다. 주로 1950년 대의 분위기와 결부되어 싹이 텄던 도덕적 절대항과 도덕적 향상이라는 관념들은 1960년대 및 그 이후의 비관적인 환경을 이겨내고 살아남기에는 너무나 여렸던 것이다.

레슬리 화이트는 20세기 미국 인류학에서 문화진화주의를 주창한 주요 인물 중 한 명으로, 그가 생각을 바꾸게 된 한 지점은 새로 대두한 비관론이 종전의 낙관론을 시들게 만든 효과를 잘 보여준다. 이미 1950년대 이전부터 화이트의 진화주의는 강력한 낙관주의적 성향을 띠고 있었다."문화의 목적과 기능은 인간이라는 종을 위해 삶을 안전하고 영속되도록 만드는 것"이라는 그의 진술은 이제 하나의 고전이 되었다(White 1959:8). 그에게 진화란 인간을 위한 안전과 물질적 번영의 증가였다. 종교적 의례라든지 근친혼 금지와 같

---

24) 영어로는"progressing"이다. 한국어로는 이와 같은 경우"진행하고 있다"라고 말해야 할 것이지만, 여기서 논의되고 있는 초점은"progress"의 의미 가운데 한국어 단어 "진보"에 해당하는 양상이기 때문에, 어색함을 무릅쓰고 이렇게 번역한다. (역주)

은 제도들은 당사자들이 모르는 와중에 의도되지 않은 (우리의 이익을 위해 복무하는) 유익한 효과가 있다는 주장에서 드러나듯이, 그의 진화주의에는 강력한 기능주의적 요소가 담겨 있었다. 그런데 인간의 제도에 관해 이처럼 매우 낙천적인 인식이 1973년에서 1975년 사이의 어떤 시점에 갑자기 변했다(White 1975:9). 문화라는 것이 오히려 자체의 영속화를 향해 추동되기 때문에 인간의 이익에는 전혀 복무하지 않는다는 견해에 그가 도달한 시점이었다. 제도들은 문화 체계를 유지하기 위해 기능하며, 그러는 과정에서 인간에게 커다란 해를 입힐 수도 있다. 고도로 안정적이고 생존력을 갖춘 문화가 사람이 살기에는 비참할 수도 있다.

화이트는 자신의 생각이 어떻게 해서 바뀌게 되었는지를 술회한다(White 1975:12). 자신이 전에 가지고 있었던 낙관적인 생각은 원시 사회들의 진화에 관해 당시 자신이 행하고 있던 연구를 반영했던 것인데, 그때 그 사회들은 자기가 느끼기에 실제로 선량한 자질을 갖췄었다. 원시적인 수준에서 문화는 "일정한 인간 집단을 위한 선량한 관리자"라고 볼 수 있다. 그러나 화이트가 경력을 쌓아나가다가 나중에 관심을 복잡한 문명으로 돌렸을 때, 역사의 진행에 따른 일반적 향상의 패턴에 관한 종전의 관념들을 재고하지 않으면 안 되었다. 비록 각 문화 체계가 인간에게 식량이라든지 요리를 가능하게 해주는 불에 관한 지식이라든지 기후로부터 보호해줄 주거와 같은 이로움과 필수품을 제공해주기는 하지만, 전쟁에서 수백만 명의 사람을 살육한다든지 심문 과정에서 수없이 많은 사람들을 고문하고 죽인다든지, 그보다도 더 많은 사람들을 마녀로 몰아 화형에 처하는 등의 결과도 문화 체계에서 비롯한다(White 1975:10-11). 도시의 혼잡, 노예제, 농노제 등도 문화 체계의 결과다. 너무나 끔찍해서 어떤 문화 체계에 의해서도 촉발될 수 없는 범죄 같은 것은 없다. "불순물이 함유되었거나 오염된 음식 그리고 위험하고 심지어 치명적이기까지 한 약품의 제조와 판매를 장려하고 돈벌이가 되도록 만들어주는 것"이 곧 문화 체계다. 뿐만 아니라, "어린 아동들을 하루 열네 시간씩 면직 공장에서 일하게 시킨 것도 문화고, 굶거나 아니면 매춘에 나서는 것밖에 대안이 없는 가난한 여인들의 목숨을 갉아먹는 중노동 작업장을 탄생시킨 것도 문화다." 화이트의 초기 문화진화주의에 깃든 낙관론은 어쩌면 너무나 씩씩해서 굴복할 것 같지 않아 보였을지도 모르지만, 그래도 결국은 굴복했다.

도덕적 절대항과 인간의 향상에 관한 이념들을 시들게 만드는 효과를 비관론이 초래했다면 윤리적 상대주의가 부활하는 결과로 이어졌겠다는 생각을 할 수도 있지만, 그렇게는 되지 않았다. 전혀 다른 방향의 흐름들, 지금까지 고려했던 것들과는 전적으로 별도인 흐름들이 작동했기 때문이다. 문화 상대주의가 처음 생각했던 것처럼 그렇게 자비롭지만은 않다는 비판이 제2차 세계대전 직전부터 제기되기 시작했는데, 그 후에 특히 1960년대에 급속도로 세를 얻었다. 문화 상대주의는 은근히 현상유지를 옹호하는 편향성을 지니고 있으며, 다른 나라의 이색적인 문화를 마치 인간 동물원처럼, 인류학적 표본으로서 옹호한다는 견해가 목소리를 키웠다. 이와 같은 편향성은, 문화 상대주의가 자유를 보호해주려고 나선 바로 그 당사자들이 원하지도 바라지도 않는 것이 명백하다. 1960년대 중반 영국의 인류학자 루시 메어는, 당시의 인류학자들이 세계 도처의 이색적인 문화들을 서양의 영향으로부터 보호하려고 해서라기보다는, 변화를 가로막는 "장애물들을 제거하려는 희망에서 그러한 장애물들을 색출하는 데 더 많은 관심을 기울인"경우가 많았다고 썼다(Mair 1965:440). 이는 인류학계에서 일어난 하나의 발본적인 방향 전환이었다.

이러한 진행의 배후에는 적어도 세 가지 요인이 있었다. 첫째, 제2차 세계대전 이래 비서양 또는 제3세계의 인민들이 대체로 변화를 원했고, 그 정도도 종전에 인류학자들이 생각했던 것보다 훨씬 포괄적이라는 사실이 실제 경험으로 드러났다. 태평양에 있는 애드미럴티제도 중 가장 큰 섬인 마누스의 경우가 하나의 극적인 사례다. 마누스 인민은 마가레트 미드가 1920년대 말엽에 연구했었고, 또 1950년대에 재차 방문했었다(Mead 1956). 그 사이에 그 사회는 변혁을 겪었는데, 상당히 쉽게 변화가 일어났고 주민들이 거의 완전히 변화를 환영한 듯이 보였다. 미드는 마누스에 관한 자신의 연구결과가 문화상대주의에 대해 어떤 함의를 가지는지를 명시적으로 드러냈다(Mead 1956:436~445). 다른 인민족속을 변화시키는 일과 관련해서 우리의 윤리적인 자세가 어떠해야 하느냐는 질문을 그녀는 제기했다. 그들에게 "문명"을 전해준다는 문제에 관해 우리는 어떤 자세를 취해야 하는가?

1940년 무렵까지 미국 인류학자들 사이에는 토착 문화들을 존중해야 한다는 견해가 풍미했다고 미드는 (아마도 자서전적인 의미를 섞어서) 썼다. 강연하는 인류학자에게 발리 사람들이 진보를 원하더냐고 묻는다면, 돌아오는 대답은"어떤 방향의 진보를 말하느냐?"는 반문이었다. 제2차 세계대전 후에는 비록 인류학자들은 미처 깨닫지 못했지만, 새로운 일들이 진행되고 있었다고 그녀는 지적했다. 원치 않는 변화들로부터 원시 인민족속들을 보호하려고 시도하는 와중에 그들이 원했던 변화들마저 차단되고 있다는 사실을 인류학자들은 보지 못했다. 제2차 세계대전 이후에 비서양의 많은 인민들은 "기계 기술, 모든 사람의 문자 해득 능력, 그리고 의료와 같은 근대 세계의 축복을 향해 아우성쳤"(Mead 1956:442)지만, 인류학자들을 포함한 서양 세계 대부분은 그러한 아우성에 반응하지 않았다. 다른 지역의 사회에서 변화가 일어났다면 그것은 "그 사람들에 대해 무언지가 [외부로부터] *행해졌기* 때문"이라는 "일방적인 그림 안에" 인류학자들은 "여전히 사로잡혀 있었다"고 그녀는 지적했다(Mead 1956:442).

다른 지역의 사회들이 스스로 향상하기 위해 기회가 있을 때마다 언제나 도약하지는 않는다고 그녀는 봤다. 예를 들어, 부족 생활을 하던 인민족속들은 [노동의 대가로] 임금을 받는 일에 안절부절 불안해하다가 결국 일 자체를 거부할 수도 있고, 자신들에게 제공된 주택을 관리해내지 못할 수도 있다. 그들의 이와 같은 반응은 우리 사회 안에서 어떤 여학생이 똑똑하기는 한데 성취동기가 없어서 물리학을 도무지 이해하지 못하는 경우와 비슷하다고 미드는 설명했다. 이것은 어떤 본원적 무능력 때문이 아니라, 그 젊은 여성이 출세의 기회가 거의 없다고 생각하기 때문이다. 우리 사회에서 — 관습적으로 — 여자는 물리학자로 성장하지 않는다. 마찬가지로, 포부에 가득 찬 그 원주민은 자기가 육체노동 이상의 지위로 상승할 수 없고 영원히 이류 시민에 머무르리라는 점을 깨닫고 노력을 중단한다.

마누스 섬에서 미드의 경험은 하나의 고립된 사례가 결코 아니었다. 전 세계 어느 곳을 다 뒤져도 산업화의 산물을 적어도 일부나마 능동적으로 갈구하지 않는 인민족속은 극히 드물었다. 예를 들어, 원시사회의 주민들도 전통적인 돌칼보다 쇠칼을 원한다. 요리용 냄비를 닦는 데 쇠수제미의 가치 그리고 물을 담아 운반하는 데 토기

항아리보다 금속으로 만든 통의 우수성을 그들도 인지한다. 저녁상을 차리기 위한 곡식을 분쇄하는 데 하루에 몇 시간씩을 들여야 하는 여인네에게는 방앗간에서 제분된 밀가루를 선호할 이유가 많다. 원예가들은 공산물을 사는 데 필요한 소득을 위해 적어도 약간의 환금작물을 보통 원한다. 수도 설비라든가 가까운 읍내로 연결되는 포장도로가 마련되는 날을 어쩌면 고대할 수도 있다. 공리주의적인 물품이나 혁신만을 원하는 것도 아니다. 트랜지스터라디오, 텔레비전, 전기, 기타 따위 보물들이 통상 우선순위의 목록 상단에 오르고, 교육을 받고 좀 더 여유 있는 축에서는 대형 자가용이라든지 값비싼 식재료들을 가득 담고 있는 근사한 냉장고 같은 물건들에 자주 관심을 기울이기 때문이다.

모든 사회들이 서양화와 근대화를 향해 좌우를 돌아보지 않고 돌진하고 있다는 말이 아니다. 자기네 전통 방식을 유지하는 가운데 산업화된 민족들로부터는 단지 몇 가지 항목만을 받아들이는 편을 선호하는 사회도 많다. 예컨대, 안다만 제도의 일부 족속들은 외부인들과의 접촉 자체를 피해 왔고, 호피 족의 일부 마을들은 미국 사회의 내부에서 살고 있지만 자기네 전통문화의 대부분을 유지하기 위해 노력해왔다. 비서양의 인민족속들은 나아가 각기 관심을 보이는 과녁에 있어서 한결같이 선별적이다. 각 인민족속은 각기 나름대로 보기에 서양의 방식 중에 제일 좋은 것을 원하고, 자기네 생활방식의 대부분을 변함없이 유지하기를 원한다. 나아가, 비서양의 인민족속들은 발생하고 있는 변화에 관해 양가적인 태도를 보이는 경우가 많다. 이와 같은 양가성은, 예를 들어 제3세계의 소설에서 반복적으로 등장하는 주제다(데이비드 브로켄셔와 개인적으로 대화하면서 들은 얘기다).

변화를 향한 욕구, 더욱 정확하게는 경제적 사회적 정치적 발전을
향한 욕구는 새로 출현한 제3세계의 신생국들에서 특히 현저하게 나
타났다. 제2차 세계대전 이후 식민지 속령들이 하나하나 꼬리를 물고
자율성을 획득했다 — 인도, 인도네시아, 레바논, 필리핀, 수단, 기타
등등. 비서양 세계의 민족주의적 열망이 고조되고 있었고, 전쟁으로
말미암아 권력 관계가 삐걱거림으로써 독립이 성취될 수 있었다. 서
양 열강은 다소 마뜩찮은 심정으로 변화를 받아들여야 했다. 식민주
의 시대가 끝난 것이다.

신생국들은 강건한 민족주의 정서를 드러냈다. 이는 발전을 향한
매우 강력한 돌진과 연결되었다. 이 나라들은 대체로 국제 공동체와
세계 경제에 동참하기를 원했다 — 적어도 지배층들은 그랬다. 그들
은 농업 생산을 향상하고, 의약품과 헬리콥터 같은 산업화의 혜택을
획득하고, 공장을 짓고자 애를 썼다. 일반적으로 그들은 식민 통치
를 받던 시기에 가능했던 것보다 훨씬 빠른 속도로 변화를 시도했
고, 세계 공동체에 정회원 자격을 인정받지 못했었고 (여전히 인정
받지 못하고 있으며), 산업화와 발전의 물질적 혜택도 거부당하고
있다는 느낌을 가지는 경우가 많았다. 이런 견해에는 일리가 있다.

제3세계 나라에서 발전과 변화에 민족 차원의 초점이 맞춰졌다는
사실은 서양에서 국제적인 인권과 복지에 관심을 기울이던 사람들에
게 하나의 심각한 딜레마를 안겼다. 수렵─채취로 살아가는 사람들,
반(半)유목적인 초원 거주자들, 그리고 보수적인 목축 종사자들은 소
수이기는 했지만 자신들의 새로운 지도자들이 처방한 혁신을 항상
기꺼이 받아들이지는 않았다. 예를 들어, 탄자니아의 마사이 족은

옛날부터 변화에 느렸고, 그 결과 그들로 하여금 근대화를 받아들이고 새 나라가 발전을 추구하는 길에 동참하도록 유도하기 위해 정부로부터 압력이 가해졌다. 제3세계의 정부들은 변화를 일으키기 위해 때로 무력을 사용하기도 했다. 그리고 근대화의 욕구가 동기였든 아니면 단순히 편견 때문이었든, 민족 지도자 가운데 일부는 자기네 나라의 영토 안에 속한 소수자들에 대해, 보통은 남보다 가난하고 남보다 "후진적인" 소수자들에 대해 서슴지 않고 종족청소에 해당하는 학살을 저지르기까지 했다. 여러 세대 동안 주류 베트남 족으로부터 멸시와 착취를 당해온 몽타냐르 족이 두드러진 경우이다. 남베트남 공화국이 창설된 1950년대부터 정부는 이들을 미개인으로 간주했고, 그들을 동화시키고 개명시키는 것이 민족적 이익이라고 여겼다. 몽타냐르 족의 많은 사람들이 살던 땅에서 쫓겨났고, 그 땅은 베트남 족에게 분배되었다. 그들의 언어는 학교에서 가르칠 수 없고, 어떤 공식 문서에서도 사용할 수 없다는 법령이 내려졌다. 몽타냐르어로 된 길, 마을, 도시의 명칭은 베트남어로 바뀌었고, 몽타냐르 족 군인과 직원은 베트남어 이름을 써야 했다. 몽타냐르식 옷을 입지 못하게 금지한 지방도 있었고, 몽타냐르 족으로 하여금 베트남 양식으로만 집을 짓도록 강제한 지방도 있었다. 몽타냐르 족의 지도자들은 정부 직책에서 배제되었고, 때로는 투옥되기도 했다. 몽타냐르 족에 제공된 의료는 열악했고, 그들의 법률적 권리는 무시되었다. 몽타냐르 족은 경찰의 기분에 따라 감옥살이를 해야만 했고, 군대에 복무할 때에는 가장 고되고 가장 위험한 일이 주어졌다는 것이 통념이었다. 자기네 땅에서 뿌리가 뽑힌 채, 많은 사람들이 난민으로 살아야만 했고, 베트남 전쟁 동안에는 수천 명이 폭탄, 질병, 기아 때문에 죽임을 당했다(MRG 1974).

이와 같은 사례들이 산업화된 나라의 사람들에게 어떤 딜레마를 던져졌는지는 명약관화하다. 일례로, 제3세계의 정부들이 자기네 나름의 민족적 이익을 추구할 때, 유럽과 북아메리카의 인도주의자는 그들의 행위와 믿음과 가치에 반대하도록 이끌렸다. 제3세계에서 (그리고 다른 곳에서) 소수자들이 겪는 곤경을 공표하는 방식을 통해 그들을 보호하려는 노력의 와중에 수많은 조직들이 산업화된 나라들에서 나타났다. 코펜하겐에 본부를 둔 <원주민 문제를 위한 국제 활동단>(International Work Group for Indigenous Affairs), 매사추세츠 주 케임브리지에 본부가 있는 <문화생존>(Cultural Survival), 런던에 본부가 있는 <앰네스티 인터내셔널>과 <소수자 권리단>(Minority Rights Group) 등이 그런 예이다. <소수자 권리단>은 많은 점을 시사하는 사례다. 사적인 기부금으로 운영되는 이 단체는 세계 도처의 소수자들의 권리와 복지를 증진한다는 목표 아래, 인권침해의 구체적인 사례들을 상세하게 조사하고 그 결과를 공표하면서 실태를 추적해 나가고 있다. 브라질의 흑인들, 인도네시아의 화교들, 남베트남의 몽타냐르, 미국의 멕시코계 미국인들의 처지와 같은 주제에 관해 보고서들을 내놓은 바 있다(예컨대, Marnham 1977; MRG 1974를 보라).

변화라는 질문에 관해서 인류학자들의 태도가 바뀌도록 배후에서 작용한 두 번째 요인은 변하지 않은 채로 남아 있는 사회에 커다란 피해가 찾아 올 수 있다는 사실이 분명해졌다는 점이다. 이 점은 1943년 레이먼드 케네디가 인도네시아에 관해서 아주 강력하게 제시한 바 있다. 인도네시아는 네덜란드의 식민지였는데, 케네디에 따르면 네덜란드의 식민 통치는 어떤 면에서 아주 너그럽고, 사려 깊고, 자비로웠다. 예를 들어, 네덜란드 당국은 자기네 법을 강요하지 않고, 지역 주민들의 관습적인 법을 융합한 법률 체계를 세웠다. 그들은 외부인은 토지를 살 수 없도록 부동산 보유 체계를 실시함으로써, 유럽인들의 이권에 의해서 원주민 인구가 땅을 빼앗기지 않고 보호되었다. 네덜란드의 식민 행정관직들은 거의 모두 토착적 관점에 민감하고 토착 문화를 보존하기 위해 세심하게 노력했던 인류학자들로 채워졌다. 그 결과는 어땠을까? 그 결과 인도네시아는 "시대에 너무 뒤떨어져서 어떤 강력한 외부의 근대 권력의 보호가 없다면 아무 것도 할 수 없는" 상태가 되었다(Kennedy 1943:188).

네덜란드가 매우 자비로운 정책을 펼치게 된 배후의 동기 역시 수상한 측면이 있다고 케네디는 암시했다. 금융 제국주의자들에게는 원주민들의 경제적 향상을 피하는 것이 이익이 된다. 경제발전은 임금 상승과 공공복지의 향상에 대한 요구를 높이기 때문이다. "원시주의"를 장려하고 부족들의 특성을 유지하는 상대주의자들의 정책은 자본주의적 착취의 이권과 완벽한 조화를 이루는 것처럼 비칠 수 있었다. 게다가 문화를 보존하려는 상대주의자들의 정책은 식민 행정의 비용을 최소화했다. 예컨대, 정규 교육을 향한 요구가 없다면 학교에 들어가야 할 예산도 많지 않은 것이다.

세계의 현재 사정으로부터 진정으로 독립될 수 있는 사회는 거의 없다는 것이 문제의 일부였다. 지구 위 모든 지역이 사실상 세계의 현안 때문에 영향을 받기 때문이다. 인류학자로서 (그리고 대단히 역동적인 현지 민속학자로서) 40년을 활동하는 동안 원시인은 단 한 번도 마주친 적이 없노라고 엘리자베스 콜슨은 술회한다. 자신이 연구한 집단 가운데 "세계의 사건들의 영향으로부터 격리된 집단 ······

어떤 더 큰 체계의 일부가 아닌 집단"은 하나도 없었다는 얘기다. 그녀는 아프리카 중부 지역에서 가격을 지불하고 신부를 데려가는 사례를 언급한다. 신부의 가격의 변동과 세계 경제 사이의 연관은 추적하면 할수록 머나먼 곳까지 연결된다. 사람들 사이에서 거래되는 재화의 본성과 수량은"1930년대의 공황, 제2차 세계대전 중 그 지역의 노동과 생산물에 대한 수요, 그리고 지난 10년간의 인플레이션을 반영한다."뿐만 아니라, 임금, 그리고 생선, 옥수수, 가축, 기타 재화의 가격과 같은 사항들은 아프리카의 아주 고립된 인민족속들,"1949년 당시에 북 로디지아에 속했던 잠베지 강 유역 구엠베 지방의 통가 족처럼 길이 없어서 가장 가까운 상점까지 걸어서 이틀이 걸릴 정도라서 식량, 의복, 장비 등을 거의 전적으로 인근에서 구해야 했던 사람들"에게도 절실한 관심사였다(Colson 1976:262). 어디서 살든지 사람들은 불가피하게 외부의 영향을 받을 수밖에 없으며, 그러므로 가변적이다.

세 번째 요인은 변화에 대한 인류학자들의 우호적인 태도 안에 내재했다. 인류학자들은 전반적으로 인류의 물질적 복지에 관해 점점 덜 상대주의적으로 생각하게 되었다. 그리하여 그들은 한 인민의 형편을 평가하는 데 물질적 복지를 하나의 표준으로 사용하고, 변화를 위한 정당화의 근거로 사용하는 성향을 띠게 되었다.

베네딕트 같은 상대주의자들은 문화들이 실천적 사안과 관련해서 거의 아무런 규칙이 없이 변화하며, 제도들은 이성의 면전에서 날아가 버린다고 주장했다. 그녀가 이해한 문화는 이런 점에서 비합리적인 판본의 문화였다(Hatch 1973a:86-91을 보라). 초기에 쓴 저술의 한 장에 서술된 바와 같은, 커나이 족의 결혼 패턴에 관한 논의가 하나의 좋은 예다. 랠프 린턴도 1930년대에 비슷한 견해를 표명했다. 여러 세대를 내려오는 동안 경제적이거나 실천적인 고려 말고 다른 문제들에 관심의 초점을 맞추면서, 수작업에 의존해서 살아온 사회는"설령 높은 효율성을 명시적으로 보여주더라도, 노동을 절약하는 장비를 채택할 열망을 그다지 느끼지 못할 것" 이라고 그는 지적했다(Linton 1936:321). 이런저런 사회들에서 나타나는 이와 같은 패턴들이 모두 대등하게 타당하다고 1930년대의 인류학자들은 또한 주장했다. 예를 들어, 베네딕트는 비록 우리 사회는 경제적 물질적 고려를 강조하고 있지만, 그것이 하나의 보편적 표준인 것처럼 착각하지는 말아야 한다고 암시했다(Benedict 1934a:36).

그러나 제2차 세계대전 이후에는 1930년대의 상대주의자들이 믿었던 것만큼 실천적 이익의 영역에서 가변성의 범위는 크지 않다는 견해, 또는 문화적 정향들이 그렇게 불규칙적이지는 않다는 견해가 더 많이 터져 나왔다. 예를 들어, 조지 머독은 몇 년 동안"상대성이라는 개념에 관해 점점 더 불편한 느낌을 가지게 되었"고(Murdock 1965:144), 모든 문화적 관례들이 대등하게 타당하며 동등한 존중을 받아 마땅하다는 생각은 어불성설이라고 썼다(Murdock 1965:149). 삶의 패턴 중에 어떤 것은 순전히 실천적인 근거에서 다른 것보다 낮고, 다른 지역의 사회에 사는 인민족속들도 이러한 평가를 공유한다고 그는 제안했다.

문화적 선택의 가능성이 확장될수록, 모든 인민족속들은 돌도끼보다 쇠도끼, 주술적 치료법보다 키니네 또는 페니실린, 물물 교환보다 화폐, 인력에 의한 운반보다 동물 또는 기계를 이용한 운반, 자식들이나 나이든 노인들을 죽이기보다는 양육하고 부양할 수 있도록 식량 공급이 향상되기를 명시적으로 선호한다. 평화의 물질적 이득을 식민 정부가 분명하게 보여줄 때, 그들은 식인풍습이나 수급사냥을 별 저항 없이 포기한다(Murdock 1965:149).

뿐만 아니라, "기대상승의 혁명"이라고 부를 수 있는 현상이 세계의 대부분 지역에서 일어나고 있었다(Murdock 1965:150). 산업화가 제공해 줄 수 있는 물질적 이득 중에 적어도 일부를 향유하고 싶어 하는 욕구가 일어나고 있었던 것이다. 원시사회에서 변화가 일어나는 것을 개탄하던 시절의 인류학자들은 비현실적이었고 감상적이었지만, "현대의 인류학자들은 다른 자세를 보인다"고 이언 호그빈은 지적한다. 그는 이렇게 이어간다.

> 변화에 어떤 상실이 수반되었는지를 그들은 안다. 그러나 그들은 어떤 이득이 있었는지도 놓치지 않는다. 부족 간의 갈등에는 거기에 들어 있다고 주장된 모든 장점들이 아마도 들어 있었을 것이다. 그러나 이제 평화가 확립된 이래로 여행이 용이해지고, 재화와 관념들이 자유롭게 교환되고 있다. 오늘날 인류학자들은 서양의 기술과 서양의 방식들이 지구의 표면 전체로 전파되고 있음을 받아들인다. 그리고 많은 곳에서 이미, 유럽인들이 주는 것보다 더 많이 토착민들이 받아들이기 위해 열심이라는 사실도 바로 그들에 의해서 밝혀졌다(Hogbin 1958:39).

인류학과 발전에 관한 한 편의 논고에서 조지 돌턴은 다음과 같이 지적한다.

> 저개발된 세계에 확연하게 나타나는 사실은 물질적 빈곤이다 …… 빈곤은

수억 명의 사람들에게 불충분한 식량을 의미할 뿐만이 아니라, 질병, 젊은 나이의 죽음, 그리고 평생토록 무지와 이동 불가능과 야비함이라는 형벌을 안겨준다(Dalton 1971:5, 아울러 26-29를 보라).

콘라드 애런스버그와 아서 니호프는 이렇게 쓴다.

문화의 모든 단계에서 인간은 실천적인 방식으로 자기에게 이득이 될 새로운 일과 새로운 기술이라면 무엇이든지 획득하는 데 관심을 기울여왔다는 증거가 있다. 그러나 그런 향상을 위한 욕구가 오늘날처럼 고조되고 전 세계적인 규모로 나타난 적은 아마도 일찍이 한 번도 없었을 것이다. 오래된 생활방식에 대한 만족은, 적어도 물질적 재화로 측정해 보면, 현대 세계에서 거의 찾아볼 수 없다(Arensberg and Niehoff 1971:200-201).

요컨대, 사람들의 물질적 복지가 문화의 경계를 관통해서 적용될 수 있는 하나의 가치라는 일반적인 (그러나 만장일치는 아닌) 합의가 이미 형성된 것처럼 보인다. 어떤 인민의 실존이 불안하다면 나쁜 일이라고 여기는 것이 정당하고, 그들의 물질적 형편이 향상하기를 원하는 것이 우리로서 분별 있는 일이다. 이는 논리적으로 경제개발의 이념으로 이어진다.

제2차 세계대전 이후에 제3세계를 연구하고 개발을 촉진하기 위해 상당한 노력과 돈이 흘러들어갔다. 예를 들어, 포드 재단과 록펠러 재단이 공히 연구 프로그램을 후원했고, 미국 국제개발청과 세계은행 같은 기구들이 변화를 일궈내기 위해 전문가들과 자원을 동원했다. 인류학자들은 연구로써 기여하고 개발 기획을 시행하는 데 능동적으로 동참했고, 개발이라는 주제는 인류학계 내부에 중요한 주제가 되었다. 그렇지만 개발에 관한 태도는 전쟁 직후의 시기 이래로 변화했다. 그리고 바로 그 점이 인간 사회의 복지에 관해 인류학자들이 어떤 가치를 견지하고 있는지에 관해 빛을 비춰준다. 그 변화라는 것은, 요컨대, 대부분의 개발 프로그램들이 제대로 작동하지 못했다는 사실이 늦어도 1970년대까지는 분명해졌다는 얘기다. 전문가들 가운데 일부는 그 프로그램들이 완전한 실패로 끝났다고까지 말하고 있었다. 특히, 부유한 민족들과 가난한 민족들 사이의 간격이 줄어들지 않고 커져만 가고 있음이 분명해졌다. 개발이 이뤄지는 경우에는 가난한 사람들이 그 대가를 치르고 이뤄지는 경우가 많았다. 개발도상국에서는 번창일로의 엘리트 계급이 출현해서 점점 증가하는 권력과 부를 향유하는 반면에, 그들만큼 운이 좋지 못한 사람들은 전보다도 형편이 더 나빠졌다. 같은 나라의 특권 계급에게 당하는 착취가 식민 통치를 받던 시기의 착취에 필적할 만큼인 경우도 있었다. 어떤 저술가는 "저개발된 나라에 대량의 '원조'가 투여"되었음에도 불구하고, "[사회과학] 연구의 결과로 권고된" 원조들이 주어졌음에도, "제한된 소수의 엘리트를 제외하면, '개발'과 '근대화'는 일어나지 못하고 있다고 지적했다(Hill 1975:31).

제2차 세계대전 이후 개발과 근대화는 대체로 하나의 연속선으로 구성된 틀에 따라서 인식되었다. 한쪽 끝에는 미국처럼 완전히 개발된 나라들이 있고, 다른 쪽 끝에는 말리와 같은 저개발된 나라들이 있으며, 그 사이에 위치한 많은 지점에 멕시코 같은 나라들이 있다. 만약 개발도상국에 충분한 물질적 원조와 조언이 주어진다면, 그리고 그들이 이런 도움을 현명하게 사용한다면, 완전한 경제개발과 경제적 자립의 극단 쪽을 향해 개발도를 높일 수 있을 것이라고 추정되었다. 그러나 이와 같은 개발의 척도 자체가 이내 의문시되었다.

원조가 제3세계 나라들을 반드시 산업화된 나라의 방향으로 몰아가는 것이 아니라, 오히려 전보다도 더욱 부유한 후원자들에게 의존적이도록 만들 뿐인 경우가 많다는 사실이 분명해졌다. 더구나"개발" 때문에 해당 지역의 경제가 일반적으로 와해되고 만다는 교훈을 남긴 사례도 일부 있었다.

사하라 사막의 남쪽 경계를 이루는 반건조 지역 사헬의 경우가 좋은 사례다(Marnham 1977). 원래 이 지역에는 반유목민들이 부족 사회들을 이루고 살고 있었다. 그들의 경제체제와 사회체제는 가뭄이라는 조건에 적응한 결과였다. 최근 수십 년간 이곳에 수많은 대규모 개발 프로그램이 실시되었다. 떠돌아다니는 인민족속들을 정착시키고, 목축의 생산성을 높이며, 그들을 세계 경제 안에 편입시키는 데 목적이 있었다. 이에 덧붙여, 도로를 건설하고, 깊은 우물을 파고, 관개 시설을 개발하고, 정착 농업 인구를 확립하려는 프로그램들이 실시되었다. 그 결과는 기대와는 사뭇 달랐다. 인구가 너무 많이 늘어나고 방목의 밀도가 너무 높아져서 환경이 훼손되었다. 어떤 형태로든 외부의 원조가 계속되어야 할 필요가 발생했다. 상당한 수의 난민이 발생해서 빈곤과 의존 상태에서 살아야만 했다. 사헬 지방에서 개발을 추진했던 사람들의 의도에 관해서도 의문이 제기되었다. 향상을 위한 프로그램들은 예컨대 더 가난하고 더 힘이 없는 목축민들을 희생시키는 대신 정착민들의 이익에 복무하도록 고안된 것일 수도 있었다.

모든 경제체제들이 결국 산업화된 모델을 모방하게 될 것인 양 하나의 단일한 연속선으로서 개발을 인식하지 말고, 사정과 형편에 따라 각기 다른 방향으로 진행하는 다원적인 과정으로 개발을 인식하는 편이 최선일 수 있다는 교훈을 사헬로부터 일부 인류학자들은 얻었다. 예를 들어, 사헬의 토착 인민들에게 전문적이고 기술적인 지원, 가축의 우량 품종, 의료 시설, 더욱 안전한 수도 공급, 기타 등등을 제공하되, 그들을 도시에 모여 사는 목장주와 농장주로 변모시키지도 않고 자본집약적이고 첨단기술적인 생산체계에 종사하게 만들지도 않으면서 그들의 생활여건을 향상시키는 것도 어쩌면 가능할 것이다. 개발이라는 것이 반드시 서양식 의미의"성장"을 수반해야 할 필요는 없다.

이와 같은 다원주의적인 개발관은 보아스적 상대주의와 어떤 면에서 닮았다. 양자 공히 변화는 다양한 방향으로 진행하며 세계 도처의 인민족속들의 생활양식은 근본적으로 다양하다는 전제에서 시작한다. 그러나 차이점도 있다. 다원주의적 개발관은 가치들이 완전히 상대적이지는 않다고 본다. 사리에 맞을 정도로 복지를 누리며 살고 싶은 아주 기본적인 욕구는 모든 인민족속들이 공유한다고 당연시하는 것이다. 사헬 지역의 인민은 자기네 생활방식을 버리고 미국식 생활방식을 따르지는 않을 것이다. 그러나 그들도 우리처럼 안락하고 안전한 삶의 목적을 추구한다. 더구나 물질적 복지라고 하는 이 원칙은 하나의 판단 기준을 구성한다. 미국 국제개발청과 같은 기구들이 애당초 개발을 시도할 때 그러한 시도를 정당화했던 기준과 같은 기준에 의해서 사헬 지역의 개발은 실패로 판정을 받았다. 다원주의적 개발관은 가치의 상대성을 전혀 함축하지 않는다. 다만, 안전하고 안락한 생활을 달성하기 위해서 수단이 다양하다는 함의만을 지닌다.

복지에 관한 이와 같은 표준은 존 보들리의 글에서 선명하게 드러난다(Bodley 1975, 1977). 보들리는 개발에 반대하여 가장 활발하게 목소리를 내는 인류학자 중 한 명이다. 부족을 이루고 살아가는 인민족속들이 사라지고 있는 탓이"자민족중심적인 오인"에 있다고 공격하는 것을 보면, 표면상으로 보들리는 보아스적인 상대주의의 관념을 재생하는 듯이 보인다. 예컨대, 그는 문명이 스스로 모습을 드러내면 부족적 인민들도 자신의 문화를 버리고 더 나은 생활방식을 취한다는 식의 발상을"오인"이라고 부르며, 그런 오인에 대항하는 주장을 펼친다(Bodley 1975:5-9). 그는 또한 우리의 문화가 우월하다는"오인"에도 대항하는 주장을 펼친다(Bodley 1975:9-14). 그는 이렇게 쓴다.

> 물질적 부, 번영, 진보라고 우리가 정의하는 것에 대한 우리의 욕망을 모든 인민이 공유하며, 다른 사람들이 다른 문화를 가지는 까닭은 오로지 산업 문명이 제공하는 우월한 기술적 대안에 아직 노출되지 않았기 때문이라는 생각은 문화적 개혁가들 사이에 사실상 하나의 신앙과 같은 항목이다(Bodley 1975:11).

부족적 인민들은 자기들끼리 알아서 살도록 방임되기를 선호할 것이며, 그들이 변화를 받아들인 것은 일차적으로 달리 방도가 없었기 때문이었다고 보들리는 주장한다. 산업 문명이 세계 도처로 확장되면서, 다른 지역의 사람들에게는 이른바"진보"라는 것을 받아들일밖에 다른 선택의 여지가 거의 없었다는 것이다(Bodley 1975:14-20).

부족적 인민들이 변화를 피하고 싶어 한다는 주장을 보들리는 대다수 인류학자들이 편하게 받아들일 수 있는 한계 너머로 끌고 나간다. 확실히 인류학 내부에서 상당한 크기를 이루는 의견을 그가 대변하는 것은 아니다. 그러나 그의 주장에서 의미심장한 대목은 보아스의 상대주의 원리에 근거를 둔 것이 전혀 아니라는 점이다. 보아스학파는 보편적 표준이 될 수 없다고 거부했던 물질적 복지가 보들리의 주장에서는 기초를 이루는 원칙이기 때문이다. 비산업적 인민들 사이에서 거론되는 개발 계획들이 잘못인 까닭은 그런 계획에 따라 초래될 변화가 그 사람들의 물질적 복지를 향상하기는커녕 악화시킬 것이기 때문이라고 보들리는 말하고 있는 것이다.

변화와 향상이라는 기치를 내걸어온 사람들이 가졌던 최선의 의도에도 불구하고, 실제 결과는 빈곤이 심해지고, 노동시간은 길어지고, 신체적으로 고된 강도는 심해지고, 건강은 나빠지고, 사회 질서는 와해되고, 불만과 차별과 인구 과잉과 환경 악화 등이 초래된 경우가 너무나 많았다. 이 모든 결과는 전통 문화의 파괴와 결부된 것이다(Bodley 1975:152).

비관론이 1960년대에 그리고 그 후에 다시 일어났는데도 왜 윤리적 상대주의가 그렇게 어려운 시기를 겪었는지 이제 우리는 이해할 수 있다. 첫째, 비서양의 인민들이 (특히 제3세계 민족들이) 적어도 어느 정도는 변화를 원한다는 사실을 대다수 인류학자들이 경험했다. 둘째, 변화가 찾아오지 않으면 그 인민들에게 불리한 경우가 많다는 것이 분명하다. 셋째, 물질적 이익과 향상의 상대성에 관해 인류학자들이 대체로 생각을 바꿨다. 오늘날 인류학자들은 대부분 물질적 이익과 향상은 세계 도처에 적용될 수 있는 일반적인 가치라고 여긴다.

상대주의는 어려운 시기를 겪은 정도가 아니라 성난 비판의 대상이 되기까지 했다. 그런 비판의 대부분은 제3세계에서 나왔다. 제3세계에서는 변화에 관한 인류학자들의 태도를 보수적이며 따라서 저발전 민족들의 굴종을 증진하는 편이라고 간주하는 경향이 있다. 예를 들어, 오늘날 상대주의에 대한 가장 격렬한 비판자들 가운데에는 제3세계의 인류학자들, 제3세계에서 태어나 자란 후에 유럽이나 미국의 대학에서 인류학자로 훈련을 받은 사람들이 흔하다.25) 영국의 인류학자 S. F. 네이덜이 겪어야 했던 한 사건이 좋은 예다. 1935년에, 나이지리아에서 자기로서는 처음이었던 현지 조사를 막 마치고 귀국한 그는 런던의 한 모임에 "인류학과 식민 통치"를 주제로 한 연사로 초빙되었다. 그의 강연은 식민 통치체제에서 인류학자들이 수행할 수 있는 역할을 다뤘고, 그는 명백하게 토착 인민들과 공감하는 입장을 표명했다. 그러나 강연이 끝난 후, 그는 서아프리카의 학생 몇 명이 "현지에서 나와 함께 일하던 동료 작업자들, 나, 그리고 인류학 전체를 폭력으로 공격했다"는 얘기를 전했다. 그 학생들은 그와 그의 동료들이 "반동적 행정가들의 편을 들면서 '아프리카의 성장을 막을' 의도를 품은 정책을 과학의 이름으로 재가해주고 있다"고 고발했다(Nadel 1953:13). 제2차 세계대전이 끝난 후 제3세계의 민족들이 독립을 달성하면서, 그들이 인류학에 대해 가졌던 적개심이 공식적 정책으로 자리 잡은 경우가 많다. 그리하여 비서양 인민들을 위한 보호자이자 후원자의 역할을 자임했던 인류학이라는 학문은 바로 그 인민들 사이에서 페르소나 논 그라타가 되고 말았다. 예를 들면, 유럽과 미국 출신 인류학자들은 이들 신생국에 연구

25) 예를 들면, 「인류학과 식민주의」("Anthropology and Colonialism")에 관한 루이스의 논문에 이어지는 논평들을 보라(Lewis 1973).

목적으로 입국을 신청했다가 거부당하는 경우가 빈번하다(Brokensha 1966:15-16을 보라).

인류학에 대한 이와 같은 적개심이 순전히 이 학문이 변화를 방해하는 데 일조했다는 믿음에서만 나온 것은 아니다(Lewis 1973을 보라). 사람들의 마음속에 인류학은 초창기 식민 통치와 결부되어 있고, 그 때문만으로도 (어쩌면 불공평하게) 미움을 받는 경우가 많다. 뿐만 아니라, 현지 민족들은 예컨대 개발을 위한 기술적 지원을 원하는 반면에 인류학자들은 그들의 그런 관심과는 동떨어진 문제들, 가계(家系) 집단이나 혈족체계 같은 문제들을 연구한다고 비난을 받는다. 현지 조사 연구자들은 그들이 연구하는 인민을 이용해서 자기네 개인적 경력을 쌓는다고 비판 받는다. 그들의 저술은 그 인민이 읽을 수 없는 언어로 작성되고, 서양 나라에서 출판되어 그 인민으로서는 쉽사리 구할 수도 없기 때문이다. 따라서 이 사람들은 인류학자를 변화를 가로막는 보수적인 세력일 뿐만 아니라, 자신들을 정보의 원천으로 이용하고 나서 공평한 보수를 지불하지도 않는 자로 본다.

상대주의자에게 변화에 반대하는 편향성이 있다는 공격이 인류학 내부에서, 특히 발본적인 인류학자들로부터 터져 나왔다. 발본적 인류학은 1960년대 후반 미국이 겪고 있던 정치적 동요의 와중에 등장했다. 당시는 베트남 전쟁이 정점으로 치달음에 따라, 그 전쟁을 과녁 삼아 추동력을 얻은 미국 좌파의 소외도 역시 정점에 이르렀던 시기다. 발본적 인류학자들은 학문 내부에서 소수 이상이 된 적이 결코 없지만, 그들의 목소리는 왕성했고 특히 인간 착취에 관한 주장에 중요한 영향을 미쳤다. 인류학자들은 자기들이 연구하는 인민

212

들 사이에서 벌어지는 착취의 존재를 일반적으로 무시해왔으며, 지역에서부터 국제적으로까지 모든 층위에서 이런 무시가 만연했다는 점은 모두가 주목해야 할 핵심적인 국면이며, 인류학자라면 이에 관해 중립을 취하지 말아야 한다 — 인류학자라면 착취당하는 사람의 편에서 어떻게든 행동해야 할 윤리적 책임을 지닌다는 등의 주장이 제기되었다. 식민주의는 종식되었다는 발상에 대해 발본적 인류학자들은 시비를 건다. 왜냐하면 비록 제3세계 민족들이 독립은 획득했다고 하더라도, 여전히 유럽과 북아메리카를 중심으로 하는 경제적 이익에 의해 통제되고 있기 때문이다. 오늘날 비서양의 인민들에게 영향을 미치는 주요 결정들은 자본주의 기업체들에게 이윤이 될 수 있는 방향에서 이뤄진다(예를 들어, Hymes, ed. 1974에 수록된 Caulfield의 논문을 보라:189-190).

윤리적 상대주의에 대해 발본적 인류학자들이 제기한 비판은 발본적 인류학 운동을 대표하는 한 권의 저작에 의해서 예시되었다. 『인류학의 재발명』(*Reinventing Anthropology*)이라는 제목이 붙은 책이다(Hymes, ed. 1974). 이 운동에 동참했거나 아니면 공감하는 16명의 저자들이 쓴 16편의 논문을 모아 엮은 책으로, 이 중 여러 편에서 상대주의가 논의되는데, 사실상 예외 없이 부정적인 평가가 이뤄진다. 상대주의는 서양의 영향에 오염되지 않은 순수한 토착적 유형에 몰두하는 경향을 자아냄으로써 진실로 중요한 의제들로부터 인류학자의 관심을 멀어지게 만들어왔다는 주장이 제기된다. 상대주의자들이 문화적 차이에 부여하는 가치를 미나 콜필드는"낭만적 인도주의"라고 부른다. 상대주의적 인류학자들은"현재와 최근의 사회적 문제들로부터 시선을 돌렸다"고 그녀는 주장한다. 그 대신에

"예전의 문화들에 담긴 날로 희미해져 가는 수수께끼와 아름다움을 인류를 위해 붙잡아두려는"편을 선호해왔다는 것이다(Hymes, ed. 1974:184). 마찬가지로, 델 하임스는 아주 최근까지도 아메리카 인디언에 관한 연구는 오늘날 그 사람들이 어떻게 되었는지가 아니라 까마득한 과거에 그들의 생활 방식이 어떠했는지를 발견하는 데 일차적인 초점이 맞춰져왔다고 지적한다(Hymes, ed. 1974:30-31). 그렇지만 진실로 중요한 의제들에 대한 이와 같은 외면을 문화적 차이에 대한 인도주의적 음미의 탓으로 돌릴 수 있는 것은 오직 부분적인 정도에 그친다. 연구에서 중립적인 거리두기의 자세, 또는 가치중립을 유지하려는 자세를 지키려는 시도도 부분적인 원인으로 작용하기 때문이다."인류학자를 모든 개별적인 문화로부터 분리하는 결말은 상대주의가 논리적으로 지향하지만 결코 딱히 도달하지는 못하는 경지다. 상대주의는 인류학자에게 어떤 도덕적 중심도 제공하지 못한 채 다만 하나의 일거리만을 던져준다. 인류학자는 단지 하나의 순수한 전문가가 되기 위해 노력할 수 있을 뿐"이라고 스탠리 다이어먼드는 지적한다(Hymes, ed. 1974:422).

발본적인 비판에 따르면, 원인이 무엇이든 상관없이 상대주의는 현상유지를 암묵적으로 지지함으로써 세계 도처에서 직접 압제자의 편을 들어왔다. 상대주의자들은 자신들이 대등한 타당성을 부여하는 진기한 문화들이 가난에 찌들고, 무력하며, 억압을 받고 있다는 점을 인정하지 않는다. 상대주의자는 서양 민족들의"잔인한 공세 앞에 욕하면서 굴종하는"다른 지역 인민들의"고난과 비참을 회피한다"고 윌리엄 윌리스는 논평한다(Hymes, ed. 1974:126). 억압의 문제에 대한 이와 같은 회피가 "최근까지 인류학을 풍미해온 격분의 결여를 설명하는 데 도움을 준다." 윌리스는 이렇게 쓴다. "상대주의는 오직 '토착적인' 관습에만 주목하기 때문에, 유색 인민들에게 애초에 패배를 안기고 다음에는 착취당하게끔 이끈 바로 그 관습들을 유지하라고 조언한다. (중략) 그러므로 상대주의는 백인에게 좋은 삶과는 다르게 유색인들의 좋은 삶을 정의한다. 그리고 훌륭한 유색인이란 곧 수풀에서 사는 사람을 가리킨다(Hymes, ed. 1974:144)". 문화를 있는 그대로, 마치 박물관의 전시품처럼 내버려두지 말고, 우리는 변화를 일으키는 데 도움이 되어야 한다. 또는 억압받는 사람들이 변화를 일으키도록 도움을 줘야 한다고 말하는 것이 더 나은 표현이다.

상대주의, 특히 보아스의 판본보다는 영국 인류학의 기능주의적 판본의 상대주의를 식민주의에 준거해서 설명하려는 시도는 다른 저자들에 의해서도 이뤄진 바 있다. 자크 마케는 (기능주의적) 상대주의는 전간기[26]의 식민주의적 상황에서 태어나 자랐고, 보수적인 자세를 촉진함으로써 인류학자들의 선량한 의도에도 불구하고 식민통치를 뒷받침하는 실제적 효과를 낳았다고 주장했다. 상대주의는 토착사회들의 섬세하고 자연적인 질서를 어지럽히지 않기 위해서 변화와 경제 개발에 관해서 천천히 움직이라고 명령한다는 것이다(Maquet, 1964:48-50). 마케에 따르면, 당시 아프리카라든지 여타 식민지 지역에는 부족적 인민 가운데 유럽식 교육을 받으면서 변화에 관심을 가지는 사람 수가 증가함에 따라 진보적인 기운이 자생적으로 일어나고 있었다. 상대주의는 이런 기운에 역행하는 방향으로 작용했다.

---

26) 전간기(戰間期): 제1차 세계대전과 제2차 세계대전 사이의 기간. (역주)

상대주의는 또한 유럽 사회로부터 아프리카 사람들을 배제하는 데에도 복무했다. 유럽인과 아프리카인 사이의 차이를 강조함으로써, 지리적 이동에 관심을 가졌던 아프리카인에게 장애물이 된 하나의 장벽을 설치했던 것이다(아울러 Asad, ed., 1973을 보라).

인류학이 종래 그래왔던 것보다 변화에 더 많이 가담해야 한다는 견해는 어떤 면에서도 만장일치는 아니지만, 널리 퍼져 있는 것은 확실하다. 인류학자들 사이에서 이견은 대체로 문화의 보존을 향한 상대주의자의 촉구를 승인해야 하는지에 관해서가 아니라(승인하지 말아야 한다는 것이 대다수의 입장이다), 현상유지를 바람직하지 않다고 봐야 하는 이유를 둘러싸고 일어난다. 발본적 인류학자들의 견해는 일차적으로 현재의 상태는 제3세계 인민들이 착취당한 결과라는 것이다. 그러나 발본적인 진영에 속하지 않은 많은 사람들이 보기에는, 저발전 지역의 사람들에게 물질적인 박탈과 고통을 바람직하지 않은 수준으로 영속화하기 때문에 현상유지가 바람직하지 않다.

요컨대, 제2차 세계대전 직후 여러 갈래의 기운들이 윤리적 상대주의에 상반되는 방향으로 일어났다. 전쟁은 상대주의 이론에 도덕적 딜레마를 안겼다. 전쟁이 끝난 후의 낙관적 정서는 일반적인 도덕의 원리에 어떻게든 도달할 수 있으리라는 믿음을 부추겼다. 그리고 인류학이라는 학문 자체가 일반이론을 찾아나서는 방향으로 선회했고, 따라서 도덕적 절대항이라는 발상과 잘 어울렸다. 1950년대 미국의 인류학자들은 윤리적 상대주의의 옹호자가 아니라 비판자로서 글을 썼다. 린턴, 클루콘, 레드필드, 크뢰버 같은 인물들은 인류학이 보편적 도덕표준에 도달할 수 있으며, 심지어 인류의 역사에서 도덕적 진보의 패턴을 찾아낼 수 있으리라고까지 제안했었다. 그러

216

나 1960년대에 이르러 이런 형세는 확연히 저물었다. 아마도 낙관론의 정서가 뒤집혔기 때문일 것이다. 인류학자들의 저술에서 냉소주의가 점점 분명해지기 시작했다. 예를 들어, 이제는 서양 문명이 스스로 도덕적 진보의 표본이라고 자처한다는 것은 말도 안 되는 일로 비쳤다. 비관론의 분위기가 득세함에 따라 1960년대에는 상대주의로 회귀할 길이 열렸다고 생각할 사람도 있을지 모르나, 그렇게 되지는 않았다. 관인의 도덕 이론이 결정적인 결함을 안고 있다는 믿음이 커졌기 때문이다. 관인의 도덕은 현상유지를 옹호하는데, 현상유지는 지금까지 명백히 바람직하지 않았다. 제3세계는 대체로 사회적, 정치적, 경제적 변화를 원하며 변화가 찾아오지 않는다면 불리하고 취약한 처지로 전락한다. 더구나 인류학적 사고 역시 상대주의로의 회귀를 가로막는 방향으로 변화했다. 왜냐하면 문화적 관심사들이 제2차 세계대전 전에 보아스 학파 사람들이 믿었던 것처럼 무질서하지는 않다는 견해가 커졌기 때문이다. 모든 인민들이 물질적 안락과 복지를 향해서 비슷한 정향을 공유한다는 생각이 점점 널리 퍼졌다. 그러므로 이제 현상유지가 바람직하지 않은 까닭은 그것이 제3세계를 착취하기 때문이거나 아니면 제3세계의 물질적 박탈을 초래하기 때문이다. 서양 문명이 불순물이 함유되지 않은 선은 아닐 테지만, 이제 비서양 인민들의 물질적 조건이 향상되도록 도와야 할 도덕적 의무를 가진다는 견해가 대세를 이룬다.

제7장 실천적 대안

하나의 도덕철학으로서 상대주의가 이처럼 난제들을 안고 있는 것이라면, 우리의 사고에서 상대주의가 수행할 역할이라는 게 있기는 한 것일까? 나는 그렇다고 믿는다. 그리고 이 장에서 내 목적 가운데 하나는 그것이 무엇인지를 제시하는 데 있다. 다른 목적도 있다. 윤리적 상대주의가 최근의 사건들 때문에 옆으로 밀려나야 했던 사정을 감안하여, 나는 상대주의가 지금까지 양보해왔던 기반을 상당 부분 포섭할 수 있는 일단의 원칙들을 제창하고자 한다. 이러한 원칙들은 우리 자신의 문화를 포함해서 문화를 평가할 때 우리가 사용할 수 있는 하나의 틀을 구성하게 될 것이다.

잠시 후에 제시될 원칙들에 관해 만족할 만한 철학적 정당화를 제공하려는 노력은 기울이지 않을 것이다. 그런 정당화는 윤리학에 관한 조예가 나보다 탄탄한 철학자로서도 달성하기 불가능할지 모를 일이다. 이런 점을 고려하면, 일반원칙을 제시하려는 시도 자체가 방향을 잘못 잡은 것이라는 결론을 내리고 싶은 사람도 있을지 모르겠다. 일종의 회의주의를 하나의 불가피한 사항으로 받아들이고 문화교차적인 가치판단을 회피하는 편이 낫지 않겠는가? 그러나 여기서는 회의주의 역시 도덕적 결과를 초래하게 되고, 그 결과는 내가 지금 제시하려는 원칙에 뒤따를 수 있는 어떤 결과에 비해서도 나을 바가 없다. 다른 사람들을 평가하기 위해 적용할 수 있는 타당한 원칙이라는 것이 진실로 없고, 다른 사람들과 관계에서 중립을 유지해야 한다는 입장을 우리가 취한다면, 그 암묵적인 결과는 다른 지역의 문화에서 무슨 일이 벌어지든지 눈감고 넘어간다는 것이 된다. 자기네 사회 안에서 구성원들이 다른 구성원을 잔혹하게 취급하더라도, 또는 자기들 스스로 미흡하다고 여기는 생계 체제 아래서 사람들이 굶어죽더라도, 우리는 그런 일들을 우호적으로 바라봐야만 하는 것이다. 회의주의는 윤리학의 이론적 이해를 증진하는 데 관심이 있는 철학자에게는 적절할지 모른다. 그러나 다른 지역의 문화와 상호작용하는 맥락에서는 한마디로 말해서 성립할 수 없다. 지금부터 내가 하는 말들은 규범윤리학에 관한 이론적 논쟁을 겨냥한 하나의 발언으로 간주되면 안 된다. 그런 방향의 발언은 철학의 영역에 속하는 것이 마땅할 것이다. 지금 내 목적은 우리와는 다른 가치에 근거를 둔 행태를 만났을 때 우리가 어떻게 반응해야 하는지를 명료하게 정리하는 데 도움이 되려는 것이며, 아울러 여러 인간사회들 가운데 우리가 서 있는 위치가 어디인지를 지적함으로써 우리 자신의 자아정체성을 규정하는 데 도움이 되려는 것이다.

이 원칙들에 대해 완전한 철학적 정당화를 부여할 수 없다는 말은 거기에 아무런 정당화가 없다는 뜻이 아니다. 이는 잠시 후 논의가 진행함에 따라 분명해질 것이다. 이 원칙들은 프리마 파키에27)의 차원에서 탄탄한 근거를 가진다. 그렇지만 일군의 규범적 원칙들이 프리마 파키에의 근거 위에서 수용된다는 말은 더 깊은 철학적 논제들이 해결되지 않은 채 남아 있다는 뜻이다.

첫 번째 원칙은 상대주의가 하나의 보수적 편향성을 수반한다는 비판에 일리가 있다는 것이다. 여기서 쟁점은 모든 문화 또는 제도가 대등하게 타당하다든지 또는 대등하게 적합하다는 상대주의의 주장이다. 인류학자들은 단순히 하나의 문화적 특질이 존재한다는 사실로부터 거기에 가치가 있다고 추정하는 경향이 있다. 엘리자베스 콜슨은 이 점을 아주 간단하게 표현한 바 있다. "민속학자들은 통상 자기가 연구하는 각 사회를 하나의 성공 사례인 것처럼 제시한다. 실제로 그렇다고 믿어야 할 이유는 전혀 없다"(Colson, 1976:264). 한 인민은 설사 자기네의 표준으로 판단하더라도 자기들이 직면한 문제에 대해 미흡한 대책으로 견뎌야 하는 경우가 있다. 예를 들어, 그 사람들이 경작지의 생산성을 확보하는 데 진심으로 관심이 있다면, 그리고 윤작과 비료와 같은 혁신을 실험해 볼 기회가 있었다면, 사람을 제물로 바치는 것보다는 그것이 더욱 효과적이라고 그들 자신도 깨닫게 될 것이다. 다만 그런 사실을 확인할 만한 통계적 증거를 가질 수가 없을 뿐이다(Bagish, 1981:12-20).

---

27) 프리마 파키에(prima facie): "첫 눈에 보기에"라는 뜻의 라틴어 표현이다. 논리학 및 법률 용어로서는 뒤집을 만한 반증이 없는 한 옳다는 뜻이다. 위 각주 19번에서는 "외견상의 근거"로 옮겼다. 영어식 발음으로는 프라이머 페이시로 읽힌다. (역주)

둘째, 이런 또는 저런 제도의 적합성을 판단할 수 있는 하나의 일반 원칙이 우리에게 있다. 인도주의의 원칙 또는 표준이라 일컬을 수 있는 것으로서, 인민의 복지가 존중되어야 한다는 뜻이다. 복지라는 관념은 인도주의의 원리에서 핵심적인 요소인 바, 이에 관해서 세 가지 논점을 정립할 수 있다. 첫 번째로, 인간의 복지는 문화에 따라 달라지는 관념이 아니라고 나는 추정한다. 예를 들어, 기아와 폭력이 회피 대상인 것은 비록 서양 특유의 어법 안에서 착상될 수는 있지만 그렇더라도 서양 사상의 산물이거나 서양식 사유의 함수인 것은 아니다. 기아와 폭력은 수없이 다양한 문화적 전통들 안에서 복지의 반대로 인지된다. 두 번째로, 인간의 복지라는 관념은 본원적으로 가치를 담고 있으며, 피해와 선행 등의 개념들과 분리될 수 없다. 인간의 복지라는 관념이 승인 또는 반대라는 도덕적 판단과 분리되는 경우를 상상하기는 불가능하다. 하늘이나 땅 같은 관념들은 문화에 따라서는 순전히 중립적인 의미에만 머무는 것을 상상할 수 있지만, 굶주림과 고문 같은 관념들은 그럴 수가 없다. 심지어 도덕의 *요점*이 다른 사람의 복지를 증진하는 데 있다고 주장하는 것이 사회학적인 차원에서 혹시 그렇지 않다면 적어도 철학적인 차원에서는 가당하다고 볼 수 있을 것이다 (Warnock 1971: 특히 12-26). 세 번째로, 인간의 복지라는 관념을 도덕의 중심적 요점으로 사용하게 되면 사람들의 신체적, 감정적, 지성적 체질을 도덕적 문제의 뿌리로 삼도록 하는 효과를 낳는다. 도덕의 내용을 추려내고자 하는 엄밀한 시도라면 모두 인간의 욕구, 필요, 관심, 행복 등의 관념에 대한 분석을 거쳐야 하게 될 것이다.

인도주의의 원칙은 두 부분으로 나눌 수 있다. 첫 번째 부분은 인간적 가치에 관해 레드필드가 주장하는 바와 같이, 사람을 잘 대우하는 것은 좋은 일이고, 우리는 서로를 향해 해를 끼치지 말아야 한다는 관념이다. 인간 제물, 고문, 정치적 억압 같은 일들은 우리 사회에서 발생하든 다른 사회에서 발생하든 잘못이라고 판단할 수 있다. 마찬가지로, 한 사람이 어떤 사회에 속해 있더라도, 다른 사람들의 고통에 대해 무관심하다면 잘못이다. 앞에서 논의했던 강제의 문제가 여기에 들어맞는다. 한 사회에서 일부 구성원들이 다른 사람들의 일에 의도를 가지고 무력으로 개입하는 것은 잘못이다. 강제는 강제당하는 사람들의 복지에 역행한다. 두 번째 부분은 사람들이 온당한 수준의 물질적 실존을 향유해야 한다는 관념이다. 빈곤, 영양실조, 물질적 불편, 고난 등은 나쁘다고 우리는 판단할 수 있다. 이들 두 관념은 모두 사회 구성원들의 신체적 복지에 관심을 기울이고, 전자는 사람들 상호 간의 관계의 질에 관한 것인데 비해 후자는 사람들이 살아가는 물질적 조건에 관한 것이라는 차이가 있을 뿐이기 때문에, 두 관념을 합해서 하나의 표준을 형성할 수 있다.

인도주의의 원칙을 아주 치밀하게 정의하기는 불가능할지도 모른다. 어쩌면 그것을 정형화하기 위해 우리가 할 수 있는 최선은 지금까지 내가 그랬던 것처럼 이런저런 사례들을 통한 예시인지도 모른다. 실제의 다양한 상황에서 그 원칙을 적용한다는 것은 확실히 쉬운 일이 아니다. 그렇지만 이런 어려움이 있다고 해서, 다양한 제도들의 상대적 장점에 관해, 또는 변화가 바람직한지에 관해 판단을 회피해야 할 까닭은 될 수 없다. 문화의 경계들을 넘나들면서 판단을 표현하다가 해를 끼칠 위험도 없지는 않겠지만, 판단을 내리지 못해서 더 많은 해를 끼치게 될 수도 있다.

정통 상대주의자라면 아마도 이와 같은 목적을 위해 우리가 사용할 수 있는 인도주의 도덕의 원칙은 없다고 주장할 것이다. 피해라든지 불편과 같은 개념들은 문화에 따라 아주 달라지기 때문이다. 심지어 통증이나 개인적 부상을 높게 평가하는 사람들도 있다. 예를 들면, 북아메리카 대평원의 인디언들은 중산 계급 미국인이라면 거의 견딜 수 없을 만한 일종의 자기고문을 기꺼이 시행했었다. 대평원 인디언들은 자기 손가락 마디를 절단하고, 화살을 자기 살 속으로 관통시켜서 끼운 다음 줄을 연결해서 물소의 머리뼈를 매달고는 마을을 돌아다니면서 끌고 다녔다. 일부 아메리카 인디언들은 용맹함에 매우 높은 가치를 부여했다고 보고되었다. 그리하여 고통을 드러내지 않고 고문을 견뎌낸 포로는 그를 괴롭힌 적들로부터 높은 평가를 받았다.

그렇지만 이런 사례들이 있다고 해서 통증과 고통이 폭넓게 가변적이라는 결론이 나오지는 않는다. 같은 논법을 적용해서 말하기로 하면, 중류 미국인도 수술에 기꺼이 동의하며 남자든 여자든 수술을 잘 견디면 강인한 성격의 소유자로 칭찬을 받기 때문에 통증을 높게 평가하는 셈이 된다. 고문에 굴하지 않고 죽음을 맞이한 인디언도 그렇게 자기에게 찾아온 명예로운 죽음보다는 자기 부족민들 사이에서 존경받으며 오래 사는 삶을 틀림없이 선호했을 것이다. 자기고문을 시행한 대평원 인디언은 그런 경험을 통해 권력이나 이익이 예시(豫示)된다고 믿으면서 그런 예시를 (우리식 표현으로 말하면 환각을) 자아내고자 한 것이다. 통증은 주어진 목적으로 가는 하나의 수단이었지, 자체로 고대할 만한 즐거운 탐닉거리로 여겨졌던 것은 확실히 아니다. 이 점과 관련해서 중류 미국인과 대평원 인디언 사이의 차이는 가치에 관한 차이라기보다는 실재가 무엇인지에 관한 판단의 차이일 수 있다. 중류 미국인은 그런 환각에 인디언이 부여하는 것과 같은 의미가 있다고는 믿지 않을 테니까, 그런 통증을 감수할 리가 없게 되는 것이다. 마찬가지로, 대평원의 전사는 수술의 효과를 아마도 믿지 않을 테고, 그러니까 의사의 집도를 거부할 것이다.

비서양의 인민들 사이에 강철 칼이라든지 여타 노동절감(節減)적인 장치들과 같은 물질적 혜택을 원하는 추세가 광범위하게 나타난다는 사실은 중노동, 배고픔, 불편 등에 관련될 때 모든 일이 상대적이지는 않다는 점을 명백하게 보여준다. 문화적 가치들은 여러 가지 각도에서 서로 대단히 다를 수 있다. 그러나 적어도 이 영역에서는 인간들이 일정한 선호를 공유하는 것으로 보인다.

야노마뫼 족이 좋은 예다. 내가 제안하고 있는 인도주의적 가치를 공유하지 않는 것으로 보이는 인민이기 때문이다. 야노마뫼 사회에서 나타나는 폭력과 배반의 수준을 보면, 통증과 고통에 대해 그들이 생각하는 바는 지금 내가 인간 사이에 존재한다고 주장하고 있는 규범과는 상이한 것이 분명한 듯 보일 수 있다. 그렇지만 이 역시 그렇게 분명하지는 않다. 야노마뫼의 개인들은 중류 미국인에 비해 더욱 기꺼이 다른 사람들에게 상해를 입힌다. 그러나 그들도 자신에 대한 상해는 피하기를 원한다. 그렇지 않다면, 마체테를 손에 쥐고 다가오는 남편을 피해서 왜 아내가 겁에 질려 도망을 치며, 한 마을이 수적으로 열세고 약할 때 왜 적을 피해 피난처를 찾아 나서겠는가? 야노마뫼는 오히려 우리가 문화의 경계를 관통하는 가치판단을 내릴 수 있다고 보증해주는 사례인 것으로 보인다. 그들은 자신의 복지에는 신경을 쓰면서도 다른 사람들의 복지에는 그만큼 신경을 쓰지 않는데, 이는 하나의 도덕적 실수라고 판정을 내릴 수 있다.

인도주의 원칙의 일반성에 관한 이 주장은 허스코비츠, 베네딕트, 그리고 여타 상대주의자들이 저질렀다는 혐의를 받는 실수, 다시 말해서 사실에서 당위를 도출하는 실수를 똑같이 저지르고 있는 것이 아닌가? 내 주장은 그처럼 간단하지 않다. 두 개의 부분으로 구성되어 있기 때문이다. 첫째 부분은 인도주의적 가치가 인간 사이에 널리 퍼져 있는 것으로 보인다는 일반화다. 둘째 부분은 (경험적 일반화와는 아주 별도로) 인도주의적 가치가 견지할 만한 의미가 있다고 하는 하나의 도덕적 판단이다. 가령 자민족중심주의 역시 널리 퍼져 있는 가치이기는 하지만, 설사 보편적이라고 할지라도 그다지 칭찬할 일은 아닌 데 대조해보면, 인도주의적 가치는 수용할 만하다는 심증이 간다.

지금 내가 제안하는 구도에서 세 번째 원칙은 한 인민의 문화적 창고에서 상당한 부분은 방금 언급한 인도주의적 표준이 미치는 범위 바깥에 위치한다는 점이다. 다시 말해, 이 표준에 의해 우리가 판단을 내릴 수 있다고 여겨지는 문화적 특질들을 일단 고찰했다고 했을 때, 여전히 남아 있는 커다란 부분이 있다는 말이다. 이 부분은 삶 가운데 엄밀하게 실천적인 사안들과는 거의 상관이 없기 때문에 실천적 고려로써는 평가될 수 없는 항목들을 담고 있다. 성적 풍습, 결혼의 유형, 혈족 관계, 리더십의 형태, 예절의 형식, 작업과 개인적 출세에 대한 태도, 음식과 관련된 선호, 복식의 스타일, 신의 관념, 기타 등등이 여기에 포함된다. 이들 평가할 수 없는 특질 가운데 일부는 평가할 수 있는 특질들과 긴밀하게 연관되어 있다. 실천적 근거에서 중요한 제도에는 언제나 비본질적인 문화적 장식들이 수반되기 때문이다. 서양의 의료만 보더라도 풍부한 사례를 제공한다. 건강관리는 분명히 인도주의 원칙의 적용 범위 안에 들어간다. 그러나 의사와 간호사 사이의 엄격한 사회적 위계질서라든지, 의료 인력 사이의 전통적 분업 등, 미국 의료 체계를 구성하는 대부분의 요소는 건강 자체를 위해서 반드시 필요한 것들이 아니다. 성공적인 건강관리 체계는 미국에서 지금 나타나고 있는 것과는 사뭇 다른 형태를 띨 수 있다. 의료와 같은 사안에서 본질적인 요소와 본질적이지 않은 요소를 혼동하지 않는 것이 (어렵기는 하지만) 필요하다. 그것을 혼동한다면, 한 문명이 다른 문명과 유용한 특질들을 공유하고자 할 때, 진실로 유용한 특질들과 함께 불필요한 문화적 특질들까지 섞어버리는 경향에 빠질 것이기 때문이다.

인도주의적 원칙의 궤도 바깥에 속하는 제도들에 관해서는 상대주의가 타당하다. 거기에서는 가치가 진실로 다양하고, 그런 다양한 가치들을 평가하기에 적합한 문화교차적 표준이 없기 때문이다. 우리 또는 어느 누구든지 도달할 수 있는 최선의 정교한 추론을 행하더라도 결혼의 유형, 음식물 섭취의 습관, 사법 제도, 기타 등등에서 서양의 우월성을 결정적으로 지목할 수는 없을 것이다. 이와 같은 제도들에 관해서는, 인민은 스스로 선택한 대로 살 수 있는 자유가 있어야 한다는 근거에서 관인을 보여야 한다.

이는 곧 네 번째 원칙으로 연결된다. 문화에서 향상을 운위할 수 있는 영역이 어디인지를 찾아낼 수 있는가? 사회들을 위계적인 순서로 배열하고 진보의 패턴을 나타낸다고 말할 수 있는 어떤 기준이 있는가? 아니면 원시사회와 문명사회의 구분은 단지 우리 자신의 문화적 편향성을 표현할 따름인가?

가장 먼저 뇌리에 떠오르는 기준은 레드필드와 크뢰버의 기준이다. 이에 따르면, 복잡한 사회에서 사람들이 서로 더 잘 대우하는 만큼, 문명은 인류에게 더욱 인도적인 실존, 더 높은 수준의 도덕성을 가져다주었다고 한다. 그러나 이 판단은 오늘날 받아들이기가 어렵다. 최근의 사건들은, 일례로, 서양의 민주주의에 관해서 우리 대부분으로 하여금 상당히 양가적일 수밖에 없도록 만들었다. 정치인들은 무능하면서 동시에 부정직한 경우가 너무 많고, 사적인 경제적 이익이 모든 기획과 정책에 영향을 미치게끔 기꺼이 허용하는 경우도 너무나 많다. 마찬가지로, 주로 자기에게 돌아올 이윤율만을 바라보면서 회사 방침을 정하는 거대 기업체의 권력과 의도에 대해서도 아주 강력한 불신이 팽배하다. 어떤 위험한 제품을 생산하는 데 따르는 위험부담은 인간의 생명에 미칠 실제 위험에 대한 고려에서가 아니라, 그것을 생산했을 때 들어올 이윤에 비해 소송이 벌어졌을 때 회사가 입을 손실이 얼마나 되느냐를 사정(査定)함으로써 계산된다. 도덕적 진보를 평가하기가 어려운 이유 가운데에는 이것이 고도로 인상주의적인 문제라는 점이 큰 몫을 차지한다. 각 문화의 장점과 단점을 합산하기 위해 작성해야 할 장부는 너무나 복잡해서 종합적인 도덕의 순위를 매기기 위한 총계가 거의 무의미해진다. 도덕적 진보라는 것이 이뤄진 적이 있는지 여부에 관해 우리가 말할 수 있는 최대한은 어쩌면 단정적 대답은 불가능하지만 있었을 것 같지는 않다고 말하는 것인지도 모른다.

이 결론과 허스코비츠의 결론을 구분하는 것이 중요하다. 허스코비츠에 따르면, 우리가 어떤 인도주의적 원칙을 사용하더라도 결국은 문화적으로 구속된 원칙일 테니까, 이 영역에서는 진보를 운위할 수 없다. 진보를 측정할 수 있는 잣대가 우리에게는 없다는 얘기다.

내 주장은 우리에게 하나의 적합한 잣대가 있다는 것이다. 다만 각 문화에는 고려해야 할 사항들이 너무 많기 때문에 종합순위라는 것이 너무나 복잡해서 정할 수가 없다는 얘기다.

향상을 측정하는 데 사용될 수 있는 다른 하나의 기준은 인민의 물질적 복지다. 사회 구성원들이 서로를 잘 대우하든지 않든지는 접어두고, 삶의 물질적 조건은 문명과 더불어 더욱 나아졌다고 말할 수 있을까? 이 질문을 추적하기 위해서는 약간 샛길로 빠질 필요가 있다. 물질적 향상이라는 주제는 초점을 경제와 기술, 그리고 의료 연구나 농학 연구 등에 의해서 제공되는 기술적 지식에 둔다. 그러므로 이런 특질들에 근거해서 사회들 사이에 의미 있는 순위를 객관적으로 정한다는 일이 가능할지를 먼저 물을 필요가 있다. 허스코비츠는 그런 것이 가능할지 의문시했다. 그가 생각하기에는, 경제적 생산과 기술적 복잡성이라는 우리의 기준에 의거해서 매겨진 사회들의 순위라는 것은 단지 우리의 문화적 시각을 반영할 따름이지 모든 인민들에게 일반적으로 의미를 가지는 어떤 근본적 원칙을 반영할 수는 없었다.

허스코비츠의 주장은 논의의 초점에서 벗어난다. 우선, 경제적 복잡성과 기술적 세련도라는 기준은 우리의 문화에 의존하지 않는 경험적 특질들에 의거해서 정의할 수 있다는 의미에서 객관적이다. 예를 들어, 경제적 거래의 규모와 빈도는 우리의 문화적 시각 말고 다른 문화적 시각에서도 확인할 수 있는 물리적 양상을 담고 있으며, 농장 노동자 1인당 식량 생산량 같은 척도도 마찬가지다.[28] 더구나,

---

28) 세계은행이라든지 여타 기구들은 빈곤, 물질적 생활수준, 경제발전과 사회발전 같은 항목들을 사정(查定)하기 위해서 여러 가지 객관적 척도들을 으레 사용하고 있다. 예를 들

이런 기준들을 사용해서 나오는 사회적 순위는 역사적 의미를 가진다. 가령 구석기 시대에 농업 생산이 복잡한 형식으로 이뤄졌다는 증거가 발견된다면 놀라운 일일 것이다. 그러나 다른 한 편으로는, 그리고 더욱 중요하게는, 사회들 사이에 이런 순위를 매기는 작업의 중요성이 다른 문화에 속하는 인민들에 대해서도 사라지지 않는다는 점이다. 그들도 농업 생산성의 증진, 자전거(그리고 자동차) 이용, 수돗물의 편의, 기타 등등에 가치가 있다고 보기 때문에, 이 순위는 그들에게도 의미가 있다. 세계 곳곳의 비서양 인민들이 오스트레일리아 원주민의 복잡한 혈족체계보다는 서양의 산업 생산물에 더 관심이 많고, 오스트레일리아 원주민의 결혼이나 혈통의 풍습보다는 비료나 성냥 따위 서양의 혁신을 수용할 확률이 더 높은 것은 분명한 사실이다. 제2차 세계대전 이후 새로이 독립한 민족들 사이에 경제발전을 향한 욕구가 높았다는 점으로부터 얻어낼 수 있는 중요한 교훈이 이것이다.

경제체계와 기술체계의 상대적 우열에 관해 사람들이 생각하는 바를 이와 같은 사회적 순위에 의미가 있는지 여부를 가리는 시금석으로 사용하는 데에는 위험이 따른다. 왜냐하면 발전과 근대화가 어떤 점에서 좋은지에 관해 세계의 모든 인구가 의견이 일치하지는 않기 때문이다. 예를 들어, 버마와 이란은 어떤 변화를 받아들일지에 관해 극도로 선별적이고, (안다만 제도 사람들처럼) 아주 단순한 사회 중에 적어도 일부는 변화를 거의 원하지 않기도 한다.

사람들의 의견에 전적으로 의존하지도 않고 직접 의존하지도 않

면, Lizer 1977, 그리고 World Bank 1979:117-188을 보라.

으면서 순위를 매길 수 있는 길이 하나 있다. 발전에 관해 어떤 사회가 무엇을 원하고 무엇을 원하지 않는지에 관해 어떤 느낌을 가지고 있든지 상관없이, 그들과 서양 사회 사이에 경제적 기술적 관계는 비대칭적이다. 충만하게 개발된 민족들이 석유 같은 자연자원을 위해서 덜 개발된 민족들에게 의존하지만, 가공 제품 그리고 경제적 기술적 혁신은 순위에서 아래쪽에 있는 사회로부터가 아니라 그 사회들을 향해서 주로 흘러간다. 하나의 극단적인 예를 들자면, 기술과 경제 분야에서 오스트레일리아 원주민이나 안다만 제도 사람들이 개발된 민족들에게 제공할 수 있는 것은 거의 없지만, 그 역은 그렇지 않다. 예컨대, 안다만 제도에서 가장 고립된 채로 살아가는 부류의 사람들에게 텅 빈 휘발유 드럼통이 가끔 해안으로 떠내려간다. 그들은 그것을 반으로 잘라서 커다란 요리용 철판으로 사용한다 (Cipriani 1966:52). 이런 비대칭적 관계가 역전될 가능성, 다시 말해, 그들의 문화적 창고에서 우리의 일상생활에 특별히 유용한 어떤 기술적 항목을 우리가 찾아낼 가능성은 생각할 수 없다. 그들의 도자기라든지 여타 공예품을 원시 예술의 사례로 높게 평가할 수는 있지만, 그것은 미학적 용도에서지 실천적 용도에서가 아니다. 그런 물품들은 안다만 인들이 유용하게 받아들인 휘발유 드럼통과는 다른 차원인 것이다.

　이와 같은 비대칭성을 지적한다고 해서 이 순위의 아래쪽에 위치하는 문화들이 나름의 매우 세련된 기술적 지식을 가지고 있지 않다는 뜻은 아니다. 그들 역시 살아남기 위해서는 그런 것을 가지고 있어야 하며, 브로켄셔와 라일리가 케냐의 음비레 족에 관해 지적했듯이 이런 점에서 "그들에게는 우리에게 가르쳐줄 것이 있다." 브로켄셔와 라일리는 계속해서, "사실을 말하자면, 음비레 족 그리고 여타 민속신앙의 체계들은 여러 세대에 걸쳐서 형성된 극도로 정확하고 상세하며 정밀한 관찰에 근거한 결과들을 담고 있다"고 말한다 (Brokensha and Riley 1980:115). 말하자면 다른 사회를 발전 과정에서 지원할 때, 그들의 문화적 실천과 관념을 폄하하거나 무시하기가 쉽다. 특히, 변화를 일으키기 위해 돕는 와중에 토착적 지식을 기반으로 삼거나 흡수해서 융합하지 않고, 그들의 전통적 실천들을 몽땅 버리고 "근대적" 실천으로 대체하고 싶은 유혹이 작용한다. 그렇기는 하지만, 토착적 사유의 체계에 그와 같은 유용한 지식이 있다는 사실 때문에 사회들 사이에 존재하는 근본적 비대칭성 또는 그러한 비대칭성이 시사하는 순위가 부정되지는 않는다.

이 순위를 우리가 어떻게 인식할 것이냐는 문제는 제6장에서 언급했던 다원주의적 개발관과 결부되어 있다. 제3세계 나라들이 점점 더 서양의 산업사회처럼 닮아가야 한다는 생각은 비판을 받을 수밖에 없고, 인민 당사자들의 관심에 따라 그리고 그들의 경제적 생태적 조건에 따라 각 사회의 발전을 각기 다르게 정의하는 편이 나을 수도 있다.

산업이라는 체제는 힘없는 사람들을 착취해왔고, 환경을 망가뜨려 왔으며, 다른 나라들의 내정에 간섭해왔고, 더욱 단순한 사회들로서는 꿈도 꾸지 못했던 방식의 전쟁들을 저질러왔다. 우리가 다른 사람들을 돕자고 이타적인 의도를 가지고 나설 때조차, 우리는 일을 제대로 수행하지 못해서 의도와는 다른 결과를 낳은 적이 많았고 우리가 해야 할 일이 무엇인지를 제대로 이해하지 못한 적이 많았다. 산업 문명이 구성원 개개인에게 더욱 행복하고 더욱 보람 있는 삶을 제공했는지도 애당초 전혀 분명하지 않은 만큼, 발전의 순위에서 하위에 위치하는 사람들에 대해 산업 문명이 이로운 효과를 미쳤는지 아니면 해로운 효과를 미쳤는지 역시 분명하지 않다. 이 시대는 하나의 비관적인 시대고, 이런 점들에 근거한 강한 좌절감을 이 시점에서 억누르기는 어렵다.

인간 사회들 사이에 순위를 매긴다고 할 때 서양 문명이 차지하는 위상은 빅토리아 시대의 인류학자들이 생각했던 바와는 사뭇 다르다. 그들은 사회들 사이의 차이라는 것이 근본적으로는 지성의 차이라고 생각했었다. 문명이란 저급한 사회보다 더 깊고 더욱 말이 되는 생각을 반영하며, 더욱 상서로운 삶의 방식을 마련해준다고 그들은 생각했다. 야만인들 역시 우리의 생활방식을 이해할 만한 지성만 있다면 우리의 생활방식을 받아들일 것이다. 왜냐하면 그들의 제도라는 것들은 단지 우리의 제도가 불완전하게 현시된 표본에 불과하기 때문이다. 그러나 이런 식의 사고는 명백하게 부적절하다. 삶을 구성하는 수많은 영역들이 문화교차적인 표준에 의해 판단될 수 없다. 수많은 형태의 문화들이 지향하는 방향이라는 것이 아주 다양하고 그 사이의 차이도 대단히 크기 때문이다. 그렇지만 모든 인민들은 물질적 편의와 안전을 원하고, 이 점에서 서양 문명은 다른 문화들과 구분된다. 이 점과 관련해서 사회들 사이의 관계는 비대칭적이다. 다른 사회가 우리를 해칠 수 있는 정도보다 우리가 그들을 해칠 수 있는 정도가 훨씬 큰 만큼, 우리가 그들을 도울 수 있는 정도도 훨씬 크다. 그리고 그만큼 우리 문명이 제공하는 물질적 이득을 그들과 공유해야 할 의무가 우리에게는 있다. 그러나 이와 같은 비대칭성을 우월성과 혼동하면 안 된다. 총체적인 삶의 방식으로서 우리의 방식은 다른 사람들의 방식보다 나을 게 없을 수도 있다. 그리고 다른 사람들을 서양 문명의 복제판으로 만들어야 할 필요도 전혀 없다.

이와 같은 결론들로부터 하나의 중요한 함의가 따라 나온다. 우리의 삶의 방식이 우월하다는 추정을 바탕에 깔지 않고서도 여러 형태의 제도들을 평가할 수 있는 일반적 원칙에 도달할 수가 있다. 허스코비츠는 그것이 가능하지 않으며, 우리가 하나의 일반적인 도덕의 원칙이라고 무엇을 제시하든지 결국은 우리 자신의 문화적 편향성을 표현하는 데 불과할 테니까, 남들에 비해 우월한 지위를 우리가 암묵적으로 차지하는 셈이라고 봤던 사람 가운데 한 명이다. 그러나 그렇지는 않다. 일반적 도덕의 원칙에 도달하는 문제는 우리가 그 원칙에 얼마나 부응하느냐는 문제와는 분리되는 별도의 문제다.

인류학에서 윤리적 상대주의라는 발상은 복잡한 역사를 가진다. 인류학이라는 학문 전체가 1930년대에는 그 발상을 압도적으로 신봉했다. 문화에 따라서 도덕적 가치가 달라진다는 경험적인 발견에 의해서 그러한 신봉은 강화되었었다. 그리하여 상대주의는 당대를 대표하는 하나의 이념으로서 중요한 의미를 획득했다. 세계의 각종 현안에서 그 이념이 활용될 수 있었고, 평화와 인간의 이해력에도 기여할 수 있었기 때문이다. 그러다가 갑자기, 그리고 견고한 확신에 의해, 상대주의는 대세에서 밀려났다. 종전에 풍미했던 모든 상대주의가 하나의 착오였던 것처럼 되었다.

상대주의는 완전히 착오였을까? 도저히 받아들일 수 없는 항목들을 썰어낸 다음에도, 승인해도 괜찮을 만한 것이 뭔가 잔여물처럼이라도, 남아 있지 않은 것일까? 관인을 향한 상대주의자들의 촉구에는 분명히 트집만 잡기는 어려운 어떤 요소를 담고 있다. 자유의 가치가 바로 그것이다. 사람들은 스스로 선택한 대로 살 수 있는 자유가 있어야 하고, 자기보다 더 힘이 센 다른 자들의 강제에서 자유로워야 한다. 이와 마찬가지로 근본적인 교훈은 아마도 인간 사회들 가운데 서양 문명이 차지하는 위상에 관해 상대주의가 제기한 반문이었을 것이다. 상대주의는 19세기에 인류학적 사유를 지배했던 서양의 우월성에 대한 아늑한 믿음을 거부했다. 코페르니쿠스의 혁명 이래 우주가 종래와 똑같이 보이지 않았던 것처럼, 20세기 초반 무렵에 윤리적 상대주의가 출현한 이래 세계 그리고 그 안에서 서양 문명의 위치는 더 이상 과거와 같은 것으로 비치지 않게 되었다.

참고문헌

Agassiz, Louis. 1866. *The Structure of Animal Life.* New York: Scribners.

Andreski, Stanislav. 1972. *Social Sciences as Sorcery.* London: Deutsch.

Arensberg, Conrad M. and Arthur H. Niehoff. 1971. *Introducing Social Change: A Manual for Community Development.* Chicago and New York: Aldine.

Asad, Talal, ed. 1973. *Anthropology and the Colonial Encounter.* Atlantic Highlands, N.J.:Humanities Press.

Bagish, Henry H. 1981. *Confessions of a Former Cultural Relativist.*(Second Annual Faculty Lecture, Santa Barbara City College, 1981.) Santa Barbara: Santa Barbara City College Publications.

Beard, Charles A. 1913. *An Economic Interpretation of the Constitution of the United States.* New York: Macmillan.

Beattie, John. 1964. *Other Cultures: Aims, Methods and Achievements in Social Anthropology.* New York: Free Press.

Benedict, Ruth. 1934a. *Patterns of Culture.* Boston: Houghton Mifflin.

———— 1934b. "Anthropology and the Abnormal."*Journal of General Psychology* 10:59–82.

Bidney, David. 1968."Cultural Relativism."In David L. Sills, ed., *International Encyclopedia of the Social Sciences.* New York: Macmillan and Free Press.

Bieder, Robert. 1972."The American Indian and the Development of Anthropological Thought in the United States, 1780–1851."Ph.D. dissertation, University of Minnesota.

Boas, Franz. 1894."Human Faculty as Determined by Race."*Proceedings of the American Association for the Advancement of Science* 43:301–27.

———— 1901."The Mind of Primitive Man."*Journal of american Folk–Lore*

14:1—11.

———— 1904."The History of Anthropology. "*Science.* N.S., 20:513—24.

———— 1908. *Anthropology.* New York: Columbia university Press.

———— 1938. *The Mind of Primitive Man.* Revised edition. New York: Free Press(1965 edition).

———— 1966. *Race, Language, and culture.* New York: Free Press.

Bodley, John H. 1975. *Victims of Progress.* Menlo Park, Calif.: Cummings.

———— 1977."Alternatives to Ethnocide: Human Zoos, Living Museums, and Real People."In Elias Sevilla—Casas, ed., *Western Expansion and Indigenous Peoples: The Heritage of Las Casas.* The Hague: Mouton.

Brandt, Richard B. 1954. *Hopi Ethics: A Theoretical Analysis.* Chicago: University of Chicago Press.

———— 1959. *Ethical Theory.* Englewood Cliffs, N.J.: Prentice—Hall.

———— 1967."Ethical Relativism."In Paul Edwards, ed., *The Encyclopedia of Philosophy.* New York: Macmillan and Free Press.

Brinton, Crane. 1950. *Ideas and Men: The Story of Western Thought.* New York: Prentice—Hall.

British Broadcasting Corporation. 1949. *Ideas and Belief of the Victorians.* New York: Dutton (1966 edition).

Brokensha, David. 1966. *Applied Anthropology in English—Speaking Africa.* Society for Applied anthropology, Monograph No. 8.

Brokensha, David, and Bernard W. Riley. 1980."Mbeere Knowledge of Their Vegetation, and its Relevance for Development (Kenya)."In David Brokensha, D. M. Warren, and Oswald Werner, eds., *Indigenous Knowledge Systems and Development.* Lanham, Md.: University Press of America.

Burrow, J. W. 1966. *Evolution and Society: A Study in Victorian Social Theory.* London: Cambridge university Press.

Carneiro, Robert. 1968."Spencer, Herbert."In David L. Sills, ed., *International Encyclopedia of the Social Sciences.* New York: Macmillan and Free Press.

Chagnon, Napoleon A. 1977. *YanomamÖ: The Fierce People.* 2d ed. New York: Holt, Rinehard and Winston.

Cipriani, Lidio. 1966. *The Andaman Islanders.* Edited and translated by D. Tayler Cox. New York: Praeger.

Cole, Michael and Sylvia Scribner. 1974. *Culture and Thought.* New York: Wiley.

Colson, Elizabeth. 1976."Culture and Progress."*American Anthropologist* 78:261–71.

Commager, Henry Steele. 1950. *The American Mind: An Interpretation of American Thought and Character Since the 1880s.* New Haven: Yale University Press.

Cook, John. 1978."Cultural Relativism as an Ethnocentric Notion."In Roger Beehler and Alan R. Drengson, eds., *The Philosophy of Society.* London: Methuen.

Dalton, George. 1971."Introduction."In George Dalton, ed., *Economic Development and Social Change.* Garden City, N.Y.: Natural History Press.

Darnell, Regna. 1969."The Development of american anthropology, 1880–1920: From the Bureau of American Ethnology to Franz Boas." Ph.D. dissertation, University of Pennsylvania.

———— 1976."Daniel Brinton and the Professionalization of American Anthropology."In John V. Murra, ed., *American Anthropology: The Early Years.* St. Paul: West.

Davis, Kingsley and Wilbert E. Moore. 1945."Some Principles of Stratification."*American Sociological Review* 10:242–49.

Duncker, Karl. 1939."Ethical Relativity? (An Inquiry Into the Psychology of Ethics)."*Mind* 48:39–53.

Edel, Abraham. 1955. *Ethical Judgment: The Use of Science in Ethics.* Glencoe, Ill.: The Free Press.

Edel, May and Abraham Edel. 1959. *Anthropology and Ethics.* Springfield, Ill.: Charles C. Thomas.

Eiseley, Loren. 1961. *Darwin's Century: Evolution and the Menn Who Discovered It.* Garden City, N.Y.: Anchor books.

Emmet, Dorothy. 1968."Ethical Systems and Social Structures."In David L. Sills, ed., *International encyclopedia of the Social Sciences.* New York:

Macmillan and Free Press.

Erasmus, Charles J. 1967."Obviating the Functions of Functionalism." *Social Forces* 45:319−28.

Feinberg, Joel. 1973. *Social Philosophy.* Englewood Cliffs, N.J.:Prentice−Hall.

Foot, Philippa. 1979. *Moral Relativism.* Lindley Lecture, University of Kansas, 1978. Lawrence: University of Kansas Press.

Frankena, William K. 1973. *Ethics.* 2d ed. Englewood Cliffs, N.J.:Prentice−Hall.

Fried, Morton H. 1967. *The Evolution of Political Society: An Essay in Political Anthropology.* New York: Random House.

Ginsberg, Morris. 1953."On the Diversity of Morals."*Journal of the Royal Anthropological Institute* 83:117−35.

Goldenweiser, Alexander. 1922. *Ancient Civilization: An Introduction to Anthropology.* New York: Knopf.

Graham, Otis L., Jr. 1971. *The Great Campaigns: Reform and war in America, 1900−1928.* Englewood Cliffs, N.J.: Prentice−Hall.

Greene, John C. 1961. *The Death of Adam: Evolution and Its Impact on Western Thought.* New York: Mentor Books.

Gregg, Dorothy and Elgin Williams. 1948."The Dismal Science of Functionalism."*American Anthropologist* 50:594−611.

Gruber, Jacob W. 1965."Brixham Cave and the Antiquity of Man."In Melford E. Spiro, ed., *Context and Meaning in Cultural Anthropology.* New York: Free Press.

−−−−1967."Horatio Hale and the Development of American Anthropology." *Proceedings of the American Philosophical Society* 3:5−37.

Hallowell, A. Irving. 1960."The Beginnings of Anthropology in America."In Frederica de Laguna, ed., *Selected Papers from the American Anthropologist, 1888−1920.* Evanston and Elmsford: Row, Peterson.

Hanson, F. Allan. 1975. *Meaning in Culture.* London and Boston: Routledge and Kegan Paul.

Harris, Marvin. 1960."Adaptation in Biolobical and Cultural Science." *Transactions of the New York Academy of Sciences.* Ser.2, 23: 59−65.

−−−−1968. *The Rise of Anthropological Theory.* New York: Crowell.

−−−− 1971. *Culture, Man, and Nature: An Introduction to Cultural*

Anthropology. New York: Crowell.

———— 1974. *Cows, Pigs, Wars and Witches: The Riddles of Culture.* New York: Random House.

———— 1977. *Cannibals and Kings: The Origins of Cultures.* New York: Random House.

Hartung, Frank. 1954."Cultural Relativity and Moral Judgments." *Philosophy of Science* 21:118-26.

Hatch, Elvin. 1973a. *Theories of Man and Culture.* New York: Columbia University Press.

———— 1973b."The Growth of Economic, Subsistence, and Ecological Studies in American Anthropology."*Journal of Anthropological Research* 29:221-43.

Helm, June. 1966. *Pioneers of American Anthropology: The Uses of Biography.* Seattle: University of Washington Press.

Herskovits, Melville J. 1947. *Man and His Works.* New York: Knopf.

———— 1973. *Cultural Relativism: Perspectives in Cultural Pluralism.* New York: Vintage Books.

Hill, Helen. 1975."'Peripheral Capitalism,'Beyond'Dependency'and 'Modernisation.' "*The Australian and New Zealand Journal of Sociology* 11:30-37.

Hinsley, Curtis. M., Jr. 1976."Amateurs and Professionals in Washington Anthropology, 1879 to 1903."In John V. Murra, ed., *American Anthropology: The Early Years.* St. Paul: West.

Hofstadter, Richard. 1955. *The Age of Reform: From Bryan to F.D.R.* New York: Vintage Books.

Hogbin, H. Ian. 1951. *Transformation Scene: The Changing Culture of a New Guinea Village.* London: Routledge and Kegan Paul.

————1958. *Social Change.* London: Watts.

Honigmann, John J. 1976. *The Development of Anthropological Ideas.* Homewood, Ill.: Dorsey Press.

Hughes, H. Stuart. 1958. *Consciousness and Society: The Reorientation of European Social Thought, 1890-1930.* New York: Vintage books.

Hymes, Dell, ed. 1974. *Reinventing Anthropology.* New York: Vintage Books.

Jarvie, I. C. 1970."Understanding and Explanation in Sociology and Social

Anthropology."In Robert Borger and Frank Cioffi, eds., *Explanation in the Behavioral Sciences*. Cambridge: Cambridge University Press.

————1973. *Functionalism*. Minneapolis: Burgess.

Judd, Neil M. 1967. *The Bureau of American Ethnology, A Partial History*. Norman: University of Oklahoma Press.

Kaplan, David and Robert A. Manners. 1972. *Culture Theory*. Englewood Cliffs, N.J.: Prentice-Hall.

Kennedy, Raymond. 1943."Acculturation and Administration in Indonesia." *American Anthropologist* 45:185-92.

Kluckhohn, Clyde. 1939."The Place of Theory in Anthropological Studies." *The Philosophy of Science* 6:328-44.

———— 1949. *Mirror for Man*. New York and Toronto: McGraw-Hill.

———— 1953."Universal Categories of Culture."In A. L. Kroeber, ed., *Anthropology Today*. Chicago: University of Chicago Press.

———— 1955."Ethical Relativity: Sic et Non."*Journal of Philosophy* 52:663-77.

Kroeber, A. L. 1917."The Superorganic."*American Anthropologist* 19:163-213.

———— 1948. *Anthropology*. Rev. ed. New York: Harcourt Brace.

———— 1952. *The Nature of Culture*. Chicago: University of Chicago Press.

Ladd, John. 1957. *The Structure of a Moral Code: A Philosophical Analysis of Ethical Discourse Applied to the Ethics of the Navaho Indians*. Cambridge: Harvard University Press.

———— 1973. *Ethical Relativism*. Belmont, Calif.: Wadsworth.

de Laguna, Grace A. 1942."Cultural Relativism and Science."*The Philosophical Review* 51:141-66.

Lewis, Diane. 1973."Anthropology and Colonialism."*Current Anthropology* 14:581-602.

Linton, Ralph. 1936. *The Study of Man*. New York: Appleton-Century-Crofts.

———— 1952."Universal Ethical Principles: An Anthropological View."In Ruth Nanda Anshen, ed., *Moral Principles of Action: Man's Ethical Imperative*. New York and London: Harper.

————1954."The Problem of Universal Values."In Robert F. Spencer, ed., *Method and Perspective in Anthropology*. Minneapolis: University of Minnesota Press.

240

Lizer, Florizelle B. 1977."Statistical Annexes."In John H. Sewell, *The United States and World Development, Agenda, 1977.* New York: Praeger.

Lovejoy, Arthur O. 1936. *The Great Chain of Being: A Study of the History of an idea.* New York: Harper and Row.

Lowie, Robert H. 1917. *Culture and Ethnology.* New York: Basic Books(1966 edition).

----1920. *Primitive Society.* New York: Harper Torchbook(1961 edition).

----1929. *Are We Civilized? Human Culture in Perspective.* New York: Harcourt, Brace.

MacBeath, Alexander. 1952. *Experiments in Living: A Study of the Nature and Foundation of Ethics or Morals in the Light of Recent Work in Social Anthropology.* London: Macmillan.

Mair, Lucy. 1965."Tradition and Modernity in the New Africa." *Transactions of the New York Academy of Sciences,* Series 2, 27:439-44.

Malinowski, Bronislaw. 1948. *Magic Science, and Religion and Other Essays.* Garden City, N.Y.: Anchor Books.

Maquet, Jaques J. 1964."Objectivity in Anthropology."*Current Anthropology* 5:47-55.

Marnham, Patrick. 1977. *Nomads of the Sahel.* London: Minority Right Group, Report No. 33.

May Henry F. 1959. *The end of American Innocence: A Study of The First Years of Our Time, 1912-1917.* New York: Knopf.

Mead. Margaret. 1956. *New Lives for Old.* New York: William Morrow.

Morgan, Lewis Henry. 1877. *Ancient Society.* Edited with an introduction and annotations by ELeanor Burke Leacock. Cleveland and New York: Mridian Books(1963 ed.).

Moser, Shia. 1968. *Absolutism and Relativism in Ethics.* Springfield, Ill., Charles C. Thomas.

MRG. 1974. *The Montagnards of South Vietnam.* London: Minority Rights Group, Report No. 18.

Murdock, George Peter. 1965. *Culture and Society.* Pittsburgh: University of Pittsburgh Press.

Murphree, Idus L. 1961."The Evolutionary Anthropologists: The Progress of

Makind. The Concepts of Progress and Culture in the Thought of John Lubbock, Edward B. Tylor, and Lewis H.Morgan."*Proceedings of the American Philosophical Society* 105:265−300.

Nadel, S. F. 1953. *Anthropology and Modern Life.* Canberra: Australian National University.

Needlham, Rodney. 1972. *Belief, Language, and Experience.* Chicago: University of Chicago Press.

Phillips, D. Z. and H. O. Mounce. 1970. *Moral Practices.* New York: Schocken Books.

Pollard, Sidney. 1968. *The Idea of Progress.* Harmondsworth, Middlesex: Penguin Books(1971 ed.).

Radcliffe−Brown, A. R. 1952. *Structure and Function in Primitive Society.* Glencoe: Free Press.

−−−− 1958. *Method in Social Anthropology.* Chicago: University of Chicago Press.

Redfield, Robert. 1953. *The Primitive World and Its Transformations.* Ithaca: Cornell University Press(1957 ed.).

−−−−1957."The Universally Human and Culturally Variable."*Journal of General Education* 10:150−60.

Rudolph, Wolfgang. 1968. *Der Kulturelle Relativismus: Kritische Analyse einer Grundsatzfragen−Diskussion in der Amerikanischen Ethnologie.* Berlin: Duncker and Humblot.

Russell, Bertrand. 1945. *A Histroy of Western Philosophy.* New York: Simon & Schuster.

Sahlins, Marshall D. 1960."Evolution: Specific and General."In Marshall D. Sahlins and Elman R. Service, eds., *Evolution and Culture.* Ann Arbor: University of Michigan Press.

−−−− 1977. *Culture and Practical Reason.* Chicago: University of Chicago Press.

Schmidt, Paul H. 1955."Some Criticisms of Cultural Relativism."*Journal of Philosophy* 52:780−91.

Service, Elman R. 1971. *Primitive Social Organization: An Evolutionary Perspective.* 2d ed. New York: Random House.

Spencer, Herbert. 1857."Progress: Its Law and Cause."Reprinted in *Essays,*

Scientific, Political, and Speculative. New York: Appleton(1904 ed.).

———— 1897. *The Principles of Sociology.* New York: Appleton.

Stace, W. T. 1962. *The Concept of Morals.* New York: Macmillan.

Stocking, George W., Jr. 1968a. *Race, Culture, and Evolution: Essays in the History of Anthropology.* New York: Free Press.

———— 1968b."Tylor, Edward Burnett."In David L. Sills, ed., *International Encyclopedia of the Social Sciences.* New York: Macmillan and Free Press.

———— 1971."What's In a Name? The Origins of the Royal Anthropological Institute(1837−71)."*Man* 6:369−90.

———— 1973."From Chronology to Ethnology: James Cowles Prichard and British Anthropology 1800−1850."In George W. Stocking, Jr., ed., *Researches into the Physical History of Man,* by James Cowles Prichard. Chicago: University of Chicago Press.

———— 1974. *The Shaping of American Anthropology, 1883−1911: A Franz Boas Reader.* New York: Basic Books.

———— 1976."Ideas and Institutions in American Anthropology: Thoughts Toward a History of the Interwar Years."In George W. Stocking, Jr., ed., *Selected Papers from the American Anthropologist, 1921−1949.* Washington, D.C.: American Anthropological Association.

Summer, William Graham. 1906. *Folkways.* Boston: Athenaeum Press.

Taylor, Paul W. 1958."Social Science and Ethical Relativism."*Journal of Philosophy* 55:32−44.

Tennekes, J. 1971. *Anthropology, Relativism, and Method: An Inquiry into the Methodological Principles of a Science of Culture.* Assen: Koninklijke Van Gorcum.

Thoresen, Timothy H. H., ed. 1975. *Toward a Science of Man: Essays in the History of Anthropology.* The Hague: Mouton.

Torgerson, Dial. 1981."Tiny Group Rescues Pregnant Arab Girls."*Los Angeles Times,* January 4, 1981, part 1, p. 1.

Tumin, Melvin M. 1953."Some Principles of Stratification: A Critical Analysis."*American Sociological Review* 18:387−94.

Tylor, Edward B. 1971. *Primitive Culture.* 2 vols. New York: Harper Torchbooks(1958 ed.).

－－－－ 1881. *Anthropology: An Introduction to the Study of Man.* New York: Appleton(1898 ed.).

Veblen, Thorstein. 1899. *The Theory of the Leisure Class.* Boston: Houghton Mifflin.

Voget, Fred W. 1975. *A History of Ethnology.* New York: Holt, Rinehart, and Winston.

von Fritz, Kurt. 1952."Relative and Absolute Values."In Ruth Nanda Anshen, ed., *Moral Principles of Action: Man's Ethical Imperative.* New York and London: Harpers.

de Waal Malefijt, Annemarie. 1974. *Images of Man: A History of Anthropological Thought.* New York: Knopf.

Wagar, W. Warren. 1972. *Good Tidings: The Belief in Progress from Darwin to Marcuse.* Bloomington: Indiana University Press.

Warnock, G. J. 1971. *The Object of Morality.* London: Methuen.

Westermarck, Edward A. 1932. *Ethical Relativity.* New York: Harcourt.

White, Leslie. 1939."A Problem in Kinship Terminology."*American Anthropologist* 41:566－73.

－－－－ 1959. *The Evolution of Culture: The Development of Civilization to the Fall of Rome.* New York: McGraw－Hill.

－－－－ 1975. *The Concept of Cultural Systems: A Key to Understanding Tribes and Nations.* New York and London: Columbia University Press.

White, Morton. 1957. *Social Thought in America: The Revolt Against Formalism.* Boston: Beacon Press.

Whorf, Benjamin Lee. 1956."The Relation of Habitual Thought and Behavior to Language."In *Language, Thought and Reality.* New York: Wiley.

Williams, Elgin. 1947."Anthropology for the Common Man."*American Anthropologist* 49:84－90.

Winch, Peter. 1964."Understanding a Primitive Society."*American Philosophical Quarterly* 1:307－24.

World Bank. 1979. *World Development Report 1979.* New York and London: Oxford University Press.

Wrong, Dennis H. 1959."The Functional Theory of Stratification: Some Neglected Considerations."*American Sociological Review* 24:772－82.

찾아보기와 간단한 정보

룰루아이(luluai) 151, 153

린치(lynch) 172

린턴, 랠프(Ralph Linton, 1893-1953) 93, 179~181, 187, 203, 216

ㅁ

마누스(Manus) 195, 196

마사이(Maasai) 198

마야인(Mayan) 184

마오리(Maori) 59

마체테(machete) 157, 159, 224

마케, 자크(Jacques Maquet, 1919-2013) 215

말리(Mali) 206

말리노프스키, 브로니슬라프(Bronislaw Malinowski, 1884-1942) 128, 129, 131, 136, 146

매사추세츠(Massachusetts) 200

머독, 조지(George Peter Murdock, 1897-1985) 203

메어, 루시(Lucy Mair, 1901-1986) 194

메이, 헨리(Henry F. May, 1915-2012) 70, 83, 84, 85

멕시코(Mexico) 184, 206

모건, 루이스 헨리(Lewis Henry Morgan, 1818-1881) 64, 80, 81, 100, 113

모건, J. 피어폰트(John Pierpont Morgan, 1837-1913): 미국 금융가. J. P. 모건의 창업주. 68

모카신(moccasin): 북아메리카 원주민들이 신는 뒷굽이 없는 신. 보통 한 장의 가죽에 전체 모양을 하나의 곡선 도형으로 도안한 다음에, 필요한 이음새를 꿰매어 입체화했다. 178

몽타냐르(Montagnards): 베트남 중부 고원지대의 원주민. 몽타냐르는 프랑스어로 산에 사는 사람이라는 뜻으로, 프랑스 통치시기에 사용되던 용어가 현지화된 것이다. 이들 자신은 스스로를 데가르(Degar)라고 부르고, 베트남어로는 응고이 투엉(Nguoi Thuong)이다. 과거에 베트남 족은 이들을 모이(Moi, 미개인)라고 멸시해서 부르기도 했다. 199, 200

몽테스키외(Montesquieu, 1689-1955) 57

무슬림(Moslems) 14, 138, 139

<문화생존>(Cultural Survival) 200

미국(the United States of America) 5, 19, 21, 30, 45, 46, 54, 59, 64, 67, 68, 70, 72, 73, 75, 77~81, 82, 85, 90, 99, 102, 113, 115, 117, 118, 133, 172, 176, 178, 179, 182, 187, 188, 192, 195, 197, 200, 205, 206, 208, 211, 212, 216, 226

미국 국제개발청(the United States Agency for International Development, AID) 205, 208

미국 민속학회(American Ethnological Society) 79, 80

미국 인류학회(American Anthropological Association) 80, 187

미드, 마가레트(Margaret Mead, 1901-1978) 195, 196

미시시피(Mississippi) 184

미주리 대학교(University of Missouri) 74

민주당 전당대회(Democratic National Convention of 1968) 187

ㅂ

반투어(Bantu 語) 109

발리(Bali) 195

발본적 인류학(拔本的-, radical anthropoiogy) 212, 213

백악관(the White House) 187

버마(Burma) 229

베네딕트, 루스(Ruth Benedict, 1887-1948) 8, 32, 33, 78, 92, 95, 115, 117, 126~129, 138, 168,~172, 174, 176, 202, 203, 225

베블런, 소스타인(Thorstein Veblen, 1857-1929) 73, 74, 84

베트남(Vietnam) 187, 199, 212

보들리(John H. Bodley, 1942 -) 208~210

보르네오(Borneo) 172

보아스, 프란츠(Franz Boas, 1858-1942) 8, 21~24, 82~90, 92, 93, 99~102, 104~108, 113, 114, 117~121, 128, 130, 131, 143, 144, 149, 159, 160, 178, 189, 208~210, 215

볼테르(Voltaire, 1694-1778) 57

부사마(Busama) 150, 151, 154

북(北) 로디지아(Northern Rhodesia) 202

붐부(Bumbu) 151~154, 158, 159, 164

브라질(Brazil) 155, 200

브로켄셔, 데이비드(David Brokensha) 197, 230

수급사냥(首級 사냥, headhunting: 적을 죽인 후 그 머리를 잘라 막대기나 벽 따위 높은 곳에 매달거나, 들고 다님으로써 힘과 권위를 과시하는 풍습. 식인 풍습과 연관된 경우도 있지만 연관되지 않는 경우도 있다. 폴리네시아, 동남아시아, 아메리카 등지에서 널리 행해졌고, 중국, 일본, 인도, 켈트, 스키티아, 몬테네그로, 터키 등에서도 때때로 행해졌다. 172, 184, 204

슈미트(Schmidt, Paul Frederic, 1925−2008) 122

스미소니언(Smithsonian) 80~82

스미스, 애덤(Adam Smith, 1723−1790) 57

스쿨크래프트, 헨리 로(Henry Rowe Schoolcraft, 1793−1864) 79, 81, 100

스탠더드 오일(Standard Oil) 68

스탠포드(Stanford University) 74

스토킹, 조지(George Stocking, 1928−2013) 63

스펜서, 허버트(Herbert Spencer, 1820−1903) 50~53, 60~62, 107, 137, 177

시넥도키(Synecdoche): 부분으로 전체를, 또는 전체로 부분을 가리키는 수사적 기법. 제유(提喩). 21

시리오노(Siriono): 볼리비아의 산악지대에 사는 원주민. 182, 183

시카고(Chicago) 68, 187

시카고 대학교(University of Chicago) 74

ㅇ

아담과 이브(Adam and Eve) 58

아랍인(Arabs) 12, 13, 160, 161

아메리카(America) 59, 79, 80, 85, 88, 91, 214, 223

아시아(Asia) 86, 177

아타바스카(Athabaskans) 98

아프리카(Africa) 58, 59, 83, 86, 88, 109, 110, 177, 202, 211, 215, 216

안다만 제도(the Andaman Islands) 137, 197, 229, 230

안드레스키, 스타니슬라프(Stanislav Andreski, 1919−2007) 149

야노마뫼(Yanomamö) 6, 135, 155~162, 164, 167, 172, 224

애거시, 루이(Louis Agassiz, 1807−1873) 54, 55

애드미럴티 제도(Admiralty Islands) 195

250

케네디, 레이먼드(Raymond Kennedy, 1906-1950) 200, 201

케임브리지(Cambridge) 200

코만치(Comanche) 94

코요테(coyote) 178

코페르니쿠스(Nicolaus Copernicus, 1473-1543) 113, 114, 234

코펜하겐(Copenhagen) 200

콜슨, 엘리자베스(Elizabeth Colson, 1917-2016) 201, 220

콜필드, 미나(Mina Caulfield) 213

콰키우틀(Kwakiutl) 89, 94, 131, 138, 170

쿠란(Koran) 139

크로 인디언(Crow Indians) 189

크뢰버, 알프레드(Alfred Kroeber, 1876-1960) 108~112, 182, 184~187, 216, 226

클루콘, 클라이드(Clyde Kluckhohn, 1905-1960) 78, 104, 181, 216

킬 대학교(University of Kiel) 82

ㅌ

타일러, 에드워드(Edward B. Tylor, 1832-1917) 59, 60, 63, 107, 109, 110, 111, 113, 177

탄자니아(Tanzania) 198

통가 족(Tonga people): 잠비아 남부, 짐바브웨 북부, 그리고 모잠비크 등지에서 반투(Bantu) 어를 사용하면서 사는 원주민. 바통가(Batonga) 족이라고도 불린다. 202

트로브리안드 제도(Trobriand Islands) 35, 43, 118, 119, 188

티에라델푸에고(Tierra del Fuego) 98, 111

ㅍ

파리(Paris) 59, 79

파웰, 존 웨슬리(John Wesley Powell, 1834-1902) 80, 81

페늘롱(François Fénelon, 1651-1715): 프랑스 로마 가톨릭 대주교, 신학자, 시인, 저술가. 『텔레마쿠스의 모험』을 썼다. 54

페르소나 논 그라타(persona non grata): "달갑지 않은 사람"이라는 뜻으로, 한 나라의 정부가 자국에 입국을 허락하지 않는 외국인을 가리킨다. 211

포니 족(Pawnee): 네브라스카에서 캔자스에 이르는 지역에 살던 아메리카 대평원 원주

문화 상대주의의 역사

펴낸날 초판 2017년 3월 30일, 2쇄 2019년 2월 15일 / 지은이 엘빈 해치 / 옮긴이 박동천 / 펴낸이 양미자 / 펴낸곳 도서출판 모티브북 / 등록번호 제313-2004-00084호 / 주소 서울시 마포구 큰우물로 76, 4층 403호 / 전화 010-8929-1707, 팩스 0303-3130-1707 / 이메일 motivebook@naver.com

ISBN 978-89-91195-57-8 93120

책값은 뒤표지에 있습니다.

이 도서의 국립중앙도서관 출판예정도서목록(CIP)은 서지정보유통지원시스템 홈페이지(http://seoji.nl.go.kr)와 국가자료공동목록시스템(http://www.nl.go.kr/kolisnet)에서 이용하실 수 있습니다.(CIP제어번호: CIP2016027626)」

한국출판문화산업진흥원의 출판콘텐츠 창작자금을 지원받아 제작되었습니다